Hobbit Presse

Klett-Cotta

Michael de Larrabeiti

Die Borribles Band 1
Auf zur Großen Rumbeljagd!

Aus dem Englischen übersetzt von Joachim Kalka

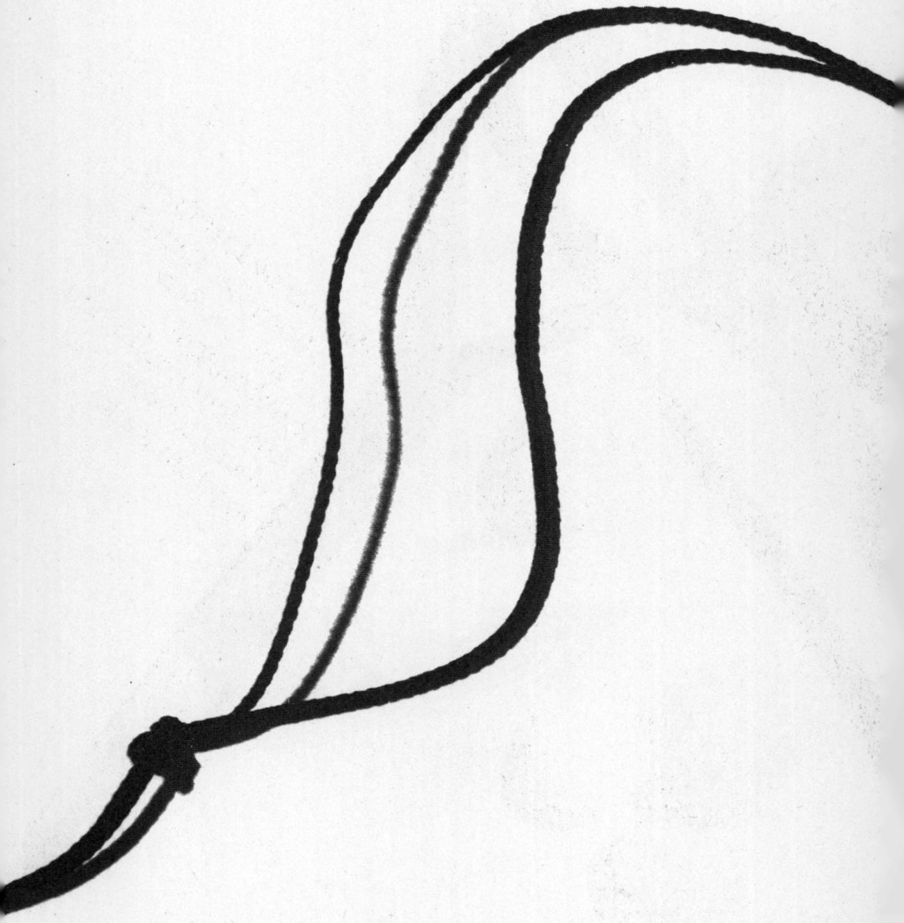

Für
Whitebonce,
Spikey
und Fang

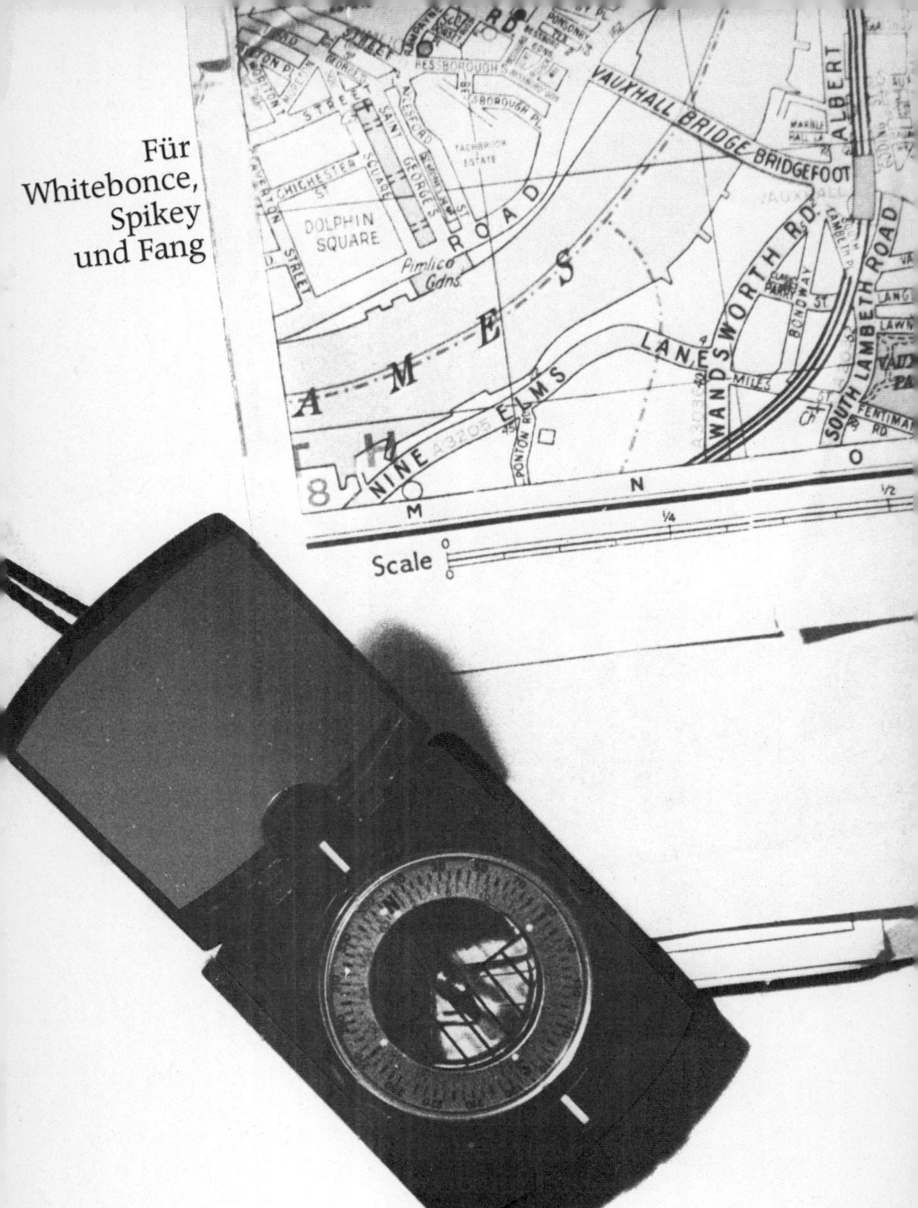

Verlagsgemeinschaft
Ernst Klett Verlag –
J. G. Cotta'sche Buchhandlung
Die Originalausgabe
mit dem Titel »The Borribles«
erschien 1976 im Verlag
The Bodley Head, London

Erste Auflage der
wohlfeilen Sonderausgabe
Printed in Germany 1988

Design: Dietrich Ebert, Reutlingen
Satz: Steffen Hahn,
Kornwestheim
Druck und Einband:
Ebner, Ulm
ISBN 3-608-95153-9
ISBN 3-608-95618-2
(Sonderausgabe)

»Freunde unter einer Decke
folgen einem um die Ecke.«
Borrible-Sprichwort

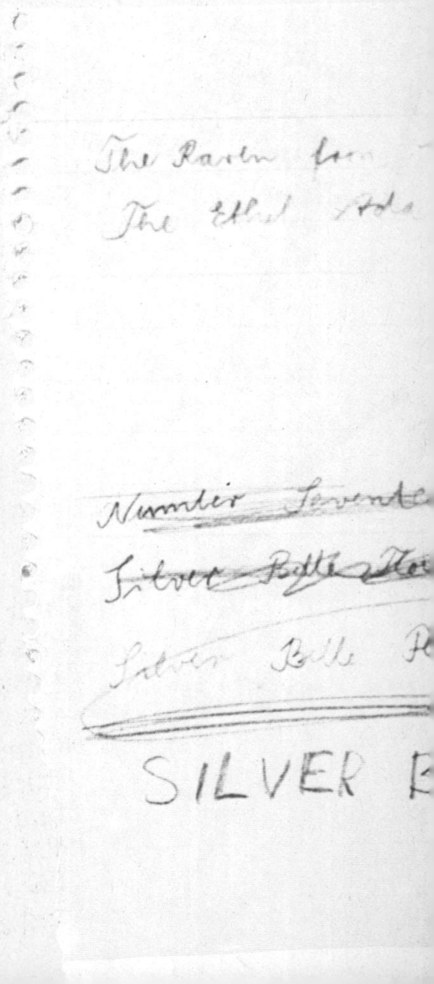

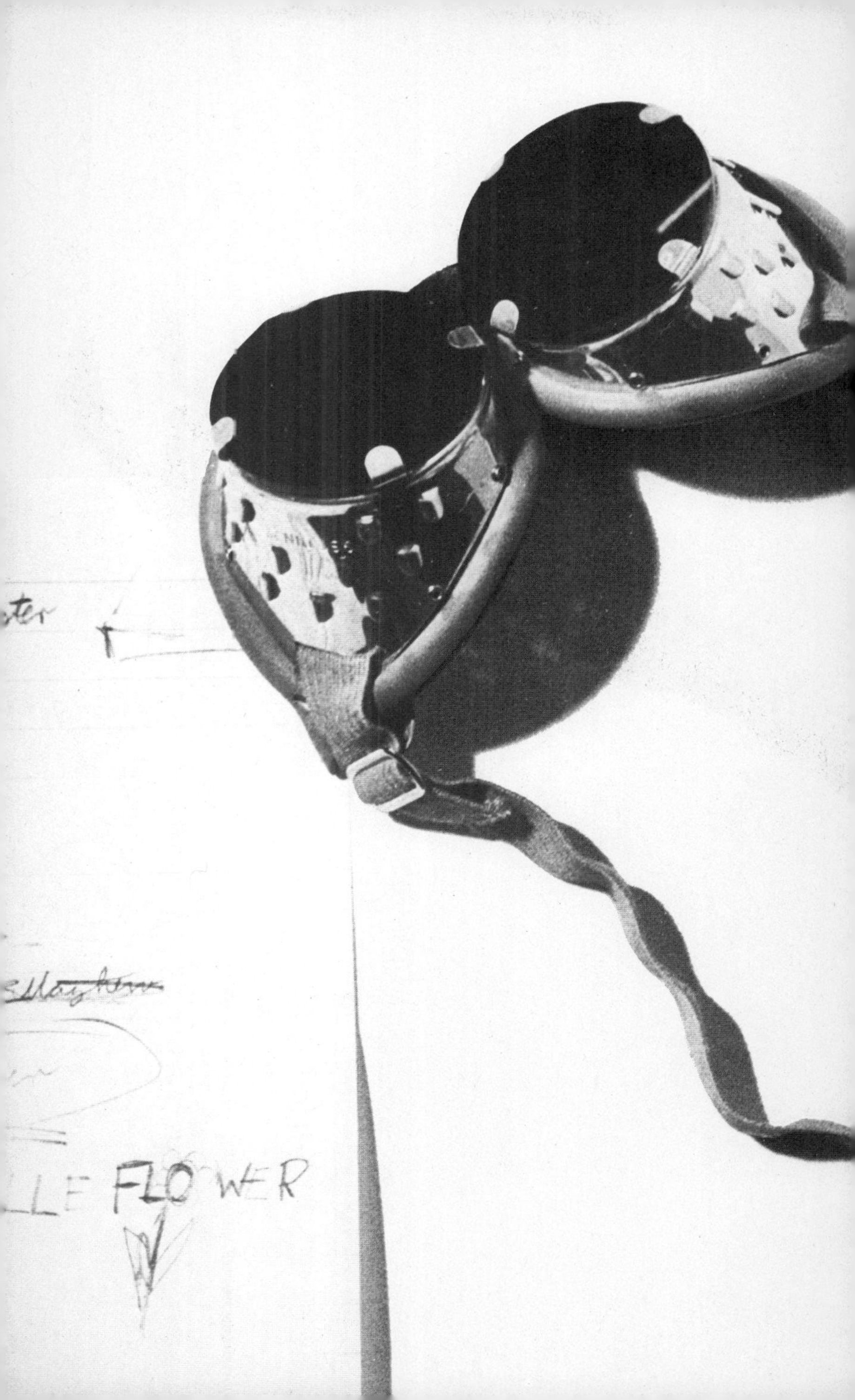
LLE FLOWER

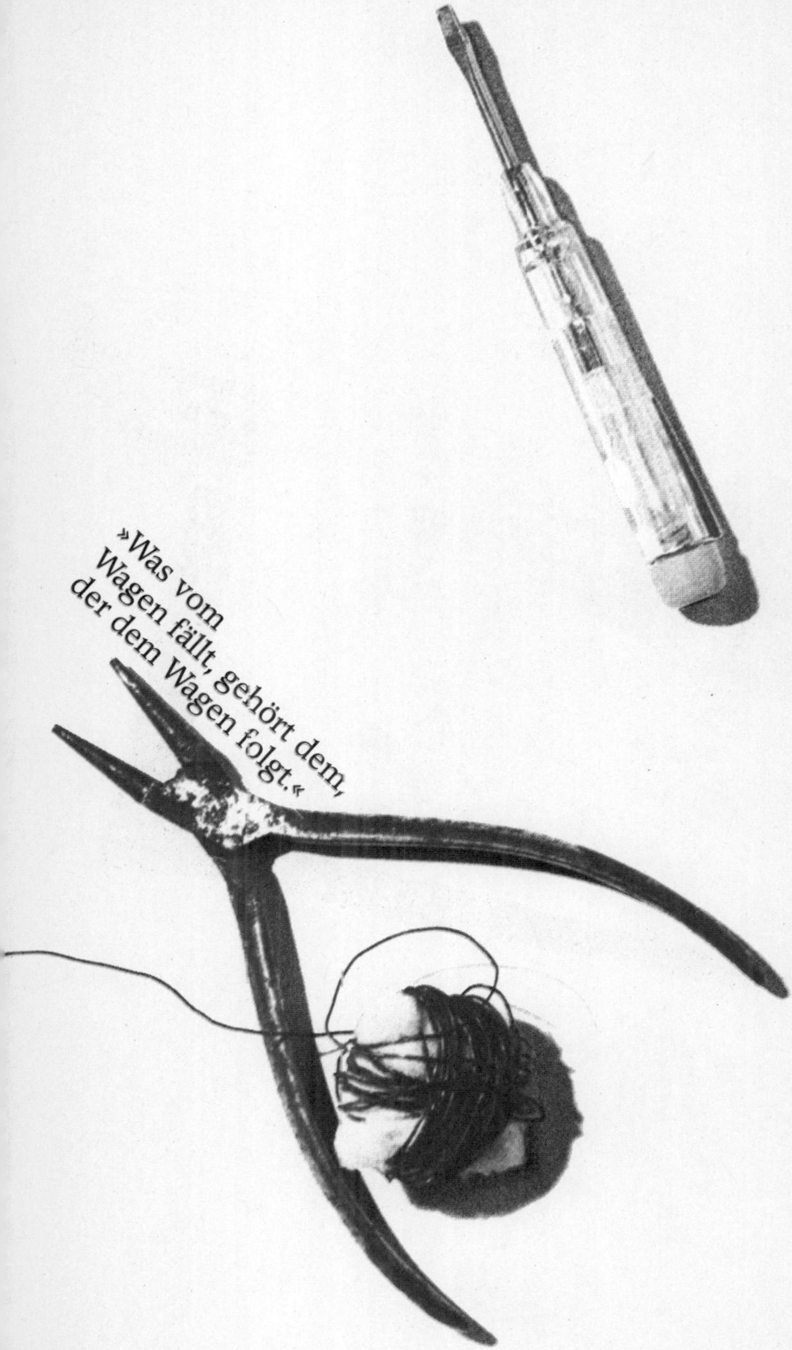

»Was vom Wagen fällt, gehört dem, der dem Wagen folgt.«

»Was gefunden wird, war nie verloren.«

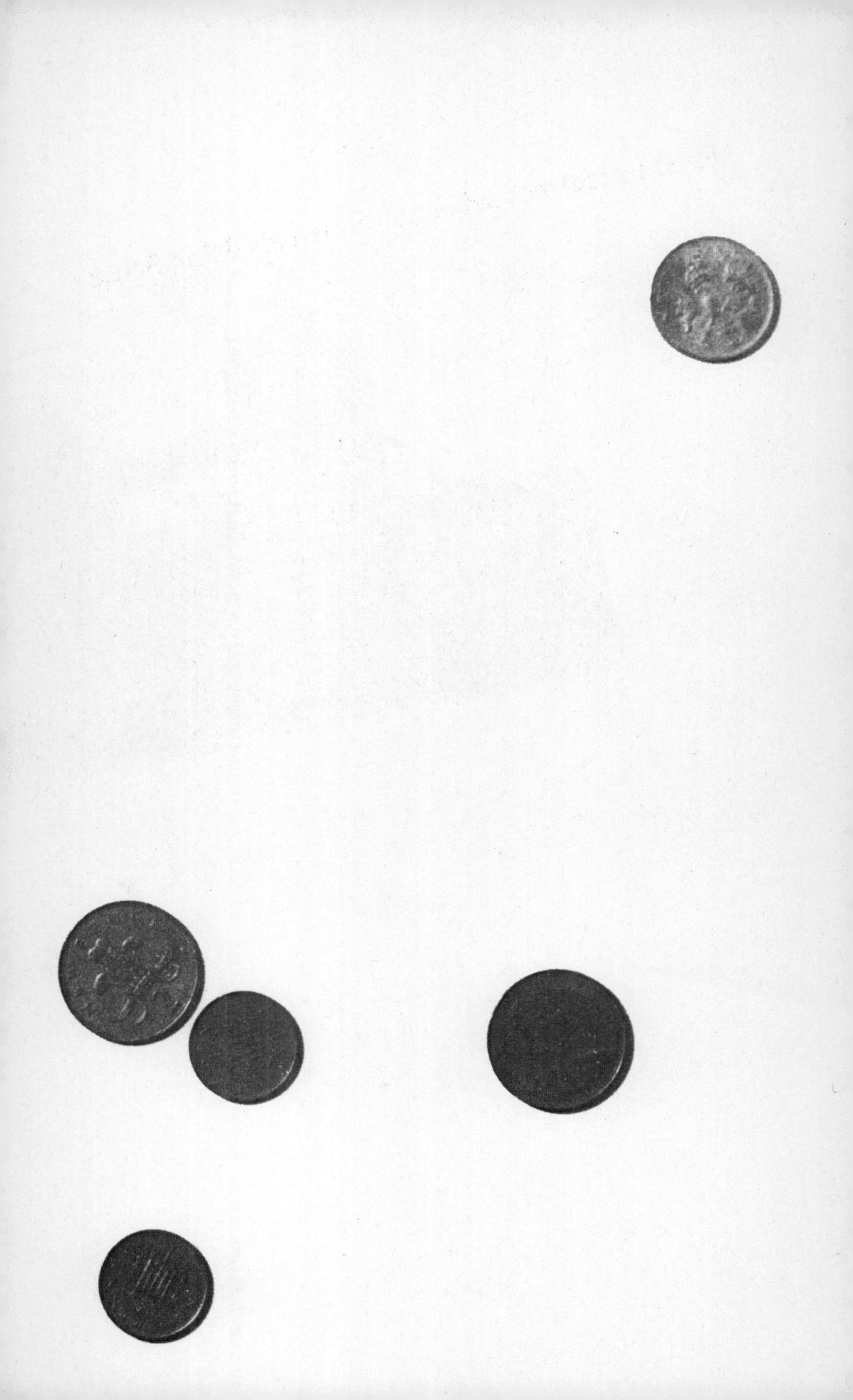

»Es ist töricht, schneller zu rennen als deine Beute.«

ONDON.

CIP-Titelaufnahme der Deutschen Bibliothek

DeLarrabeiti, Michael:
Die Borribles/Michael de Larrabeiti.
Aus d. Engl. übers. von Joachim Kalka. –
Wohlfeile Sonderausg. – Stuttgart: Klett-Cotta.
(Hobbit Presse)
Einheitssacht.: The Borribles <dt.>
ISBN 3-608-95618-2

Bd. 1. Auf zur großen Rumbeljagd! – 1. Aufl. – 1988
Orig.-Ausg. u.d.T.: DeLarrabeiti, Michael:
The Borribles

1

Die wirbelnden Regenwolken jagten weiter, und der helle Mond leuchtete auf. Die beiden Borribles duckten sich hinter die Büsche und hielten so still wie möglich. Gefahr lag in der Luft, und sie spürten es. Vorsicht war geboten.

»Schau dir das an«, sagte Poch, der wichtigste Späher und Grenzkämpfer des Battersea-Stammes, »eine unglaubliche Frechheit, kommen hier einfach ungefragt rüber.«

Grabscher, Pochs Gefährte, nickte. »Sagenhafte Unverfrorenheit... aussehen tun sie hübsch häßlich, alles Pelz, wie ein Nylonläufer... Die Schnauzen haben genau die Form von diesen rotweißen Warnkegeln. Wie die Ratten, hm?«

»Der Große, der da ins Auto einsteigt, wie der die anderen anbrüllt. Ganz der Chef. Harter Bursche, was?«

»Tjaja«, sagte Grabscher. »Die tun, was man ihnen sagt. Alles spurt, siehste?«

Schließlich sahen die zwei Borribles den großen Wagen im Mondlicht davonfahren, über den glänzenden Asphalt, der zwischen den Baumreihen hindurch zum Ende des Battersea Parks führte. Einen Augenblick lang hielt das Auto an den Parktoren inne, dann bog es links in die Albert Bridge Road ein und verschwand südwärts in die ruhigen Straßen der äußeren Vororte von London.

Die beiden Borribles standen auf und sahen sich um. In Parks fühlten sie sich nicht besonders wohl, sie waren eher im Gedränge der Straßen zu Hause und in verfallenen Häusern. Nur gelegentlich kontrollierten die Späher der Borribles die Grünzonen, und nur um sich zu überzeugen, daß alles noch da war und daß alles stimmte.

Als Poch sicher war, daß sie allein waren, sagte er: »Wir schaun besser mal nach, was die da drüben getrieben haben. Irgend etwas spielt sich da ab, und das gefällt mir gar nicht.«

Ganz plötzlich erzitterte der Boden vor seinen Füßen, Grasbüschel schwankten, lösten sich von ihren Wurzeln. Ein Geräusch wurde hörbar, ein Kratzen und Krabbeln, und eine gedämpfte Stimme fluchte und murmelte vor sich hin. Die Grasdecke schwankte wild auf und ab, bis sich zwischen Gras und Erdboden eine stumpf aufragende Form gebildet hatte. Die Form zögerte, als ob sie nicht recht wüßte, ob sie weiter nach oben vordringen oder sich nach unten zurückziehen sollte. Sie brummte, fluchte wieder und bewegte sich dann wie unentschlossen in der Horizontalen weiter, die Grasnarbe im Dahinkriechen nach oben zwängend.

Beim ersten Anzeichen der Gefahr hatten Poch und Grabscher sich hinter einen Busch zurückgezogen, aber als die Gestalt sich weiter weg bewegte, kamen sie hervor und folgten ihr.

»Das kann nur eins sein…«, sagte Poch, »da gibt's nur eine Möglichkeit, und hier unten in Battersea, das ist schlimm, doppelt schlimm.«

Die Wölbung hielt nun an und rüttelte, kämpfte, wurde größer. Sie wuchs empor, und Grasbüschel, die Wurzeln voll Erde, fielen von ihr ab.

»Aufgepaßt«, flüsterte Poch. »Gleich kommt's. Den schnappen wir uns.«

Grabscher und Poch kauerten wartend, geduldig; tausend Pläne rasten ihnen durch den Kopf. Der Rasenteppich hob sich höher und höher, bis er so groß war wie die Borribles selbst, dann zerplatzte er, und das Gras fiel wie ein abgestreifter Mantel ab und enthüllte eine dunkle, bedrohliche Gestalt, etwa in ihrer Größe.

Sie sah aus wie eine große Ratte, ein Riesenmaulwurf oder ein verwachsenes Kaninchen, aber es war nichts von all dem, denn sie stand auf den Hinterbeinen und hatte eine lange Schnauze und rote Knopfaugen, wie die Dinger, die im Auto davongefahren waren.

Poch pfiff schrill, und bei diesem Signal sprangen er und Grabscher vor. Poch warf einen Arm um den Kopf des Dings und zog es zu Boden, und Grabscher umklammerte die haarigen Beine und bog eins so über das andere, daß bei einer falschen Bewegung das Kniegelenk draufgehen mußte. Das Ding brüllte so laut, daß es die ganze Nachbarschaft aufgeweckt hätte, falls der Battersea Park eine besitzen würde. Poch drückte ihm die Kehle zusammen und flüsterte: »Sei still, du Idiot, oder ich erwürg dich.« Das Ding war still.

Poch setzte den Gefangenen aufrecht hin und kroch um ihn herum, so daß er ihm die Arme mit einem Stück Strick auf den Rücken binden konnte, das er um die Hüften gewickelt getragen hatte. Er und Grabscher gingen sehr vorsichtig mit dem Tier um, weil nicht klar war, was es für Kräfte besitzen mochte. Grabscher manövrierte sich in eine Position, daß er auf den Beinen des Dings hockte und ihm in die Augen sah, die wie Murmeln am breiten Ende der Schnauze hin- und herrollten.

»Also dann«, sagte Poch, als er fertig war, »bürsten wir unseren Freund mal ab.«

Grabscher griff ihn am Nackenfell und zog die Schnauze nach vorn. »Name«, sagte er grob.

Die Schnauze bewegte sich ein wenig, und sie hörten eine distinguierte Stimme sagen: »Timbucktu.«

»Tim Wieviel?« fragte Grabscher und schüttelte die Schnauze kräftig.

»Timbucktu.«

»Und wo kommst du her, du alter Staubfänger?« fragte Poch, obwohl er wußte, wie die Antwort lauten würde.

Timbucktu schüttelte die beiden Borribles ab und erhob sich; seine Hände waren gefesselt, aber er starrte arrogant auf sie herab. Die roten Augen über seiner langen Schnauze leuchteten.

»Ich bihn natührlich aus dem Rumbelreich, ihr dreckigen kleinen Strahßenköter. Ihr solltet mich lieber freilassen, bevohr ihr ernsthaft in Schwierigkeiten kommt.«

»Ich wußt's doch«, sagte Poch und wandte sich aufgeregt zu Grabscher. »Ein Rumbel aus dem Rumbelreich. Komisch, wie die durch die Nase sprechen, hm?«

»Das ist also ein Rumbel«, sagte Grabscher interessiert. »Ich hab mich oft gefragt, wie die wohl aussehen... verdammt ordinär.«

»Ich hab zum ersten Mal einen so direkt vor der Nase, aber da gibt's keinen Zweifel, so wie dieser Unsympath ausschaut.«

»Ihr wihderlichen kleinen Strahßenläufer«, explodierte der Rumbel, der sich nicht mehr beherrschen konnte, »wie könnt ihr es wahgen, mich so zu behandeln?«

»Weil du auf unserem Terrain bist, du Arsch«, sagte Poch zornig. »Wußtest du wohl nicht mal.«

»Ich weiß nur, was ihr seid«, sagte Timbucktu, »und was ich bihn, und daß ich hingehe, wohin es mir pahßt, und tue, was ich will, ohne die Erlaubnis von ungewaschenen kleinen Ihgnoranten, wie ihr es seid, einzuholen. Und jetzt läßt du mich am behsten frei, Borrible, und wir vergessen diesen bedauerlichen Zwihschenfall.«

»Der geht mir auf die Nerven«, sagte Grabscher. »Komm, wir schmeißen ihn in den Fluß.«

Der Mond war wieder frei von Wolken, und sein Licht glitzerte ganz in der Nähe auf der Themse. Den Rumbel schauderte es unwillkürlich. »Das nützt nichts. Ich schwimme wie ein Fihschotter, müßt ihr wihssen.«

»Klar doch«, sagte Poch, »so siehst du auch aus«, und er gab dem Rumbel eine hinter die Ohren und befahl ihm, das Maul zu halten.

Poch dachte angestrengt nach. Dann sagte er: »Eigentlich wär der Fluß wohl die beste Idee, damit er von unserem Terrain verschwindet, aber vielleicht sollten wir ihn mitnehmen und noch mehr rausfinden, was seine Bande da eigentlich vorhat. Gefällt mir nicht, das Ganze. Sehr verdächtig, Rumbels hier unten in Battersea. Zoff sollte sich die Sache am besten mal in Ruhe überlegen.«

»Ich glaube, da hast du recht, Bruder«, sagte Grabscher, und sie zerrten den Rumbel auf die Füße und schoben ihn in Richtung Parktor. Als sie die schlafenden Straßen erreichten, hielten sie sich in den dunklen Schatten zwischen den Straßenlaternen und marschierten rasch zur Battersea High Street.

Borribles sind im allgemeinen mager und haben spitze Ohren, was ihrer Erscheinung etwas leicht Diabolisches gibt. Sie sehen ziemlich hart und zäh aus und kommen immer abgerissen daher, der Arsch hängt ihnen aus der Hose, aber abgesehen davon sehen sie aus wie gewöhnliche Kinder, auch wenn manche unter ihnen schon seit langen, langen Jahren Borribles sind. Sie haben scharfgeschnittene Gesichter, und die Augen glühen hell und huschen hierhin und dorthin, so daß ihnen alles auffällt und nichts entgeht. Sie sind stolz darauf, immer rasch zu schalten. Ja, es ist unmöglich, dumm und gleichzeitig ein Borrible zu sein, weil es zur Definition eines Borribles gehört, daß er schlau ist. Nicht, daß sie einen Haufen nutzloser Sachen wüßten, sie kapieren nur schnell und neigen dazu, alle etwas Langsameren abzulehnen.

Die einzigen, die hie und da mit einer gewissen Wahrscheinlichkeit mit Borribles in Kontakt kommen, sind gewöhnliche Kinder, weil sich die Borribles unter sie mischen, um der Entdeckung seitens der »Autorität« zu entgehen, die immer versucht, sie einzufangen. Jedes Kind kann schon einmal neben einem Borrible gesessen oder sogar mit einem gesprochen haben, ohne daß es die Ohren bemerkt hat, weil die Borribles Mützen tragen, Wollmützen, die sie über die Ohren ziehen, und manchmal lassen sie sich die Haare lang wachsen, bis sie bis zu den Schultern herunterhängen.

Normale Kinder werden ganz langsam zu Borribles, beinahe, ohne es zu bemerken. Aber eines Tages wachen sie auf, und es ist geschehen. Es ist gleichgültig, wo sie herkommen, wenn sie nur das haben, was man »schlechte Voraussetzungen« nennt. Ein Kind verschwindet aus der Schule, und es spricht sich herum, daß es einfach »unbelehrbar« war; vielleicht hat es genug gelernt, um davonzulaufen. Manchmal heißt es, daß ein Kind irgendwo aus der Straße in ein Heim gekommen ist und dort »versorgt« wird, weil die

Wohnung immer leer war, wenn es aus der Schule nach Hause kam; zweifellos ist es unter die Borribles gegangen und versorgt sich selbst irgendwo. Oder es gibt eines Tages Geschrei im Supermarkt, und ein Kind, auf frischer Tat als Ladendieb ertappt, wird vom Hausdetektiv abgeschleppt. Wenn dieses Kind entwischt, wird es sicher ein Borrible und läßt sich nie mehr erwischen. Denn erwischt zu werden, ist das Ende für einen Borrible.

Borribles sind also Ausgestoßene. Aber im Gegensatz zu den meisten anderen Ausgestoßenen genießen sie ihr Leben und würden mit niemandem tauschen. Sie freuen sich daran, unabhängig und frei zu sein, und dieses Gefühl ist für sie das Wichtigste. Deshalb gibt es bei ihnen auch keine Anführer, obwohl ab und zu irgendeiner eine führende Stellung einnehmen mag, vielleicht, weil er eine gute Idee hat, der er nachgehen will. Sie kommen ohne Autorität aus und kommen ganz gut miteinander zurecht, obwohl sie sich, wie jedermann, streiten.

Mit Erwachsenen kommen sie überhaupt nicht zurecht, oder ganz allgemein mit irgend jemand anderem, und sie sagen: warum auch? Niemand hat je versucht, mit ihnen zurecht zu kommen, ganz im Gegenteil. Man ignoriert sie, und genauso wollen sie's auch haben, denn so können sie tun, was sie wollen, auf ihre eigene verstohlene und listige Art.

Poch und Grabscher hatten die Nachtpatrouille im Battersea Park gehabt, als sie über die Rumbels gestolpert waren, und ihre Entdeckung hatte sie geärgert und geängstigt. Borribles gehen gerne sicher, daß kein anderer Borribles-Stamm ihre Grenzen verletzt, das wäre schon schlimm genug. Immer haben sie Angst, daß sie von ihren Straßenmärkten und aus ihren Häusern vertrieben werden könnten und daß man ihnen ihr Stückchen Unabhängigkeit zerstören könnte, deshalb ist der Dienst des Spähers an den Grenzen eine regelmäßige Pflicht.

Auf einen Rumbel zu stoßen, war äußerst beunruhigend. Sie sind die wahren Feinde der Borribles, und die Borribles hassen sie wegen ihres Reichtums, ihrer Macht, ihres Hochmuts und ihrer Besitztümer. Wenn nun die Rumbels den ganzen Weg vom Rumbelreich herkamen, um den Park in eine Kolonie zu verwandeln, wie stand es dann um die Battersea High Street?

Poch und Grabscher trieben Timbucktu weiter vor sich her. Sie kamen an Morgans Schmelzofenfabrik vorbei, durch die Battersea Church Road und an der St. Mary-Kirche unten am Fluß vorüber, und dann in die High Street. Sie sahen niemand, und niemand sah sie, da es jetzt in den frühen Morgenstunden war. Ihr Ziel war ein leeres Haus gegenüber dem Ende der Trott Street. Es war groß und breit, und die unteren Fenster waren mit Brettern zugenagelt; Wellblech verdeckte den Eingang. Die Fassade war grau gestrichen, und in schwarzen Lettern hieß es: »Bunhams Patentschlösser GmbH Tel. 4828«.

Es war ein typisches Borribleversteck, verlassen und verfallen, und Grabscher wohnte dort. Borribles wohnen, wo sie können, in den Straßen der großen Städte, aber am besten gefallen ihnen diese verfallenen Häuser. Ist ein Haus schon bewohnt, dann benutzen sie häufig den Keller, und sie schlagen ihr Lager nachts auch gerne in Schulen auf, weil die Schulgebäude dann leer und unbenutzt dastehen, wie die Schulen in der Battersea High Street.

Die beiden Borribles hielten auf dem Gehweg an

und spähten die Straße hinauf und hinunter. Niemand. Sie öffneten ein kleines Tor in dem Eisenzaun, und Poch stieß Timbucktu ein paar Stufen die Außentreppe zu den Souterrainräumen hinunter. Der Gefangene rollte wie ein großes haariges Kissen hinab und landete am Fuß der Treppe auf der Schnauze. Der Vorplatz zum Souterraineingang lag voller Abfälle, die die Passanten heruntergeworfen hatten, und glücklicherweise fiel der pelzige Rumbel einigermaßen weich. Er setzte sich auf, rieb sich den Kopf; dann bemerkte er den Müll und begann mit nervösen Pfotenbewegungen die Papierfetzen zu betasten.

Poch hielt, mitten auf der Treppe angelangt, inne und drehte sich zu Grabscher um. »Schau ihn dir an, ich glaube, der hat einen Schock weg.«

»Vielleicht hast du ihn zu fest geschlagen«, sagte Grabscher.

»Blödsinn«, antwortete Poch, ging hinunter und hob den Rumbel auf die Füße.

Der Späher öffnete eine Tür, die in die Souterrainräume des Hauses führte, und zerrte den Rumble am Nackenfell hinein; Grabscher schob von hinten. Sie schlossen die Tür, und Poch machte das Licht an. Borribles haben auch in den verlassenen Häusern immer elektrisches Licht; es sind gute Techniker unter ihnen, und sie zapfen einfach die nächste Leitung an.

Die Borribles hatten einen großen Raum betreten, in dem als Tische und Stühle einige Orangenkisten standen. Zwei Türen gingen von diesem Raum ab, eine in eine Kammer, wo die Borribles Vorräte aufbewahrten, die andere auf eine Treppe, die in das Haus hinaufführte. Vor dem Fenster hingen Fetzen alter Decken, die nicht allzuviel Löcher hatten. Sie sollten verhindern, daß Licht auf die Straße fiel und die Polizei darauf aufmerksam machte, daß in einem angeblich leerstehenden Haus jemand wohnte.

Poch schob Timbucktu auf eine Orangenkiste, und schaute sich wie Grabscher die ausdruckslose Schnauze an.

»Und was machen wir jetzt mit ihm, jetzt wo wir ihn hier haben?« fragte Grabscher.

»Ja«, sagte der Rumbel und sah mit dunkelrot glänzenden Augen auf, »damiht kommt ihr auf keinen Fall durch, das ist unverahntwortlich. Ihr Borribles müßt völlig wahnsinnig sein. Ich werde daführ sorgen, daß man euch die Ohren stuhtzt.«

Grabscher und Poch zuckten zusammen. Was ihre Ohren betrifft, so sind Borribles äußerst sensibel, denn wenn die Polizei einen Borrible fängt, dann werden ihm zuallererst die Ohren gestutzt, und er fängt wieder an, wie ein gewöhnliches Kind weiterzuwachsen. Wenn sie sich selbst überlassen bleiben, wachsen Borribles nämlich nicht, und ihre kleine Gestalt ist ein großer Vorteil für sie.

»Mir die Ohren stutzen, was?« sagte Poch, und ging, die Lippen zusammengepreßt, in die Vorratskammer. Einen Augenblick später kam er mit einer Rolle Klebeband zurück. Er ging zu dem Rumbel, hielt seinen Kopf fest und wickelte das Klebeband immer wieder um die Schnauze des Tiers herum, so daß es nicht mehr sprechen konnte.

Er trat ein paar Schritte zurück und sah sich sein Werk an. Grabschers gespannte Aufmerksamkeit ließ nach; er legte sein Gesicht in die Hände und stützte die Ellbogen auf die Knie.

»Na bitte«, sagte Poch, »so geht man mit einer redenden Matratze um.«

»Ich bin froh, daß nicht alle Tiere sprechen können«,

sagte Grabscher, »in einer Woche wären wir verrückt, oder das Klebeband wär alle.«

»Ich geh mal und hol Zoff«, sagte Poch. Er lief die Treppen ins Erdgeschoß hinauf und klopfte an die Tür des großen Zimmers, das auf den Garten hinter dem Haus hinausging. Der war dunkel und verwildert, der Garten, und Poch wußte, daß dort ein Urwald von Unkraut durch den alten zerbrechlichen Rost von Benzinfässern und durch die verbogenen Rahmen kaputter Fahrräder hindurch emporwuchs. Während er wartete, zog Poch einen feuchten Streifen der gemusterten Tapete von der Wand; Gips bröckelte mit ab. Die Tür öffnete sich einen Spalt, und ein anderer Borrible erschien. Er war vielleicht zwei, drei Zentimeter größer als Poch und hatte sehr spitze Ohren. Er trug einen orangenen Bademantel aus neuem, warmem Frotteestoff und bequeme Hausschuhe.

»Wer ist da? Ach, Poch, was willst du denn?«

»Tut mir leid, dich zu wecken, Zoff«, sagte Poch, »aber ich und Grabscher haben im Park was gefunden, und wir meinen, das solltest du dir mal ansehen. Es ist unten.«

»Mein Gott«, stöhnte Zoff, »hat das nicht bis morgen Zeit? Es sind doch nicht die Bullen hinter euch her, oder was?«

»Nein«, sagte Poch unruhig, »nicht so was. Schlimmer. Wir haben einen Rumbel! Ein ganzer Haufen kam an in so einem Luxusschlitten und den einen haben wir geschnappt, wie er sich aus der Erde rausgewühlt hat. Das ist doch wohl die größte Unverschämtheit, ohne ein Wort hier runterzukommen und rumzugraben, oder?«

Zoff hatte mit immer größerer Konzentration zugehört und schien am Ende ganz außer sich.

»Eine von diesen arroganten, langnasigen Rumbelratten, hm? Geh du nur wieder runter, mein Junge, ich komm gleich nach. Ich such mir nur noch meine Mütze.«

Er schloß die Tür, und Poch sprang wieder die dunkle Treppe hinunter. Er begriff Zoffs Vorsicht: Kein Borrible verließ je sein Zimmer, ohne seine Mütze aufzusetzen, welche die spitzen Ohren verdeckte. Es war nicht so, daß sie sich der Ohren schämten, ganz im Gegenteil, aber sie waren lieber für den Notfall vorbereitet. Ein unvorhergesehener Umstand konnte sie jederzeit auf die Straße treiben, und da wäre es peinlich, wenn man als Borrible erkannt würde.

»Er kommt«, sagte Poch, als er den Raum wieder betrat. »Er ist schon kein schlechter Quartiermeister, manchmal ungeduldig, aber echt gerissen.«

»Da hast du recht, dem macht keiner was vor«, sagte Grabscher. »Es heißt, er ist so schlau, daß er sich noch was aus der eigenen Tasche klaut. Hast du eigentlich gewußt, daß er sich seine ganzen Namen in Kämpfen mit den Rumbels geholt hat? Niemand weiß, wie viele, niemand... Seltsame Sache. Er haßt sie.«

»Über seine Namen gibt's einen Haufen Geschichten und einige sind nicht gerade borriblemäßig«, sagte Poch. »Aber da glaube ich nicht die Hälfte davon.« Er setzte sich, betrachtete Timbucktu und dachte an Namen und das Erwerben von Namen: etwas, was ihn sehr beschäftigte.

Ein Borriblename muß verdient werden, weil nur so ein Borrible einen Namen bekommen kann. Er muß irgendein Abenteuer bestehen, und wenn er erfolgreich ist, kriegt er einen Namen. Es gibt da alles mögliche, was ein Borrible anstellen kann; nicht unbedingt muß er etwas stehlen oder irgendwo einbrechen, obwohl es meistens darauf hinausläuft. Es kann auch ein witziger, lustiger Streich sein, den man jemand spielt, vorzugsweise einem Erwachsenen.

Das einzige, was Poch gegen die Regeln hatte, war die Tatsache, daß es schwierig war, auf Abenteuer auszuziehen, wenn man seinen Namen schon hatte. Zunächst einmal bekamen immer die ihre Chance, die namenlos waren, und das irritierte Poch, weil er einen geheimen Ehrgeiz hatte – sich mehr Namen zu erwerben als irgendein anderer Borrible.

Ein Geräusch auf der Treppe störte Poch in seinen Gedanken. Er stand auf, und im selben Moment warf Zoff die Tür auf und schritt theatralisch in den Raum. Seinen Kopf schmückte eine bemerkenswerte Mütze aus scharlachroter Wolle, und er hielt den orangenen Morgenmantel dicht vor der Brust zusammen. Zoff hatte das klare Gesicht eines Zwölfjährigen, aber seine dunklen Augen waren voll Erfahrung. Er hielt inne, sobald er den Rumbel sah, und stieß den Atem mit einem flüsternden Pfeifen durch die Zähne.

»Endlich«, sagte er, als spräche er ein Gebet, »endlich. Es ist schon lange her, daß ich eins von diesen übelriechenden Nagetieren direkt vor den Händen gehabt habe.« Er drehte sich um und strahlte Poch und Grabscher wohlwollend an. »Jungs, das habt ihr großartig gemacht. Ihr habt einen lebend und unversehrt gefangen, obwohl er das nicht mehr lange sein wird, das kleine Veilchen. Im Park gefunden, soso. Mit hundert anderen, immerlos Löcher graben, so fängt's nämlich an, Kollegen. Hier auf unserem Territorium, das stört die überhaupt nicht, glauben, sie sind die Herren der Schöpfung. Überall hingehen, tun, was ihnen in den Sinn kommt, wir zählen da gar nicht.« Er stieß und bearbeitete den Rumbel mit einem starren

Zeigefinger während seiner Tirade. Zu Poch gewandt sagte er: »Weißt du, was das hier ist?«

»Ein Rumbel.«

»Manche nennen sie Rumbels.« Zoff sprach in bitterem Ton. »Ich jedenfalls weiß, wie man die nennen muß: verdammte Hyänen, nicht besser als du oder ich trotz ihrer ganzen Ach-währen-Sie-soh-guht-Manieren. Seit Jahren kenn ich's, wie sie uns verachten und ihre langen Schnauzen über uns rümpfen. Diebe sind sie, genau wie wir, nur nennen sie's: was finden. Ein Bulle hätte 'nen anderen Namen dafür. Und da sind sie ganz schön flink dabei, mein Junge, ich kann's dir sagen, eine alte Frau braucht bloß mal ihre Tüte mit Pfefferminzbonbons loslassen, um sich zu kratzen, und zack! weg sind sie. Verdammte Heuchler! Wenn dir ein Rahmbonbon runterfällt, hörst du erst gar nicht, wie's auf den Boden aufschlägt, da hat nämlich schon einer von unseren kleinen Freunden hier sich's aus der Luft geschnappt. Die Gegend sauberhalten, heißt das dann. Ha! So sauber, daß für niemand andern was übrigbleibt.«

Poch und Grabscher sahen sich an. Noch nie hatten sie erlebt, daß Zoff so wütend war.

»Ach, hör mal, Zoff«, sagte Grabscher gleichgültig, »so schlimm kann's nicht sein, noch nie haben mir die Rumbels was getan.«

Zoff sprang in die Höhe. »Weißt du gar nichts von den alten Tagen«, rief er, »von den Kämpfen, bis wir endlich frei waren? Das waren entsetzliche Zeiten, Mensch!«

»Ja, schon gut, ich hab das auch gehört, aber das war zu deiner Zeit, nicht zu meiner«, und Grabscher lehnte sich gegen die Wand, kreuzte die Füße und steckte die Hände in die Taschen.

»Wer sich nicht kümmert, hat Kummer davon«, zitierte Zoff, »und die Geschichte wiederholt sich. Beziehungsweise die wiederholt sich nicht, die geht einfach immer genauso weiter.«

»Also, was machen wir jetzt mit dem Karnickel hier?« fragte Poch.

»Sperr ihn in den Schrank«, sagte Zoff, sich das Kinn reibend. »Ich berufe morgen eine Jahreshauptkrisenversammlung ein. Ihr beiden könnt jetzt gleich mal die Straße runterrennen mit der Nachricht, eh ihr schlafen geht. Ich weiß, den anderen wird's nicht passen, aber das ist ein Notfall, und dieses eine Mal werden wir zusammen handeln und planen müssen!«

Zoff warf einen letzten Blick auf den Rumbel, dann zog er sich seine Borriblemütze tiefer über die Ohren, drehte sich auf dem Absatz um und ging. Poch zog den Gefangenen auf die Füße und schloß ihn in den Vorratsschrank. Dann verließen er und Grabscher das Haus durch die Kellertüre und waren die nächsten Stunden damit beschäftigt, alle Borribles in der High Street zu verständigen, was los war. Die Jahreshauptkrisenversammlung war für zehn Uhr am nächsten Morgen festgesetzt. Schließlich kehrten die beiden erschöpften Späher wieder in ihr eigenes Zimmer oben im Haus von Zoff zurück und kletterten in das Bündel alter Decken und Säcke, das ihr Bett darstellte.

»Ooh-hoo-hoo«, gähnte Poch. »Was für ein Tag.«

»G'nacht«, sagte Grabscher und war sofort eingeschlafen.

Die Hauptaufgabe eines Borribles ist es, zu überleben. Dies ist ein Beruf, der den größten Teil seiner Zeit beansprucht – sich von dem, was herumliegt, was zu essen zu organisieren, etwas zu finden, bevor's verlorengeht, Nahrung von den Marktständen und aus den Lagerräumen der Supermärkte zu besorgen, und solche Sachen. Deshalb leben Borribles in der Nähe von Einkaufszentren und von Straßenmärkten wie Brixton und Petticoat Lane. Auch stammen viele ihrer Vorräte von dem Zeug, das von Lastwagen, sagen wir, herunterrutscht, was auf Londons unebenen Straßen bekanntlich häufig passiert.

So entscheidend ist dieser Teil ihres Lebens, daß sie viele Sprichwörter darüber haben, und die sind alle im *Großen Buch der Borrible-Sprichwörter* gesammelt. Einige dieser Wendungen sind sehr alt, wie zum Beispiel: »Was vom Wagen fällt, gehört dem, der dem Wagen folgt«, oder: »Was gefunden wird, war nie verloren.« Zu den Lieblingssprüchen zählt: »Unmöglich kann man verlieren, was einem nicht gehört«, und die Borribles verwenden ihn gerne Leuten gegenüber, die sich über ihre Diebereien beklagen.

Um acht Uhr, an dem Morgen nach der Gefangennahme von Timbucktu Rumbel, war Hochbetrieb auf dem Markt in der Battersea High Street. Marktkarren und Stände waren auf beiden Straßenseiten aufgereiht, und kein Auto wagte sich in die enge Gasse, die für den Verkehr noch übriggeblieben war. Die Karren standen eng aneinander geschoben, und es war einfach für einen Borrible, vom einen Ende der Straße bis zum anderen unter ihnen hindurchzukriechen und sich so Obst zu holen. Einige Borribles mischten sich unter die Einkäufer auf dem Gehsteig, andere schauten in Einkaufsnetze und stellten Fragen, was für Ablenkung sorgte, während ihre Kumpel »einkauften«. So ließ sich gut ein Frühstück organisieren.

Die Verkäufer schrien aufeinander und auf die Kunden ein und forderten zum Kauf ihrer Ware auf. Von den Karren wurde Obst verkauft, Eisenwaren, Fisch, große Krebse; die Türen der Ladengeschäfte standen weit offen, und Freunde tranken Tee in Notariannis Café und schwatzten sich gegenseitig ein Ohr ab. Der Laden für Aale und Pasteten, Brown's, machte beste Geschäfte, und Leute aus den verschiedenen Häuserblocks, Archer House, Eaton House und White House, schlenderten über die Straße und redeten über ihre Pferdewetten beim Buchmacher Ernie Swash. Der Lärm war so groß, daß er bis oben in das Haus drang, wo Poch und Grabscher schliefen, und sie in ihrem Bett auf dem Fußboden weckte.

Poch setzte sich auf und stieß seinen Gefährten an. »Auf geht's, Frühstück.« Sie waren beide so lange in der Nacht weg gewesen, daß es bei ihrer Rückkehr schon heller Morgen war. Einige der Händler hatten ihre Karren aufgestellt und beladen, so daß die beiden Borribles keine Schwierigkeiten gehabt hatten, sich Vorräte zu besorgen. Das Frühstück lag neben ihnen: eine Grapefruit, zwei Orangen, und zwei große Schmalzkringel mit Marmeladenfüllung.

Grabscher rieb sich die Augen, und die Säcke und Decken fielen von ihm ab. Er griff sich eine Orange, biß sie auf und sog geräuschvoll daran. Die Orange war herrlich; auf dem Transport zwischen Covent Garden und hierher war sie zu Eiskristallen gefroren.

»Ooooah«, stöhnte er entzückt, »das ist toll.«

»Wir beeilen uns besser«, sagte Poch, »daß wir die Versammlung nicht verpassen.«

Halbwegs in der Mitte der High Street stand ein altes, leeres Backsteingebäude. Zuletzt war ein Photoatelier (»Scots-London«) drin gewesen, doch die waren schon lange verschwunden, und nun lag der Laden im Einflußbereich der Borribles. Hierher hatte

Zoff die anderen Quartiermeister der High Street bestellt, und da es eine außerordentliche Versammlung war, konnte auch jeder andere Borrible kommen, der Lust hatte, konnte zuhören und dann seine Meinung sagen, wenn ihm danach war.

Innen, im großen Saal, stand Zoff auf der Bühne und redete, so rasch er nur konnte. Etwa zwanzig seiner Kollegen hörten ihm sehr ernsthaft zu. Andere Borribles, abgerissen, schmutzig und mit forschendem Blick, schlüpften durch die Seiteneingänge und standen herum; man fragte sich, was eigentlich los war. Bald wurde es klar.

Zoff schritt an die Rampe der Bühne und hielt beide Arme in die Höhe, wie ein Politiker. Er schrie ein paarmal laut, und nach und nach wurde der Lärm im Saal leiser und leiser, bis schließlich eine Art erregter Stille herrschte. Die Quartiermeister, die hinter Zoff saßen, rückten sich zurecht und lehnten sich aufmerksam vor. Zoff sah in die Runde und fing dann an zu sprechen, die Situation genießend, denn wenn er eine Schwäche hatte, dann die, daß er es liebte, Reden zu schwingen.

»Borriblebrüder, Borribleschwestern, es freut mich, euch so zahlreich hier zu sehen, denn heute ist ein Tag der Entscheidung. Unsere Art zu leben ist bedroht, und wir müssen entweder zusammen handeln oder untergehen.« Der Saal wurde noch stiller, und die Spannung wuchs. »Um nicht lange drumherumzureden, sag ich euch die Tatsachen, dann sag ich euch, was ich und der Rest der gewählten Vertreter beschlossen haben, und dann werden wir das ordnungsgemäß zur Abstimmung bringen. Gut, also, die Tatsachen. Gestern nacht haben unser wichtigster Späher und sein Helfer…«

Alles drehte sich zu Poch und Grabscher um.

»... während einer Routinekontrolle des Battersea-Gebiets entdeckt, daß eine Invasion der Rumbels auf unserem Territorium im Gange ist.«

Die Menge holte tief Atem und stieß den Atemzug in einem langen explosiven Zischen wieder aus. Zoff blickte, mit großer Geste Schweigen fordernd, in die Runde.

»Es hat den Anschein, daß eine starke Truppe hier runtergekommen ist, die ganze Strecke vom Rumbelreich, und den Park mehrere Stunden lang besetzt hielt. Sie haben gegraben! Also, das kann meiner Meinung nach nur die Vorbereitung für eine Machtübernahme in Battersea sein, für eine Aushöhlung unserer Freiheit, eine neue und raffinierte Form der Sklaverei und des Ohrenstutzens! Die Lage war erträglich, solange die Rumbels im Rumbelreich geblieben sind, wo sie hingehören, aber jetzt sieht die Sache anders aus.«

Zustimmendes Murmeln stieg aus der Versammlung auf, aber Zoff hob die Hand und fuhr fort.

»Es gibt nur eine Antwort, meine Freunde, und das ist die Vorwärtsverteidigung. Wir müssen angreifen, bevor wir angegriffen werden. Wir, meine Quartiermeisterkollegen und ich, haben einen Plan entwikkelt, wie man die Rumbels vernichten kann, indem man das Herz ihrer Organisation trifft. Jedoch...«

Zoff hielt einen Augenblick inne und drohte mit einem verschmierten Zeigefinger gegen die Decke.

»... um diesen Plan durchzuführen, müssen wir sehr sorgfältige Suche in den Reihen der Namenlosen halten. Unter denen, die ihr erstes Abenteuer noch nicht bestanden haben, müssen wir die Tapfersten, die Listigsten, die Schlausten und die Einfallsreichsten auswählen. Nicht nur den Feind müssen wir fürchten, sondern die enorme Entfernung zwischen ihm und uns, gefährliches Terrain! Der Rumbel sitzt selbstzufrieden in seiner Festung, geblendet von seiner eigenen Eitelkeit, sicher, wie er sich einbildet, durch seinen Reichtum und sein behagliches Nest! Aber genau da werden wir mit einer Handvoll auserwählter Borribles zuschlagen. Wir brauchen Freiwillige, die alles für die Sache einsetzen – bedenkt, die gehen, kommen vielleicht nie wieder. Blut wird fließen.«

Hier entstand eine schreckliche Stille im Saal, und die Borribles sahen sich erschrocken an. Ein Abenteuer war eine, der Tod eine andere Sache.

»Wir sind der Ansicht«, fuhr Zoff fort, »daß Battersea diese Last nicht alleine tragen sollte. Die Borribles von ganz London sind hier betroffen. Deshalb werden wir durch die ganze Stadt Botschaften schicken, und bestimmte Stämme werden aufgefordert werden, die besten namenlosen Kandidaten zu uns zu schicken, zur Ausbildung und Instruktion. Und ebenso werden wir aus den Reihen der Namenlosen in Battersea den Einen auswählen, der das meiste verspricht. Wir wollen uns an die folgenden Gruppen wenden: die Totters von Tooting, die Wendels von Wandsworth, die Stampfer von Stepney, die Whitechapel-Wallopers, die Puncher von Peckham, die Neasden-Nudgers und die Hoxton-Humpers. Einzelheiten des Überfalls werden ausgearbeitet, wenn alle Kandidaten eingetroffen sind.«

Zoff holte Atem, und der Saal füllte sich mit dem Gesumm aufgeregter Gespräche. Wer, fragte man sich, würde Battersea bei dieser Expedition vertreten? Eine Ehre, klar, aber auch eine große Gefahr.

Poch schimpfte vor sich hin. »Hätt ich bloß meinen Namen noch nicht! Das ist mal ein richtiges Abenteuer, könnte ich bloß mit.«

Zoff rief wieder, um sich Ruhe zu verschaffen, und bekam sie auch nach einer Weile. Nun bereitete er den dramatischen Auftritt vor. Er gab ein Zeichen zur Seite der Bühne hin, und der Gefangene wurde hereingebracht, so daß alle ihn sehen konnten. Fassungsloses Schweigen. Der Rumbel hatte immer noch eine zugeklebte Schnauze, aber die Knopfaugen glühten in gefährlichem Rot, und er stand aufrecht und unbewegt da.

»Da«, schrie Zoff, »steht der Feind, nicht tapferer als wir, nicht gefährlicher, aber schwierig ist es, an ihn ranzukommen, wohlgeschützt hockt er in seinem Bau, er ist reich und mächtig und glaubt, er ist von Gottes Gnaden allen Borribles überlegen. Das ist der Feind, der seine Hand um Battersea schließen will. Jetzt, in diesem Moment, graben sie vielleicht schon unter den Straßen und kommen gleich in euren Hinterhöfen zum Vorschein, unterminieren unsere Art zu leben, still und heimlich, wie dreckige Maulwürfe.«

Zoff schöpfte tief Atem und schüttelte seine Arme vor sich, als leerte er einen Sack Zement aus. Die Menge wogte aufgeregt. Zoff wurde noch lauter: »Das ist der Feind, Brüder, und wir wissen alle, daß er um jeden Preis gestoppt werden muß, jawohl, aber mehr noch, er muß ausgelöscht werden, und wer sind die Borribles dazu? Das sind doch wohl wir!«

Ein lautes, begeistertes Hurra prasselte durch den Saal. »In den Fluß mit ihm«, rief eine Stimme aus den hinteren Reihen, »mit einem Fahrrad um den Hals.«

Dieser Vorschlag war so populär, daß man ihn von allen Seiten aufgriff.

»Ja!« riefen sie. »In den Fluß, geh mal einer und klau ein Fahrrad.«

Zoff lächelte verständnisvoll. »Ich begreife eure Gefühle, Brüder« – er schaute den Rumbel an – »aber ich habe einen besseren Plan. Laßt es mich erklären. Das eine, was diese Objekte über alles fürchten« (er berührte den Rumbel leicht mit einem verächtlichen Zeigefinger) »ist es, entdeckt zu werden! Es wäre ihnen furchtbar, demaskiert zu werden und als das dazustehen, was sie wirklich sind. In ihrer Mythologie ist die größtmögliche Katastrophe das, was sie die Große Rumbeljagd nennen. Ihre ganze Welt ruht auf einer falschen Sicherheit, Freunde, und die Große Rumbeljagd wird diese Sicherheit zerstören – und wir, die Borribles von Battersea, werden die Rumbeljagd beginnen. Aber –«, Zoff mußte schreien, um sich durch den Beifallslärm verständlich zu machen, »dies ist ein Nervenkrieg, wir wollen, daß sie wissen, daß etwas wirklich Unangenehmes auf dem Weg zu ihnen ist ... wir! Und da spielt das kleine Nagetier hier seine Rolle. Wir beabsichtigen, ihm eine Botschaft aufs Fell zu kleben, diese – Reisetasche, und dann schicken wir ihn über eine Kette von Borribles den Weg zurück, zurück ins Rumbelreich, wo man ihn erschöpft und zerfleddert entdecken wird, als Beweis, daß wir Ernst machen. Die Botschaft wird lauten: *Die Große Rumbeljagd hat begonnen. Hütet euch vor den Borribles!* Alle, die dafür sind, stimmen mit ›Ja‹.«

Wieder stieg enormer Beifall aus der Versammlung empor. Borribles umarmten einander, sprangen auf und ab und schrien: »Denen zeigen wir's, die lehren wir, hier runterzukommen, diese Karnickel.« Nur Poch fühlte sich unglücklich und wünschte, er könnte seinen Namen los werden.

Die Quartiermeister auf der Bühne zogen sich mit Zoff und dem Gefangenen zurück, und der Saal leerte sich nach und nach, als die verschiedenen Gruppen von Borribles in ihre eigenen Häuser, Keller und Schuppen zurückgingen, um die Versammlung dieses Morgens zu bereden und sich zu überlegen, wer wohl als Champion von Battersea ausgewählt würde, mit den anderen loszuziehen. Diejenigen, die nicht wegen ihres Mutes bekannt waren, waren still, und beschlossen, die Aufmerksamkeit möglichst nicht auf sich zu lenken, denn es gibt Borribles, die sich in ihrem ganzen Leben keinen Namen erwerben. Aber es gibt auch ganz andere, und die rannten direkt aus der Versammlung auf den Markt, stahlen dort Papier und setzten sich sofort hin, um einen Antrag zu stellen und Zoff um den Job zu bitten.

Poch ging allein zu seinem Haus zurück. Grabscher war auf einen Streifzug zum Essenklauen gegangen, aber Poch hatte keinen Hunger. Er kam sich hilflos und zurückgesetzt vor. Er wußte, es bestand nicht die geringste Chance, daß man ihn für die Expedition gegen das Rumbelreich in Betracht ziehen würde. Er ging in den Keller des verlassenen Hauses und stieg die Treppe hinauf. Als er an Zoffs Tür vorbeikam, wurde sie aufgestoßen, und der Quartiermeister erschien mit breitem Grinsen.

»Das paßt ja, Junge«, sagte er. »Rein mit dir, genau der Mann, den wir brauchen, auf geht's, die anderen wollen was mit dir besprechen.«

Poch trat in das Zimmer und fand es gedrängt voll mit den anderen Quartiermeistern, die mit Zoff die Bühne besetzt hatten. Der Gefangene war verschwunden. Poch nahm seine Wollmütze ab und hielt sie in den Händen; er hatte gute, spitze Ohren, die ein beträchtliches Maß von Intelligenz und Wachsamkeit zeigten. Die Quartiermeister nickten beifällig. Sie saßen im Zimmer verstreut, bequem auf gepolsterten Orangenkisten oder auf kleinen Fässern. Zoff ließ sich in einen schönen Sessel sinken, der einst von einem höchst exklusiven Möbelwagen gefallen sein mußte.

»Setz dich, Junge«, sagte er. »Wir wollten uns für die saubere Arbeit letzte Nacht bedanken, hervorragend war das, hervorragend.« Er sah in einem Bündel Papiere nach: »Und jetzt zur Sache; wir wollen deinen Rat. Wie du vielleicht weißt, sitzen acht Rumbels im Generalstab des Rumbelreiches. Ich hab das Gefühl, wenn wir die eliminieren können, dann bricht der Rest der Gesellschaftsstruktur der Rumbels in sich zusammen, und sie haben keine Zeit mehr, uns in die Quere zu kommen. Deshalb schicken wir nur acht Borribles – einen für jeden Rumbelgeneral. Es kommt einer aus Tooting, Hoxton, Wandsworth – das hast du ja alles gehört. Aber, Poch, wen schicken wir aus Battersea?«

»Der springende Punkt ist«, sagte einer der anderen Quartiermeister, »du kommst viel rum, du siehst viele Borribles in Aktion, was glaubst du, wer wäre eine gute Wahl?«

Poch dachte eine Weile nach. »Nicht ganz einfach«, sagte er schließlich. »Es gibt eine ganze Menge guter Leute. Ein paar ausgeschlafene Jungs sitzen drunten in Morgans Schmelzofenfabrik, einige leben unter der Eisenbahnbrücke am Bahnhof Battersea Park, aber ich glaube, der schlauste von allen, aus dem ganzen Bezirk, ist einer, der oben auf dem Lavender Hill wohnt, dem macht keiner was vor.«

»Wo hängt der so normalerweise rum?« fragte ein anderer Quartiermeister.

»Unterm Gefängnis«, sagte Poch, der sich seine Überraschung aufgespart hatte.

»Unterm Gefängnis!« rief ein Dutzend Stimmen. »Der hat sie wohl nicht alle.«

Poch lachte. »O doch. Schlau. Da gibt's 'nen Haufen Räume, die jede Nacht leerstehen. Zentralheizung, jede Menge Decken, immer Strom und heißes Wasser. Was man sich wünschen kann, er hat's. Tatsächlich hat er's so weit gebracht, daß ein paar von den Plattfüßen glauben, er ist ein Nachbarsjunge, und tagsüber macht er schon mal eine kleine Besorgung für sie. Er muß sich nicht mal besonders viel klauen – er hat fast alles, was er braucht, bei sich zu Hause.«

»Hätte ich eigentlich schon früher wissen sollen«, sagte Zoff und schaute ein wenig verärgert drein.

»Tut mir leid«, erklärte Poch. »Ich hab gehofft, aus dem Jungen einen Späher für uns zu machen. Ich hab gewartet, bis das richtige Abenteuer kommt, daß er sich einen Namen holen kann, und ich glaube, es ist soweit.«

Zoff schaute die anderen Quartiermeister an.

»Bin dafür«, sagte er, und sie nickten. »Gut, das wär das. Jetzt, Poch, ich möchte, daß du einen Boten ganz schnell zum Lavender Hill raufschickst und den Dingsda hierherbringen läßt. Sobald die Kandidaten von den anderen Bezirken kommen, müssen wir mit dem Trainingsprogramm beginnen. Außerdem solltest du ein paar Freiwillige zusammenholen, die, wenn sie Zeit haben, nochmal extra klauen gehen. Wir brauchen einen Haufen Zeug für die Expeditionstruppe, Fressalien, wetterfeste Kleider, gute Schleudern, Uhren, Kompasse, alles, was irgendwie nützlich sein kann. Du bist unser bester Späher, also hätte ich gern, daß du die Ausrüstung der Expedition übernimmst. Ich weiß, du hast mit deiner eigenen Stehlerei zu tun, und die anderen auch, aber tu, was du kannst. Diese Expedition darf nicht scheitern.«

Poch nickte. Sein Herz schlug; er platzte beinahe vor Stolz. Er war dabei, mitbeteiligt, was mehr war, als er zu hoffen gewagt hatte. »Gibt's noch eine Chance für was anderes, Zoff?«

»Was meinst du? Mitgehn kannst du nicht, weißt du doch, das ist eine Regel.«

»Ich weiß. Es ist nur, also, du sagst doch, sie müssen trainiert werden. Ich bin ein guter Borriblespäher, ich könnte sie trainieren – oder?«

Zoff schaute Poch lange und aufmerksam an, mit einem Blick, der durch den Borrible hindurchging und alles sah. »Hmmm«, sagte er und lächelte verstohlen, »ganz schön eifrig, wie? Wieviele Namen hast du?«

»Nur den einen«, sagte Poch unbehaglich.

Zoff lachte vor sich hin und schaute die anderen Quartiermeister an. »Er erinnert mich an mich«, sagte er. »Na, Brüder, soll er das Team trainieren?«

Der Antrag fand Zustimmung, und Poch freute sich. Er war nicht umsonst der Hauptspäher und wußte sich durchzusetzen. Er stand auf, um sich zu verabschieden, stolz und mit einem Gefühl der Dankbarkeit für Zoff. Der Quartiermeister hielt ihn zurück.

»Hier, nimm den Umschlag, das sind Instruktionen wegen dem Rumbel. Er ist unten im Schrank. Schieb ihn ab, versuch, daß niemand ihn sieht, die schmeißen ihn bloß in den Fluß.«

Poch lief nach unten und öffnete den Vorratsschrank. Tatsächlich, da war der Rumbel, die Pfoten immer noch auf den Rücken gebunden und eine Botschaft auf das mittlerweile ganz schmutzige und zottelige Fell geklebt.

Zwei Hilfsspäher kamen in den Raum und lehnten an der Wand; während Poch seine Instruktionen las, sahen sie zu. Als er fertig war, zog er das Klebeband von der Schnauze des Tieres und setzte es auf eines der herumstehenden Fässer.

»Wir schicken dich nach Hause, Rumbel, lebend. Bring diese Botschaft zu deinen Führern und erzähl ihnen, was du gesehen und gehört hast.«

Poch wandte sich zu den Spähern. »Ihr beide könnt ihn auf der ersten Etappe seiner Reise begleiten. Dieser Umschlag enthält Instruktionen von der Versammlung. Bringt ihn bis zur Kreuzung und gebt ihn weiter. Dann können die Borribles von Honeywell die Sache übernehmen und die können ihn zu den Wendels bringen, hinter Wandsworth Common, und die bringen ihn von dort zur Merton Road. Der Brief wandert mit und sagt euch, was ihr bei jedem Abschnitt tun müßt. Am Ende sollte er dann so nahe wie möglich an der High Street beim Rumbelreich freigelassen werden; dann kann er selbst heimfinden. Fragen?«

Die beiden Späher schüttelten den Kopf.

»Gut«, sagte Poch, »sobald ihr ihn los seid, kommt zurück zu mir und gebt euren Bericht. Es ist sehr wichtig, daß der in einem Stück heimkommt, obwohl egal ist, wie er aussieht. Je mitgenommener, desto besser. Denen muß das Fell vor Entsetzen zu Berge stehen.«

Timbucktu sprang bei diesen Worten auf die Füße. »Duh jahgst mir keinen Schrecken ein, Bohribble, und deine Freunde auch nicht. Ihr habt keine Ahnung, wen ihr euch vornehmt. Wir werden Wache halten, ihr werdet auf uhnseren Rumbelspeeren aufgespießt, bevohr ihr das Rumbelreich und seinen Hügel auch nur zu Gesihcht bekommt. Hier seid ihr vielleicht sicher, in euren dreckigen Strahßen und stinkenden Hinterhöfen, aber das Rumbelreich ist eine Wildnihs, wo nur wir die Pfahde kennen. Das bedeutet Krieg.«

Poch gab dem Rumbel eine Kopfnuß, beinahe liebevoll. »Auf geht's«, sagte er, »du alter Bettvorleger, bevor ich dir die Schnauze um den Hals wickle.«

Auf ein Zeichen Pochs zogen seine beiden Helfer den Rumbel aus dem Kellerraum; der erste Abschnitt seiner langen und gefährlichen Reise hatte begonnen – einer Reise, auf der er von Hand zu Hand weitergegeben würde, wie ein Einschreibepäckchen in der Londoner Post.

2

Während der nächsten vierzehn Tage war das Zimmer der Späher in dem alten leeren Haus mit der Aufschrift »Bunhams Patentschlösser GmbH« das Zentrum, wo die ganze Ausrüstung zusammengetragen wurde, die sich für die Expedition als nützlich erweisen könnte. Unter Pochs wachsamen Blicken wurde sie sortiert und aufgestapelt. Ob akzeptiert oder abgelehnt, alles wurde in ein großes Hauptbuch eingetragen; was übrigbleiben würde, sollte durch eine Lotterie verteilt werden, so daß in der ganzen High Street großes Interesse herrschte und viele Borribles sich bei der Organisation des Materials selbst übertrafen. Natürlich war es vielen anderen auch völlig egal, und wenn sie auf ihren Beutezügen etwas Brauchbares fanden, behielten sie's selbst.

Es gab Schwimmwesten aus der Sportabteilung von Ardens & Nobbs, dicke, warme Mäntel von Walker, Schlafsäcke, reißfeste Nylonseile zum Erklettern von Bäumen und Häuserwänden, feste Stiefel, Ölzeug, wollene Unterwäsche, scharfe Messer, Südwester, Schneebrillen, Kordhosen mit verstärkten Knien und kleine, als Rucksäcke zu tragende Schultertaschen.

Zufrieden studierte Poch seine Inventarliste: Es war an jede Möglichkeit gedacht. Der Vorratsschrank war voll, und das Zimmer der Späher war mit wertvollem Material vollgestapelt. Der einzige freie Raum war eine kleine Fläche um seinen Tisch herum und eine Art Korridor zu jeder der beiden Türen.

Eines Tages unterbrach Grabscher sein zufriedenes Nachdenken; er betrat das zum Warenlager umfunktionierte Zimmer und schlängelte sich zwischen den Vorräten hindurch, die seinen Kopf überragten.

»Du siehst müde aus«, sagte er.

»Bin ich auch«, sagte Poch. »Ich glaube, ich hab jetzt alles, obwohl ich sicher irgendwas am Ende doch vergessen habe.«

»Na, fertig bist du deshalb noch nicht, Kumpel«, sagte Grabscher. »Zoff möchte dich sehen, jetzt gleich, oben.«

Poch rannte ins Erdgeschoß hoch und klopfte an Zoffs Tür.

»Herein«, rief die rauhe Stimme, und Poch betrat das Zimmer.

»Ah, Poch, da bist du ja. Setz dich, gute Nachrichten, sie sind eingetroffen.«

»Wer?« fragte Poch, der sehr müde war und im Geist immer noch Wärmflaschen und Eispickel zählte.

»Na wer schon!« sagte Zoff. »Die Champions, die Besten der Borribles, die Glorreichen Acht, das Zweidritteldutzend, nenn sie, wie du willst, sie sind da.«

»Wo?« fragte Poch und setzte sich auf.

»Sie sind im Lagerraum unter der Turnhalle am Rowena Crescent 45, gegenüber von der Kneipe dort, *The Prince's Head.* Ich möchte, daß du mit ihnen das elementare und fortgeschrittene Spähertraining durchmachst, auch wenn sie schon welche sind. Geh sicher, daß es erstklassige Diebe sind, gut im Ladendiebstahl, gut, wenn's darum geht, die Bullen abzuhängen. Schau, daß sie die Borrible-Sprichwörter beherrschen, und so weiter, das Übliche. Dann ein paar Übungen im Battersea Park, ich weiß, daß sie die freie Natur nicht mögen, aber da müssen sie sich dran gewöhnen, im Rumbelreich wird's ungemütlich. Ich geb dir vierzehn Tage, mehr ist nicht. Es kommt noch ein Typ, der hilft dir, von denen an der Northcote Road, war in der Familie eines Fallschirmjägers, bevor's ihn verborriblet hat, der könnte nützlich sein. Übrigens«, Zoff warf ihm ein paar Bücher zu, die Poch im Schoß auffing, »die liest du besser von vorn bis hinten durch, das sind die Rumbel-Handbücher, ihre ganze Geschichte von Anfang an, kommt der Lageplan von ihrem Revier drin, ihre Befehlsstruktur, die Technik, wie sie mit ihren Rumbelspeeren kämpfen. Hübsch häßliche Geräte, mit einem vierzölligen Nagel am Ende, zum Kitzeln. Alles da drin. Mach voran, Poch. Ich komm in zwei Wochen vorbei und schau mir die Sache an. Wenn du was brauchst, schick einen Eilboten.«

Poch sammelte die Bücher ein und stand auf, aber Zoff hielt ihn noch zurück.

»Ach ja, im ersten Band, da hab ich eine Liste von den Acht Mitgliedern des Generalstabs, den Acht Höchsten Rumbels des Rumbelreiches gemacht, mit den Namen. Wir haben uns gedacht, es wäre keine schlechte Idee, wenn wir jedem von deinen Borribles einen von diesen Namen geben, den er sich verdienen muß; also, wenn sie je soweit kommen, dann wissen deine Leute genau, an welchen Rumbel sich jeder halten muß. Gute Idee, was?«

»Wie soll ich sie verteilen? Habt ihr da was entschieden?«

Zoff lachte geheimnisvoll vor sich hin. »Am besten steckst du die Namen in einen Hut und läßt sie ziehen, dann gibt's keine langen Diskussionen über die Ziele.« Der Quartiermeister zögerte und lachte dann wieder. »Das heißt, außer bei zwei davon, die mußt du in einen Extrahut tun. Die sind in der Liste markiert. Also, auf geht's, Poch.«

Poch pfiff auf seinem Weg die Treppen hinunter. Liebend gern wäre er mit auf die Expedition gegangen und hätte sich einen neuen Namen und eine neue Geschichte verdient, aber durchs Leben zu gehen mit einem Rumbelnamen, man stelle sich vor; äußerst merkwürdig. Dann dachte er sich, daß schließlich und endlich nicht der Name selbst zählte, sondern die Geschichte, die daranhing. Er erinnerte sich an manche hervorragenden Borribles mit ausgesprochen seltsamen Namen, aber wenn man die sah oder ihre Namen hörte, dachte man nicht allein an das Wort und seinen Klang, man dachte an das Leben und die Taten dahinter. An die Geschichte.

Geschichten sind sehr wichtig für die Borribles. Meistens können sie nicht richtig auf Abenteuer ausziehen, weil sie zu beschäftigt sind, aber sie lesen Bücher mit aufregenden Sachen, Western oder Spionageromane oder Science Fiction. Nach einem richtigen Abenteuer, das man selbst erlebt, kommt als Nächstbestes für die Borribles das Zuhören, wenn andere Borribles ihre Abenteuer erzählen und wie sie sich ihre Namen verdient haben. Deshalb drehen sie gerne ein ungewöhnliches Ding, damit sie nachher ihre Geschichten erzählen können, und übertreiben, was geschehen ist. Natürlich bestehen sie ihre Abenteuer gerne erfolgreich, aber wie die meisten anderen Leute verlieren sie auch oft, was jedoch egal ist, solange sich eine gute Geschichte ergibt.

Poch verließ das Haus und ging die High Street entlang. Als er sich seinen Weg durch das Gedränge auf dem Gehsteig suchte, gab es keinen Zweifel für ihn: Die acht Champions, die in dieses Abenteuer zogen, würden wunderbare Geschichten zu erzählen haben. Die Rumbelnamen, die sie sich verdienen würden, wären im Verlauf der Expedition eine ständige Erinnerung an ihr Jagdziel, und in den Jahren danach, wenn sie Erfolg gehabt hätten, würde jeder, der die Namen hörte, wissen, wie sie verdient worden wären. »Ja«, schloß Poch, als er in den Rowena Crescent einbog, »eine schlaue Idee.«

Vor der Hausnummer 45 hielt Poch an und vergewisserte sich, daß seine Mütze fest saß. Die Turnhalle war ein langgestrecktes, niedriges Gebäude, das aussah wie eine verlassene Kneipe und grüngekachelte Wände hatte. Über der Tür und den drei langen Fenstern hing ein Schild; Poch schaute hinauf, obwohl er wußte, was dort stand: »Rowena-Turnhalle. Harte Männer für Film und Fernsehen. Kung Fu. Stuntmen. Inhaberin: Laetitia Martin.«

Poch konnte aus dem Inneren der Halle angestrengtes Stöhnen und Knurren hören. Das dürften Erwachsene sein, die sich den Durchbruch in eine große Karriere versprachen. Auf dem Pflaster sah man an den vergitterten Fensterschächten, wo sich die Kellerräume befinden mußten, in denen die Borribles warteten. Seine Rumbel-Handbücher fester fassend, ging Poch durch den Haupteingang und einen Korridor hinunter, der mit denselben schmutziggrünen Kacheln verkleidet war wie die Fassade des Gebäudes. Ein Pförtner stieß die Tür seines Büros auf und pflanzte sich vor dem kleinen Borrible auf. Er sah riesenhaft aus, die Beine gespreizt, die Hände in die Seiten gestemmt. Er hatte ein Blumenkohlohr, und sein Atem roch abstoßend süßlich nach dunklem Bier.

»Und was glaubst du, wo du hinmarschierst, Bürschchen?«

»Ist schon in Ordnung«, log Poch, »mein großer Bruder ist hier, und dem muß ich die Bücher hier bringen. Ich bin eh schon zu spät dran.«

Der Mann dachte langsam, dann: »Hmmm, also

schön, aber häng hier nicht rum. Kleine Jungs ham hier nichts verloren, und schon gar nicht so Winzlinge wie du. Sonst knaps ich dir dein Ohr ab, paß bloß auf.«

Die Vorstellung ließ Poch erschaudern; er zog sich die Mütze tiefer und hüpfte davon.

Am Ende des Ganges sah Poch zwei Treppen: eine nach oben, eine nach unten. Poch ließ eines seiner Bücher fallen, und als er es aufhob, schaute er unter seinem Arm hindurch: Der Pförtner beobachtete ihn immer noch. Poch ging hoch in den ersten Stock, wartete etwas, dann schlich er sich wieder die Treppe hinunter. Nun war der Gang leer, so daß er die feuchten Zementstufen nach unten ging, bis es so dunkel wurde, daß er sich vorantasten mußte. Er fühlte sich seinen Weg an der Wand entlang, bis er zu einer Tür aus rauhem Holz kam, die nicht nachgab, als er drückte. Er klopfte das Borriblesignal, leise zuerst, und, als nichts geschah, etwas lauter, einmal lang, zweimal kurz, einmal lang – Da… di–di–da…

Ein leises Geräusch drang durch die Tür, ein Riegel klappte, ein Schloß klirrte, und ein Auge sah scharf durch einen Spalt.

»Borrible?« fragte jemand hinter der Tür.

»Borrible«, gab Poch zu Antwort.

Die Tür öffnete sich weit genug, um Poch einzulassen, und wurde dann hinter ihm wieder geschlossen und verriegelt. Er befand sich in einem langen, staubigen Raum, wo alle Wände von oben bis unten mit Sprossenleitern für gymnastische Übungen bestückt waren. Von den Balken in der Mitte der Decke hingen Kletterseile. Matten stapelten sich auf dem Parkett, und Poch sah alle möglichen Geräte zur Steigerung der Leistungsfähigkeit des menschlichen Organismus. Erleuchtet wurde der Raum durch lange schmale Fenster unter den Gittern, die Poch draußen auf dem Gehsteig gesehen hatte. Das Licht, das schräg in den Raum fiel, war grau und zögernd und verlor sich, bevor es die Ecken erreichte. Es war so trüb, daß Poch kaum die acht Gestalten erkennen konnte, die ruhig auf einer Bank am anderen Ende der Halle saßen.

Der Hauptspäher wandte sich an den Borrible neben sich. »Northcote Road?« fragte er, und sein Nachbar nickte.

»Ich heiße Hakenschlag«, sagte er und lachte Poch an.

»Das klingt nach einem guten Namen«, sagte Poch. »Du mußt ein gutes Abenteuer erlebt haben, als du dir den verdient hast. Eines Tages mußt du mir's erzählen.«

»Jeder weiß, wie du deinen Namen bekommen hast, Poch, das ist eine von den besten Borriblegeschichten, die je erzählt worden sind.«

Es ist üblich, daß Borribles, die sich zum ersten Mal begegnen, Komplimente über ihre Namen austauschen und darüber, wie man sie sich verdient hat. Bis sie einen Namen haben, sind Borribles einfach »He, du« oder »Knirps« oder »Dingsda«. Einen Borrible mit einem Namen mit einer dieser Bezeichnungen anzureden, ist eine unverzeihliche Beleidigung und führt zum Kampf. Borribles sind große Raufbolde, in erster Linie, weil sie's gewohnt sind.

Eine noch größere Beleidigung eines Borribles mit einem Namen wäre es, anzudeuten, daß er seinen Namen nur besitzt, weil er ihn gefunden hat, oder weil jemand anders ihn weggeworfen hat. Und für einen unbenannten Borrible ist es höchst irritierend, wenn man die Vermutung anstellt, daß er bloß deshalb noch keinen Namen hat, weil noch nie jemand in der Lage war, eine Bezeichnung zu ersinnen, die hinreichend schlimm für ihn gewesen wäre.

Poch sah sich den Borrible von der Northcote Road an, und was er sah, gefiel ihm. Sie würden wahrscheinlich miteinander auskommen. Er lächelte zurück.

Anstatt einer Wollmütze trug Hakenschlag ein dunkelrotes Armeebarett, an dem das hellglänzende Abzeichen eines Fallschirmjägerregiments steckte.

»Militärischer Hintergrund«, stellte Poch fest.

»O ja«, sagte Hakenschlag stolz. »Fallschirmjägerregiment und SAS, bis ich Borrible geworden bin. Wär vielleicht gar nicht davongerannt, wenn sie mich nicht in irgendeine Schule hätten abtransportieren wollen. Bis dahin hab ich die ganze Zeit den Soldaten beim Üben zugeschaut. Goldene Zeiten.«

Poch lachte. »Na dann, am besten fangen wir an, wir haben nicht soviel Zeit.« Sie schritten durch die lange Halle; als sie über aufgestapeltes Gerümpel stolperten, stiegen schale Gerüche aus alten Kartons auf.

»Wie kommt ihr hier rein?« fragte Poch.

Hakenschlag deutete zur Decke. »Ich hab bei ein, zwei von den Gittern die Verschraubung gelöst. Ganz einfach. So müssen wir nicht jeden Tag an dem Boxweltmeister da oben vorbei.«

»Ich merk mir's fürs nächste Mal.«

Die acht saßen bewegungslos auf der Bank. Einige lehnten sich mit geschlossenen Augen gegen die Wand, einige hatten den Kopf in die Hände gestützt, und einige saßen da und schauten geradeaus; sie starrten Poch an.

Auf ein Zeichen von Poch knipste Hakenschlag ein paar Lampen an, und die Borribles blinzelten ins Licht. »Steht auf. Mützen abnehmen.«

Als sie getan hatten, was Poch gesagt hatte, schritt er die Reihe ab und inspizierte die Ohren, um zu sehen, ob sie die Intelligenz zeigten, die er erwartete. Das war ein Manöver, das ihm Zeit zum Überlegen ließ. Keinem gegenüber, außer vielleicht Zoff, hätte er zugegeben, daß er total verblüfft war. Einer der Champions, bemerkte er, war schwarz. Natürlich wußte er, daß viele Borribles Schwarze waren, es wurden immer mehr und mehr. Es gab viele in Battersea, Tooting und selbst in Brixton eine beträchtliche Anzahl; er hatte einfach nicht erwartet, daß bei dieser Expedition einer dabei sein würde. Er hatte nur sich selbst einen Vorwurf zu machen, er war der Hauptspäher und hätte auf alle Möglichkeiten vorbereitet sein müssen, unbeeinflußt von Vorurteilen. Im Geist gab er sich selbst einen Tritt, weil er so blöd gewesen war; aber dieser eine Tritt würde nicht ausreichen: Als er ans Ende der Reihe kam, entdeckte er, daß die letzten beiden Borribles Mädchen waren. Hier überwältigte ihn seine Überraschung beinahe, aber er runzelte die Stirn und tat, als überlegte er. Eines von den Mädchen lächelte, und Poch versuchte, seine Verlegenheit zu verbergen, indem er sich genau ihre Ohren ansah. Sie zeigten ein hohes Maß von Intelligenz und eine ausgeprägte Individualität – und das konnte Schwierigkeiten bedeuten. Jetzt wußte Poch, warum Zoff gelacht hatte, und warum er gesagt hatte, die Namen müßten aus zwei verschiedenen Hüten gezogen werden.

Poch ging zurück zu Hakenschlag, gab ihm die Rumbel-Handbücher und zog die Liste mit den Namen aus der Tasche. Er sah sie durch und ließ die acht Champions warten. Schließlich sagte er: »Ihr werdet zwei Wochen hier sein. Wir werden feststellen, wie gut ihr wirklich seid. Wenn Hakenschlag und ich eure Grundkenntnisse überprüft haben, werden wir zu spezielleren Fähigkeiten übergehen, aber vorher möchte ich sicher sein, daß ihr gut seid: gut mit einer Schleuder, gut mit den Händen, gut mit den Füßen. Ich will, daß ihr die besten Läufer seid und die besten Kämpfer, und ich will sehen, wie ihr euch in schwierigen Situationen Erwachsenen gegenüber verhaltet. Wenn ihr auf diesen Zug mitwollt, dann schaut, daß ihr die Besten seid, weil, wenn ich denke, ihr seid's nicht, dann bleibt ihr da.«

Poch schaute die Gesichter entlang und prüfte eines nach dem anderen. »Wenn einer einen Befehl von mir oder von Hakenschlag hört, dann macht ihr's, zack zack. Das ist für einen Borrible ganz ungewohnt, weiß ich, aber so ein Abenteuer hat es seit Jahren nicht gegeben, und wenn ihr dabeisein wollt, tut ihr, was ich sage. Fragen?«

Es gab keine Fragen.

»Gut, jetzt zu den Namen. Bei der Versammlung der Quartiermeister ist beschlossen worden, daß ihr jetzt eure Namen bekommt – provisorisch.«

Eine unruhige Bewegung ging durch die Reihe, und die Augen leuchteten auf.

»So ist die Sache bequemer für mich während der Trainingszeit und für euch alle, wenn ihr auf eurem Abenteuer unterwegs seid. Diese Namen werden erst bestätigt, wenn ihr zurückgekehrt seid – wenn ihr das je schafft. Diese Namen sind euch erst einmal anvertraut. Ein falscher Schritt, irgendwann, und der Name wird zurückgezogen, und ihr kriegt nie wieder ein Abenteuer.«

Schweigend schauten ihn die acht Gesichter an und warteten. Sie waren gespannt und aufgeregt, aber diese Borribles waren zu erfahren, um durch ihre Miene viel auszudrücken. Poch fand das nicht schlecht. Er fuhr fort:

»Das sind gute Namen, Namen, die richtig klingen, und die euch – und andere in Zukunft – an dieses Abenteuer erinnern werden. Aber wichtiger noch: Der Name von jedem von euch ist auch der Name desjenigen Rumbels, auf den ihr angesetzt werdet. Wenn ihr euren Namen behaltet, könnt ihr nie den eures Feindes vergessen.«

Poch machte eine Pause. Er wußte, daß jeder der vor ihm stehenden Borribles es kaum erwarten konnte, bis der Augenblick kam, wo er einen Namen tragen würde; das eine Wort, das ein ganzes Leben zusammenfassen und ausdrücken würde. »Also gut«, sagte der Hauptspäher dann. »Die Namen werden verteilt, indem Lose gezogen werden, sechs Namen im einen Hut, und zwei im anderen. Hakenschlag –«

Hakenschlag und Poch nahmen ihre Mützen ab, und Poch riß jeden Namen einzeln von dem Blatt Papier, das Zoff ihm gegeben hatte. Er legte sechs Namen in seine eigene Wollmütze und zwei in das rote Fallschirmjägerbarett. Hakenschlag hielt seine Mütze, während Poch seine eigene energisch hin und her schüttelte, um die Namen auch richtig zu mischen. »Ich fang an einem Ende an, und dann geht's die Reihe durch«, sagte er. »Alles Glückssache.«

Er betrachtete das Gesicht des ersten in der Reihe. Zufällig war es der, den er Zoff empfohlen hatte, der Battersea-Borrible aus dem Gefängnis von Lavender Hill. Er hatte Poch schon immer gefallen, obwohl sie einander nicht besonders gut kannten. Er war schmal gebaut, selbst für einen Borrible, hatte eine helle Haut, und sein Haar war dunkel und dichtgelockt, wie

Stahlwolle. Er hatte scharfe blaue Augen, die sich rasch, aber nie verstohlen bewegten. Häufig grinste er, und Poch dachte sich, daß es schwer sein würde, den in die Knie zu zwingen. Er schaute Poch an, zwinkerte ihm zu, dann stieß er seine Hand in die Mütze und zog ein Fetzchen Papier hervor. Er öffnete den zusammengeknüllten Zettel, las ihn für sich, dann grinste er den Hauptspäher an. Er rollte die Zunge und schmeckte das allererste Mal seinen neuen Namen.

»Bingo«, sagte er. »Der Name lautet Bingo.«

»Ein guter Name«, sagte Poch und ging einen Schritt weiter. Er stand vor dem schwarzen Borrible. »Wo bist du her?« fragte Poch.

»Tooting, Mann, Tooting, und du?«

Poch hob abrupt den Kopf. »Ich bin von hier.«

Der Borrible von Tooting, der Totter, hatte Haar, das dicht, voll und ungeschnitten wie ein schwarzer Heiligenschein um seinen Kopf stand. Er hatte leicht vorstehende Zähne, und er schien die ganze Zeit zu lächeln, doch tatsächlich war sein Gesichtsausdruck der einer schlauen Fröhlichkeit, was Poch gut gefiel. Er schüttelte die Mütze wieder, und der Totter nahm seinen Zettel.

»Mein Name wird O-ro-coc-co sein«, sagte er, den Namen sorgfältig in seine Silben zerlegend und sie vorsichtig aussprechend.

Der nächste war sogar noch kleiner als Bingo. Er hatte ein dreieckiges Gesicht mit einem spitzen Kinn, und sein Maushaar lag ihm flach auf dem Kopf; eine für ihn typische Geste war es, auf höchst wissende Art den Kopf zu wiegen: Es gab keinen Trick, den er nicht kannte, sagten seine Augen. Poch stand vor ihm mit der Mütze, und der Borrible sagte: »Ich komm aus Stepney, dem besten Ort der Welt.«

Poch nickte bloß und hielt ihm die Mütze hin. Der Borrible aus Stepney besah sich den Namen, den er gezogen hatte, und pfiff; dann sagte er: »Gut so. Ich hab den besten von allen gezogen, Vulgarianus, das Oberhaupt der Rumbels. Der hat keine Chance, wenn ich ihm begegne.«

»Wie ich sehe, hast du die Bücher gelesen – ihr wißt also, warum ihr hier seid?«

»Klar, um uns einen Namen zu verdienen, und weil's hieß, das ist das beste Abenteuer, das es überhaupt je gegeben hat.« Und der Borrible schaute die Reihe nach rechts und links entlang, und die anderen nickten zustimmend.

»Erst mal müßt ihr mich davon überzeugen, daß ihr gut genug seid. Dann geht ihr los«, sagte Poch.

»Vielleicht solltest du damit anfangen, uns zu zeigen, daß du gut genug bist, uns zu trainieren«, sagte eine scharfe, spröde Stimme zu seiner Rechten, aber Poch ignorierte sie und ging einen Schritt weiter.

»Ich bin von Peckham«, sagte der nächste, ungefragt, und er schob seine Hand in die Mütze und zog seinen Namen hervor. Poch beobachtete ihn aufmerksam, während er den Zettel las. Er schien stark und findig, mit dunklen kräftigen Augenbrauen und einem roten Gesicht, festem Kinn und enormen Schultern und Armen. Die Art Typ, die nicht groß daherreden würde, vielleicht nicht besonders witzig, aber störrisch und zielbewußt.

»Na«, sagte Poch, »wen hast du erwischt?«

Der Borrible aus Peckham zeigte nicht einmal seine Freude, als er sagte: »Ich hab den Namen, den ich wollte, Stonkus, den Türhüter an der Großen Tür des Rumbelreiches. Der ist doch der Stärkste, oder? Das wird er auch nötig haben, wenn ich ihm eins verpasse.«

Als Poch direkt vor dem nächsten stand, verzog er die Nase: Ein nicht zu verkennender Geruch umgab ihn, und Poch erriet sofort, woher er kam.

»Du bist aus Wandsworth, stimmt's? Ein Wendel?«

»Na und? Viele von den besten Borribles auf der Welt sind aus Wandsworth gewesen.«

Poch erkannte gleich die spröd-scharfe Stimme, die sich vorhin so vorlaut geäußert hatte. »Und viele von den schlimmsten«, gab er zurück und lächelte ohne Wärme.

Wie die meisten anderen Borribles hielt er nicht allzuviel von der abweisend-stolzen Brüderschaft in Wandsworth. Die lebten an den Ufern des Flusses Wandle in aufgelassenen Abwasserkanälen und übelriechenden Löchern, die sie unter den Straßen von Wandsworth ausgehoben hatten. Aber niemand wußte genau, wie sie lebten, denn von allen Borribles waren sie die mißtrauischsten und kriegerischsten, die keine Besucher schätzten und nur selten mit jemand außerhalb ihres Stammes sprachen. Ihre Haut hatte immer einen Grünschimmer, weil sie im Untergrund lebten und ständig in Berührung mit dem verschmutzten Wasser des Wandle kamen. Einst war der Wandle ein freundlicher Fluß gewesen, aber Jahre der Industrialisierung hatten ihn in tückischen Schlamm und grünen Schleim verwandelt. Der Schlamm war ein Gemisch von giftigen Abwässern, in Auflösung begriffenem Abfall und unverdauten Klumpen von Plastikmaterial, das langsam auf der Oberflächenhaut des Flusses dahinrollte, während er sich langsam wie Gelee zur Themse hinunterschob. Der Schlamm des Wandle sog jeden Fremden ein, der tollkühn genug war, ohne Führung hindurchzuwaten. Nur die Wendels kannten die geheimen Wege am Fluß, und sie brachten den Reisenden nur gegen Bezahlung hinüber. Jeder Wendel trug den Geruch der Marsch von Wandsworth mit sich – und dieser Geruch war der von Verfall und Verrat. Poch hatte nur wenige Wendels gesehen, keiner von ihnen war je so nahe gewesen, und was er jetzt sah, gefiel ihm nicht: der grünliche Farbton der Haut, die dunklen Augen von nicht genau bestimmbarer Farbe, das kalte, stolze Gebaren des geborenen Raufbolds. Der Wendel schien keine spontane Wärme zu besitzen, und Wärme war normalerweise das, was an einem Borrible zuerst auffiel.

»Na, nimm dir jedenfalls mal deinen Namen«, sagte Poch ausdruckslos und hielt die Mütze hoch.

Der Wendel schloß die Augen halb und preßte seinen Mund zusammen, um klarzustellen, daß ihm Poch oder sonst jemand scheißegal war, und zog sich seinen Namen. Er nickte, dann lachte er laut auf, froh und feindselig.

»Nun sag schon«, sagte Poch ungeduldig. »Wer ist es?«

»Was für einen Namen ich hab«, rief er. »Mit Ruhm werde ich ihn bedecken!«

»Oder mit Schlamm.«

Der Wendel ignorierte Poch und sah die Reihe der Abenteurer entlang. »Napoleon«, sagte er laut. »Nennt mich Napoleon.«

»Und ich nehme an, du weißt, warum du ins Rumbelreich marschierst?« fragte Poch.

»Warum ich gehe?« Der andere war wütend. »Hast du sie nicht alle? Weil ich sie hasse, darum. Ich hab sie schon immer gehaßt, und wenn du sie immer um die Ecke hättest, wie sie aus ihrem Rumbelreich runter die Nase rümpfen, würdest du sie genausosehr hassen wie ich. Ich brauch die andern sieben nicht, um zu denen ihrem Fuchsbau zu gehen. Den nehm ich allein auseinander.«

Poch zuckte die Achseln. Er war froh, weiterzukommen, zum letzten der männlichen Borribles. Er sah sich das Gesicht an, und es gefiel ihm. Es war mehr viereckig, flach, die Augen unter dem borstigen Braunhaar schauten optimistisch drein. Dieser Borrible sah so aus, als könnte er einen Haufen Schläge einstecken und grinsend wieder aufstehen.

»Na!« sagte er. »Ich bin der letzte, ich brauch ja meinen Namen kaum mehr ziehen, oder? Ich meine, ich hab die Bücher auch gelesen, selbst draußen in Hoxton, und kenn meinen Namen, es ist Torricanyon.«

Poch gab Hakenschlag die leere Mütze und nahm das Barett mit den zwei Namen. Er stand vor den beiden Borriblemädchen und war verlegen. Natürlich war er Mädchen gewöhnt, aber nicht daran, daß welche als Späher ausgebildet werden sollten. Die Vorstellung, daß Mädchen bei diesem Abenteuer dabeisein würden, gefiel ihm nicht, und er fragte sich, wie das überhaupt gekommen war. Er schaute von einer zur anderen und mußte zugeben, daß sie zäh aussahen, und ihre Ohren gehörten zu den am schönsten geformten, die er je gesehen hatte, und zeigten einen starken Charakter, unbeugsamen Willen und große List und Schläue. Insofern konnte er sie nicht kritisieren. Aber, dachte er, das packen die nie mit den Anstrengungen der Expedition, mit den Gefahren, dem Leben draußen im Freien, jede Nacht ein neues Biwak. Und wie würde sich ihre Anwesenheit auf das Team insgesamt auswirken? Das machte ihm echte Sorgen. Er kannte seine Borribles, sie konnten sich zanken und streiten, so gut wie sie stehlen konnten.

Poch sah zurück, die Reihe entlang, und stellte fest,

daß die anderen ihn beobachteten. Orococco grinste, die weißen Zähne hoben sich glänzend von seiner schwarzen Haut ab; sogar Napoleon der Wendel griente.

»Wo kommt ihr Mädchen her?« fragte Poch.

»Whitechapel«, sagte die erste.

»Neasden«, die zweite. Poch hielt dem Mädchen aus Whitechapel die Mütze hin. »Hier, nimm eins«, sagte er. Das Mädchen nahm einen Zettel und las ihren Namen, ohne Kommentar. »Chaline«, sagte sie einfach, mit ruhiger und kühler Stimme. Ihre grünen Augen flogen über Pochs Gesicht, und sie lächelte. Poch dachte, daß sie schön war; das Haar fiel ihr bis zu den Hüften herab und war blond, ihre Haut leuchtete, und ihre Beine waren lang und wohlgeformt.

Er gab das letzte Stück Papier dem Mädchen aus Neasden. »Sydney«, sagte sie, als sie es angesehen hatte. Poch sah sie an. Ihr Haar war dunkel und glänzte, und sie hatte graue Augen und ein freundliches Gesicht.

»Warum haben Whitechapel und Neasden euch zwei geschickt?« fragte er und verbarg seine Verlegenheit in einem sarkastischen Ton. »Gibt's da draußen keine männlichen Borribles mehr?«

Chaline sagte: »Die Botschaft, die uns in Whitechapel erreicht hat, bezog sich ausdrücklich auf eine Borrible.«

»Und die für Neasden auch.«

Chaline nickte. »Wenn du dir die Rumbel-Handbücher anschaust, wirst du feststellen, daß zwei im Generalstab weiblich sind. Deshalb hat man uns aufgefordert, glaub ich.«

»Hmmm«, sagte Poch. Er wandte sich ab, dann drehte er sich plötzlich um und erhob die Stimme. »Es gibt keine Bevorzugungen, ihr werdet behandelt wie alle anderen auch, überhaupt kein Unterschied. Ihr marschiert wie die anderen, ihr trainiert wie die anderen und schlaft auf dem Boden wie die anderen, und ihr tragt dieselben Kampfanzüge. Wenn es hier losgeht, müßt ihr euch auf dieselben Bedingungen einrichten – genau dieselben. Ihr lauft so lange, eßt so wenig und kämpft so viel wie jedes andere Mitglied der Expeditionstruppe. Ihr geht dasselbe Risiko ein, und vielleicht geht ihr genauso unter. Verstanden?«

Falls Poch gehofft hatte, Chaline und Sydney mit seinem Ausbruch einzuschüchtern, war es ihm mißlungen. Sie sahen einander an und dann wieder den Hauptspäher.

»Deshalb sind wir da«, sagte Chaline und zitierte ein Borrible-Sprichwort: »Kein Name verdient sich selbst.«

»Ja«, sagte Sydney, »wir wissen Bescheid. Und wenn du glaubst, wir packen's nicht, kannst du uns jederzeit zurückschicken.«

Poch ging wieder ein paar Schritte zurück und stellte sich so auf, daß er alle für eine kleine Ansprache im Auge hatte. »Gut. Also«, begann er, »jetzt habt ihr eure Namen. Das Training dauert vierzehn Tage, den ganzen Tag und jeden Tag. Morgen sag ich euch die Einzelheiten. Als erstes müßt ihr den Feind durch und durch auswendig kennen. Wir haben hier die Handbücher, aber wir haben noch was Besseres, Zoffs Notizen und Studien über den Feind, und wie er lebt. Wir werden sofort mit der Lektüre beginnen. In seinen Notizen findet ihr auch die genaue Beschreibung von jedem einzelnen Mitglied des Generalstabs. Jetzt, wo ihr eure Namen wißt, wißt ihr, welcher eurer ist, und ihr müßt euch genau einprägen, wie er oder sie aussieht. Ihr müßt ihn dann von tausend anderen unterscheiden können, mitten in der großen Rangelei. Und noch was, wir werden mit dem Rumbelspeer oder -spieß trainieren, der Waffe des Feindes: ein vierzölliger Nagel am Ende einer Lanze aus Holz. Sie verwenden ihn als Speer, oder als Fechtstab und Dolch zusammen. Der Rumbel kann gut damit umgehen, kriegt ihn schon in die Wiege gelegt – ihr müßt besser sein. Von jetzt an wird hart gearbeitet. Euer Überleben hängt vom Training ab.«

Die nächsten beiden Wochen waren Wochen erschöpfender, ständiger Aktivität. Die acht Mitglieder der Expeditionstruppe hörten keinen Augenblick mit der Arbeit auf. Jeden Morgen um fünf jagte sie Poch auf die Füße, dann kam erst mal eine halbe Stunde Gymnastik, damit das Blut gehörig durchs Gehirn zirkulierte. Nach dem Frühstück kam das Morgentraining in der Turnhalle, wobei Hakenschlag oder Poch eine Übung auswählte. Sie trainierten sich im Kampf mit dem Rumbelspeer, Ausweichen vor Erwachsenen, improvisierten Ausreden. Sie perfektionierten ihre Taktik, zu zweit und zu viert zu stehlen, übten rasche Starts und schnellen Lauf, denn alle Borribles bewegen sich mit großer Geschwindigkeit. Vor dem Mittagessen glitten sie verstohlen ins Freie, um einen kleinen Langlauf zu machen, nur eine Meile oder so für die Atmung. Um sie ständig in Übung zu halten, gab Poch die Anweisung, daß sich jeder sein eigenes Mittagessen zu klauen hatte, und dann aßen sie alle zusammen an irgendeinem ungemütlichen Ort: am Fluß, auf einem winddurchfetzten Bombengrundstück, oder in einem zugigen Haus ohne Fenster. So sollten sie sich daran gewöhnen, was sie auf dem

Abenteuerweg erwarten würde. Poch beobachtete die Mädchen scharf, aber sie beklagten sich nie und machten alles genausogut wie die anderen.

Nach der Mittagsmahlzeit ging's zurück in die Turnhalle, wo es eine kurze Pause von etwa einer halben Stunde gab, und dann prüfte sie Poch in Borriblewissen und in Rumbelkunde. Das waren die Informationen, die jedes Mitglied der Expedition sofort parat haben mußte. Er prüfte und prüfte sie, so daß schließlich jeder von ihnen einen Verstand hatte, so scharf und hart und nützlich wie ein nagelneuer Büchsenöffner. Sie lernten auch Praktisches: wie man eine Gefangennahme vermied, wie man als Gefangener wieder entkam, und wie man anderen Borribles in Schwierigkeiten half. Poch bestand darauf, daß die acht all diese Informationen ständig bereit haben müßten, so daß alles automatisch einrasten konnte. Denn es ließ sich nicht absehen, was ihnen auf dem langen und gefahrvollen Weg zum Rumbelreich zustoßen mochte; sie würden auf alles und jedes vorbereitet sein müssen.

Nach der Sitzung mit den Büchern kam wieder das Körpertraining. Hakenschlag brachte ihnen bei, wie man aus großer Höhe herunterspringt und sich abrollen läßt, ohne sich zu verletzen; wie man Hiebe abfängt, indem man mit dem Schlag mitgeht, wie man boxend hin und her tanzt, sich duckt und ablenkt. Er erklärte die verwundbaren Stellen der Rumbel-Anatomie, und wiederum den Gebrauch des Rumbelspeers. Dann, später am Nachmittag, unterrichtete Poch, der mehr Erfahrung hatte als irgendein anderer Borrible, Taktik im Freien: wie man sich in Parks und auf Wiesen bewegt. Er nahm sie mit in das wildeste Terrain, etwa mitten auf die weite, offene, öde Fläche von Clapham Common – genau der Ort, wo Rumbels im geheimen graben und sich unbemerkt einrichten konnten. Wie andere Borribles zog Poch bei weitem belebte Straßen mit Märkten und Läden vor, aber im Gegensatz zu den anderen hatte ihn seine Stellung gezwungen, ungeheuer viel Arbeit im freien Gelände zu leisten. Irgendwie hatte er es geschafft, die grundsätzliche Angst in sich zu bezwingen, die Borribles empfinden, wenn sie vor Feldern und Wäldern stehen. So was hassen sie. »Felder«, sagen sie, »sind immer zugig, und man kann sich nirgends verstecken, kann in keiner Menge untertauchen, und nichts kann man auflesen, es kommen keine Lastwagen vorbei, von denen was runterfällt. Es ist nicht so schlimm, wenn die Sonne heiß ist und ein Borrible im Schatten eines Baumes liegen und zusehen kann, wie der Himmel sich in den Zweigen bewegt, aber selbst da wäre ein Borrible lieber irgendwo anders zugange, auf einer Straße oder so.«

Trotz allem zwang Poch sein Team, immer wieder in den Battersea Park zu gehen und brachte ihnen bei, wie man auf die Untergrundgeräusche lauscht, die einem sagen, ob da unten eine Ratte oder ein Maulwurf oder ein Rumbel ist. Sie lernten, wie man auf Bäume klettert und wieder herunterspringt und wie man durchs Gebüsch kriecht. Aber vor allem und zu allem andern ließ Poch sie stundenlang mit der traditionellen und beliebtesten Waffe der Borribles üben. Die hatten sie schon seit Generationen benutzt, und sie war wegen ihrer Einfachheit, ihrer Reichweite, Kraft und tödlichen Wirkung gewählt worden. Es war eine Waffe, die sehr alt war, aber ebenso effektiv wie irgendeine neue Erfindung. Man konnte sie überall herstellen, und damals, im neunzehnten Jahrhundert, als die Borribles harte Zeiten ertragen mußten und von Ort zu Ort gejagt wurden, war es ihre Lieblingsmethode geworden, sich zu verteidigen, weil die Waffe so einfach und billig hergestellt werden konnte. Diese Waffe war natürlich jene höchst gefährliche: die Schleuder.

Jeder Borrible schießt mit der Schleuder, als wäre er dazu geboren, aber die acht mußten den üblichen Standard weit übertreffen und sich eine langweilige Genauigkeit aneignen, mit der sie bei jedem Schuß einen Rumbel auf die Schnauze treffen konnten.

»Ihr dürft nie euer Ziel verfehlen«, sagte Poch zu ihnen. »Ihr müßt einen Haufen Vorräte mitschleppen, aber wenn jeder von euch zehn Steine als Reserve dabei hat, dann solltet ihr zusammen schon einmal achtzig Feinde erledigen. Wenn ihr belagert werdet, sucht euch immer einen Ort, wo viel Munition rumliegt, dann seid ihr unbesiegbar.« Und so wurde jeder der acht ein Meisterschütze; jeder konnte auf hundert Meter einem Parkwächter eine Fliege von der Nase runterholen, und der würde es nicht einmal merken.

So waren die Tage angefüllt. Nach dem täglichen Üben im Park kehrten sie in die Turnhalle zurück, wo ihnen die Borribles der High Street ein auf dem Markt organisiertes Abendessen hingestellt hatten. Sie aßen mit großem Appetit, und dann, nachdem sie noch ein wenig miteinander geredet hatten, rollten sie sich in ihren Schlafsäcken zusammen und pennten auf dem Boden des langen, staubigen Raumes. Am nächsten Tag würden sie wieder früh aufstehen und dasselbe tun – ein wenig schneller rennen, ein wenig präziser schießen. Wieder würden sie schwierige Fragen beantworten müssen, und neue Antworten auf die Probleme finden, die Poch sich ausgedacht hatte. Er würde mit ihnen die Expeditionsroute auf dem Stadtplan von London durchgehen und Kriegsspiele entwickeln, wo er sie sich in unmöglichen Situationen vorstellte und sie zwang, sich so rasch wie möglich einen Ausweg auszudenken, und wenn Poch nicht zufrieden war, dann mußten sie's noch einmal machen, und noch einmal. Sie waren ständig müde.

Um ein Uhr, an einem grauen Nachmittag gegen Ende der vierzehn Tage, tauchte Zoff mit zwei, drei anderen Quartiermeistern aus der High Street im Lagerraum der Rowena Crescent-Turnhalle auf. Die Pause hatte gerade begonnen, und Zoff lief im Raum herum und redete mit den Borribles, die sich auf ihren Schlafsäcken ausgestreckt hatten und mit halboffenen Augen dösten. Als er mit allen kurz gesprochen hatte, kam er herüber zu Poch und Hakenschlag.

»Tag, Poch«, sagte Zoff und wies mit einem abrupten Nicken auf die beiden Quartiermeister neben ihm. »Das ist Schwarte, und das ist Ziggy.«

Poch stand auf. »Das sind sehr schöne Namen. Ich würde gern einmal die Geschichte dazu hören.«

Die beiden nickten, ohne zu lächeln. Sie sahen übellaunig drein.

»Tja«, sagte Zoff. »Das muß natürlich auf ein andermal warten. Jetzt, Poch, wir sind am Ende der zwei Wochen. Wie bist du vorangekommen?«

Poch streckte die Hand nach einem großen Buch auf seinem Tisch aus, das eine detaillierte Beschreibung des Trainings jedes der acht Borribles enthielt, mit verschiedenen Anmerkungen.

Zoff winkte ab. »Nein, das kann ich mir später ansehen, jetzt reicht ein mündlicher Bericht.«

»Kannst es ganz allgemein halten«, sagte Schwarte säuerlich.

»Nun –«, sagte Poch und warf Hakenschlag einen Blick zu, »sie sind sehr gut, alle. Manche sind in bestimmten Sachen besser als die anderen, aber mit der Schleuder sind sie alle traumhaft. Die würden eine rennende Katze mit geschlossenen Augen wegputzen, die Mädchen auch, tatsächlich ist Chaline besser als alle anderen, außer vielleicht Orococco. Nahkampf gut, Klettern gut, Rennen sehr schnell. Mit dem Rumbelspeer ist es unterschiedlich, aber Bingo ist phantastisch. Mit dem Spähen draußen klappt es nicht so gut, aber da braucht man auch jahrelange Übung, und es ist halt was Unnatürliches, aber auf den Märkten und auf der Straße sind sie erstklassig, du siehst kaum ihre Hände unter dem Karren hervorkommen, wenn sie sich ihr Essen holen. Wunderbar, und alle äußerst eifrig bei der Sache.« Poch zögerte und senkte die Stimme. »Nur einer macht mir Sorgen, obwohl er so hart wie irgendeiner gearbeitet hat. Härter. Aber ich weiß auch nicht, irgendwas mit Napoleon gefällt mir nicht. Er scheint immer an etwas anderes zu denken, das ist wie so ein schleimiges Gefühl, das… ach, ich weiß auch nicht, Zoff, so ein Gefühl halt.«

Hakenschlag nickte den drei Quartiermeistern zu, um zu bestätigen, was Poch gesagt hatte.

Zoff schaute die Halle hinunter, wo die Borribles sich ausruhten. Ein paar blätterten in ihren Rumbelbüchern, die anderen entspannten sich und sahen an die Decke. Napoleon studierte die Straßenkarte von Groß-London und lernte Straßennamen.

»Der hört nie auf«, sagte Poch. »Die anderen kennen *Das Große Buch der Borrible-Sprichwörter* auswendig, aber Napoleon kennt das Buch rückwärts und seitwärts. Das Ganze ist zu schön, um wahr zu sein.«

Zoff verzog das Gesicht zu einem Grinsen. »Na,

mein Sohn, da können wir jetzt nichts mehr machen. Sie müssen einen Wendel dabeihaben, weil sie über den Wandle rübermüssen. Du weißt ja, wie mißtrauisch die sind, wenn jemand über ihren verdammten Fluß will.« Er rümpfte die Nase. »Es sollte eigentlich alles klappen, ich meine, das Abenteuer ist in ihrem eigenen Interesse, oder vielleicht nicht? Die Rumbels könnten mit Leichtigkeit unter Wandsworth Common durchgraben, und von dort runter in die Straßen eindringen. Die Wendels sind in größerer Gefahr als wir, einfach weil sie näher am Rumbelreich liegen, oder? Ach was, das klappt, wirst es schon sehen.«

Schweigen herrschte, als ob keiner seiner Meinung wäre, nicht einmal Zoff selbst. Er wechselte das Thema.

»Na, deine Leute müssen sich auf jeden Fall bald auf den Weg machen, je länger sie warten, um so gefährlicher wird's. Es war ein psychologischer Vorteil, die Rumbels wissen zu lassen, daß wir was unternehmen, aber je länger wir brauchen, da rauf zu kommen, desto mehr Zeit haben sie, ihre Verteidigung auszubauen. Unsere acht kommen vielleicht gar nicht in den Rumbelbau rein. Man stelle sich vor – den ganzen Weg für nichts und wieder nichts!«

Ziggy, der schon länger versucht hatte, Zoffs Redefluß zu unterbrechen, gelang es jetzt endlich, auch etwas zu sagen: »Mir hat diese Idee nie richtig gefallen, Zoff, das weißt du. Ich denke immer noch, wir hätten alle zusammen rauf sollen, es den Typen besorgen, ihnen einen Denkzettel verpassen.«

»Total gesponnen«, sagte Zoff ungeduldig; er hatte immer recht und wußte es auch. »Die wären uns zehn zu eins überlegen gewesen und hätten ein Heimspiel gehabt. Wir haben eine viel bessere Chance, wenn wir jetzt acht Profis schicken und die Anführer eliminieren, du wirst noch an mich denken.«

»Ja, auf dem Papier sieht so was ganz gut aus«, sagte Ziggy gnädig, »aber ich glaub nicht, daß die acht da drüben das packen. Sie haben noch nichts getan. Eine Schleuder auf einen Bullen abschießen und abhauen, das kann jeder – aber was ist, wenn's ein Rumbel ist, und der Rumbelspeer an deinem Hals?«

»Hör mal«, sagte Poch, der ärgerlich wurde, »die Gruppe hab ich trainiert. Wenn irgend jemand in den Rumbelbau reinkommt, dann die.«

»Quatsch«, schaltete sich Schwarte in den Streit ein. »Die haben nicht die geringste Chance.«

»O doch«, sagte Poch.

»Nein«, sagte Ziggy.

Die Quartiermeister starrten stirnrunzelnd ihre Schuhe an.

Zoff rümpfte wieder die Nase. »Ich hab mir die Karte angesehen, Poch. Ich dachte, die acht sollten die Themse raufgehn, von St. Mary bis Wandsworth Reach. Ich weiß, es ist gefährlich, aber es wird einige Reisetage sparen, und es wird bedeuten, daß die acht aus einer Richtung auftauchen, mit der die Rumbels im Leben nie rechnen. Selbst wenn sie Späher bis zur Eisenbahnlinie auf dem Wandsworth Common und bis Earlsfield haben, umgehen wir ihre Flanke. Was meinst du?«

Poch war von neuem ärgerlich. »Aber Zoff!« rief er und ergriff den Arm des Quartiermeisters. »Der Fluß ist eine einzige große Mausefalle, all die Schlepper und Kähne und Polizeiboote, da werden sie überfahren oder geschnappt, da haben sie keine Chance. Sie haben kein Training fürs Wasser. Ich weiß nicht mal, ob sie rudern können. Ich dachte, sie marschieren über Land, und du willst sie jetzt in den Fluß schmeißen. Das läuft nicht, Zoff.«

»Was glaubst du eigentlich, wie weit die über Land kommen«, fragte Ziggy, »mit einer lückenlosen Sperrlinie von Rumbels, von Merton bis zur Themse?«

Schwarte brachte sein Gesicht ganz nahe an das von Poch und legte den Kopf schief. »Wenn deine Schützlinge so Spitze sind, warum suchst du jetzt nach Entschuldigungen? Bringen sie's nicht?«

»Das ist eine Zeitfrage, eine Frage des Trainings«, stotterte Poch wütend.

Zoff nickte. »Ganz genau. Ihr kriegt einen zusätzlichen Tag zum Üben mit dem Boot und zum Rudernlernen.«

»Aber wir haben kein Boot«, sagte Poch und sah die Quartiermeister an, als ob sie alle drei wahnsinnig wären.

»Ach was, ihr braucht doch schließlich ein Boot«, sagte Zoff, »um den Fluß raufzurudern. Da braucht ihr dann doch auch eines, um drin zu üben, oder?«

»Und wo finden wir eins?« fragte Poch verwirrt.

Zoff drehte sich ärgerlich zu ihm um: »Du bist doch ein Borrible, Menschenskind! Klaut eins – heute nachmittag – anstatt hier zu pofen.«

»Ja«, sagte Ziggy. »Schaun wir doch mal, wie gut dieses Team ist. Aber ich sag dir eines, wenn ihr dieses kleine Problem nicht lösen könnt, dann setz ich meinen ganzen Einfluß ein, damit dieses Abenteuer abgeblasen wird. Mir hat's nie gefallen.«

Zoff lachte. »Gar nicht hinhören. Ich weiß, das schafft ihr, Poch. Beweis uns einfach, daß deine Leute wirklich so gut sind, wie du sagst, hm?« Und damit kletterten die drei Quartiermeister an der Sprossenwand hoch und verschwanden, einer nach dem anderen, durch die schmalen Fenster, die auf den Rowena Crescent führten.

Poch zitterte vor Wut, als er ihnen nachsah. Er neigte immer dazu, die Dinge sehr ernst zu nehmen, aber diese Kritik seines Teams und seines Trainings war eine persönliche Beleidigung.

»Einfach so, was?« sagte er zu Hakenschlag. »Sucht euch ein Boot, klaut es, laßt es zu Wasser, lernt, wie man rudert, einfach so!«

»Und nur heute und morgen, um das alles zu tun«, sagte Hakenschlag nüchtern.

Poch ging hinüber zu den wartenden acht, die sich auf ihre Ellbogen gestützt hatten; die Diskussion hatte ihr Interesse geweckt. »Tja«, sagte er, »man läßt uns keine Ruhe. Setzt eure Mützen auf, ich bring euch zum See im Battersea Park, wir klauen ein Boot.«

Nur einer unter den acht zeigte, daß ihm dieser Plan gefiel. Napoleons dunkles Gesicht strahlte. Er erhob sich und sagte: »Ein Boot? Sehr gut, wir kennen uns aus mit Booten, wir vom Wandle.«

Poch spürte Erleichterung. Natürlich, die Borribles von Wandsworth lebten die ganze Zeit auf dem Wasser oder am Wasser. Napoleon konnte eine große Hilfe sein. »Wir müssen ein Boot klauen, das uns die Themse hinauf bis zur Mündung des Wandle bringt. Napoleon, kannst du dem Team beibringen, wie man rudert und steuert?«

»Aber natürlich, Poch«, sagte Napoleon mit leicht höhnischer Stimme, »wird mir ein Vergnügen sein.«

Einer nach dem anderen schlüpften sie aus der Turnhalle auf die Straße und gingen auf verschiedenen Wegen zum Park. Sie trafen sich wieder unter den großen Eisentoren und folgten der Straße durch den

Park, bis zum See, wo man Bootfahren konnte. Jeder Borrible hatte die Mütze gut über die Ohren gezogen, seine Schleuder unter dem Pullover und ein paar Steine in der Tasche bereit, für alle Fälle.

Poch war traurig, denn bald würden die acht weg sein. Was für ein Abenteuer stand ihnen bevor! Was würden sie erleben! Und er, Poch, blieb zurück und war vergessen. Täglich hatte er überlegt, aber alles Nachdenken hatte nichts geholfen: Es war ihm nichts eingefallen, wie er einen Platz in dem Team bekommen könnte, das zu der gefahrvollen Reise zum Rumbelreich aufbrechen würde. Er schüttelte den Wunsch ab – es brachte nichts, darüber nachzudenken.

Bald kamen er und die anderen in Sichtweite der kleinen Holzhütte, wo die Besucher, die eine Stunde lang Bootfahren wollten, ein Ticket lösen konnten. Die Hochsommersaison war schon fast vorüber, und die meisten Boote waren an einer der Inseln mitten im See festgemacht, wo ihnen nichts passieren konnte. Nur noch ein Dutzend oder so lagen an dem kleinen Pier neben dem Ticketschalter vertäut. In der Hütte saß ein Parkwächter in brauner Uniform und dunkelbrauner Mütze. Er leckte einen Bleistift an und schrieb dann langsam in einem großen Buch. Keines der Boote rührte sich auf der unbewegten Wasserfläche. Poch und die anderen setzten sich am Rand eines Weges hin und prüften die Lage. Nach einer Weile sagte Poch: »Was hältst du von den Booten, Napoleon?«

»Wir sind ziemlich weit weg, um was sagen zu können«, sagte der Wendel, »aber wie ihr seht, gibt's da ein paar aus Metall, am Pier.« Seine Stimme veränderte sich, wenn er von Booten sprach. Er wurde aufgeregt, und sein Gesicht strahlte, während seine Gefährten verängstigt dreinschauten. Borribles mögen Wasser im allgemeinen noch weniger als Felder und Wälder. »Die sind im Grunde nichts für eine Flußfahrt, zu kurz und zu breit, wacklig, und nicht groß genug für uns acht. Die da brauchen wir.« Er zeigte zu den Inseln hinaus, und die anderen sahen, daß unter den Dutzenden von Metallbooten ein paar alte, lange Boote lagen, aus Holz, mit Sitzen, Kissen und Steuerrudern, die man mit zwei Längen Tau bediente. Sie waren viel größer.

»Herrlich sind die, richtig graziös«, sagte Napoleon enthusiastisch, »liegen tief im Wasser, gleiten über jede Welle hinweg, auch über die Heckwellen von den Lastkähnen auf dem Fluß. Vier Ruderklampen, nehme ich an, zwei Teams zum Rudern ... wenn die Mädchen das schaffen.« Er sah sich nach Chaline und Sydney um. Chaline sagte: »Besorg erst mal dein Boot, Wendel.«

»Ganz ruhig«, sagte Poch, der jeden Streit stoppte, ehe er beginnen konnte. »Wenn wir eines von diesen Holzbooten an der Insel brauchen, müssen wir da rüber. Irgendwelche Ideen?«

»Zu weit zum Schwimmen«, sagte Vulgarianus, den jetzt alle Vulgo nannten.

»Und leihen tut er uns keins, weil wir zu klein sind«, sagte Sydney. »Selbst wenn wir das Geld hätten, und wir haben keins.«

»Also müssen wir ein Metallboot klauen, um rüberzukommen«, ergänzte Stonkus.

»Tjawohl – aber ist dir aufgefallen«, sagte Torricanyon, »daß die Ruder extra aufgehoben sind, die geben sie nur aus, wenn sie eins verleihen, verstehst du? Und noch schlimmer, die Boote, die an der Insel liegen, haben überhaupt keine Ruder.«

Sie schwiegen. Poch wartete; dies gehörte alles zum

Training. Er wußte, was er getan haben würde; die Situation verlangte offensichtlich ein Ablenkungsmanöver. Jemand mußte den Wärter aus der Hütte locken, damit die andern rasch hineinrennen und ein paar Ruder besorgen konnten. Irgend so was war notwendig.

Plötzlich stand Napoleon auf. »Hört mal«, sagte er, »Boote sind meine Spezialität, warum laßt ihr nicht mich das machen?«

»Gut«, sagte Poch, »wen willst du mitnehmen?«

»Das Ding hier würde ich gerne allein machen.«

»Allein!« rief Vulgo. »Na, das möcht ich sehen!«

»Wirst du«, antwortete Napoleon, »wirst du.«

»Na, hoffentlich wird das auch was«, sagte der Hauptspäher. »Wir können keine Zeit verschwenden.«

»Gleich nachdem es dunkel wird, kannst du dir von den Booten aussuchen, welches du willst«, sagte Napoleon verächtlich, »und dann darfst du mit diesen Matrosen hier auf und ab paddeln, bis ihnen die Arme abfallen. Wie wär das?«

»Das wäre ganz ausgezeichnet, Napoleon«, sagte Poch grimmig.

Napoleon verließ sie und ging den Weg hinunter zu der kleinen Hütte am Pier. Er stolzierte geradezu daher. Die anderen zogen sich zurück und suchten Deckung hinter Sträuchern. Orococco sagte: »Dieser Napoleon riecht vielleicht etwas streng, Leute, aber spät aufgestanden ist der bestimmt nicht.«

Sie beobachteten, wie der Wendel auf die Holzhütte zu marschierte. Am Ende des Piers hielt er inne, dann zog er sich die Mütze über die Ohren und ging weiter, daran vorbei.

»Was hat der Arsch denn jetzt bloß vor?« fragte Poch niemand Bestimmten, und bekam keine Antwort.

Als Napoleon in der Ferne ganz klein geworden war, drehte er plötzlich um und wetzte, so schnell er konnte, zur Hütte zurück. Er rannte zum Ticketbüro, riß die Tür auf und schrie, auf und ab hüpfend, auf den Parkwächter ein. Was er sagte, konnten sich die Beobachter nicht vorstellen, aber man konnte sehen, daß Napoleon sehr aufgeregt war. Der Wächter hörte aufmerksam zu, dann stand er rasch von seinem Stuhl auf und trat hinaus auf den Pier, schloß aber doch rasch die Türe ab.

»Ach, das bringt's nicht«, stöhnte Bingo. »Jetzt kommen wir da niemals rein.«

Der Wächter warf zwei Ruder in das nächstbeste Boot, hob den kleinen Napoleon hinein und sprang hinterher. Das Boot wackelte und schwankte gefährlich, aber es kenterte nicht, und Napoleon schien ganz glücklich im Heck zu sitzen, während der Wächter die Ruder in die Klampen legte und sachverständig zu rudern begann. Das kleine Fahrzeug schoß auf den See hinaus, auf die größere der beiden Inseln zu, wo am Ufer die unbenutzten Boote aufgereiht lagen.

Poch schaute Hakenschlag an und schüttelte den Kopf. »Nicht die geringste Ahnung, was der vorhat«, sagte er. Hakenschlag zuckte die Schultern. Das Boot näherte sich der Insel, aber bevor es das Ufer berührte, konnten sie sehen, daß Napoleon aufstand. Dann stieß das Boot abrupt am Ufer an, und der Wendel wurde umgerissen und stürzte ins Wasser.

Torricanyon lachte brüllend. »Jetzt fällt der arrogante kleine Miefer doch tatsächlich rein«, rief er. Die anderen lachten auch.

»Schnauze«, knurrte Poch.

Der Parkwächter stieg ins Wasser, wobei er sich die Hosenbeine bis oben naß machte, und rettete Napoleon; er setzte den Borrible ins Boot und wickelte ihn in eine Decke, die er vom Sitz nahm. Dann band er das Boot an einen Ast, schwenkte mahnend seinen Zeigefinger und verschwand in der dichten Vegetation der Insel. Kaum war er weg, sahen die Beobachter zu ihrem Erstaunen, wie Napoleon aufsprang, das Boot losmachte und zum Ufer zurückruderte, und konnte der Junge rudern! Er war klein, aber unter seinen Händen wurde das Boot zu einem Lebewesen, und es flog über den See wie ein Eisvogel. Poch sah in die Gesichter ringsherum: offene Münder und große Augen.

Napoleon sprang auf den Pier, und ohne das Boot groß festzumachen, rannte er über die Planken, auf den Parkweg und schoß in eine leere Telephonzelle, die gleich in der Nähe stand. Die Borribles sahen, wie er am Rahmen der teilweise zerbrochenen Scheiben hochkletterte, um besser an den Hörer zu kommen, und wie er irgendwo anrief. Danach rannte er, so schnell er konnte, fort und verschwand etwa eine halbe Meile entfernt zwischen Bäumen. Eine ganze Weile geschah nichts, und die Zuschauer im Gebüsch regten sich unruhig.

»Ich glaube, dieser eingebildete kleine Ganove hat sie nicht alle«, sagte Stonkus. »Hat jetzt bloß alles noch schwieriger gemacht.«

»Na, ich weiß nicht recht«, sagte Sydney. »Warten wir's ab.«

Also warteten sie und warteten, und nach einer Zeit, die ihnen sehr lange vorkam, aber tatsächlich nur zehn Minuten gedauert hatte, hörten sie das Lalü-Lalü einer Polizeisirene, und ein Streifenwagen hielt quietschend vor der Telephonzelle.

»Ach du liebe Zeit, jetzt sind die Bullen da«, sagte Hakenschlag ergeben.

Zwei Polizisten stürzten aus dem Wagen, rannten auf den Pier und versuchten, die Tür zur Hütte zu öffnen, die jedoch fest verschlossen war. Dann hörte man Rufe und Pfiffe von der Insel, und die Polizisten blickten auf und sahen, wie der Wächter auf und ab hüpfte, die Arme schwenkte und einen entsetzlichen Lärm vollführte. Er mußte ziemlich frieren, denn die Borribles konnten sehen, daß seine untere Hälfte wesentlich dunkler war als die obere, demnach war er noch recht naß.

Die beiden Polizisten suchten in den Booten nach einem Paar Ruder, aber die waren alle in der Hütte. Die einzigen Ruder, die zur Verfügung standen, waren die in dem Boot, das der Wächter und Napoleon benutzt hatten, und das war abgetrieben, so daß es jetzt beinahe schon zehn Meter vom Land entfernt war. Die Polizisten versuchten es mit einer langen Stange heranzuholen, aber die reichte nicht ganz. Ein zweiter Streifenwagen kam, mit einem Inspektor, der das Kommando übernahm und einem seiner Leute befahl, das Boot zu holen. Einer der Wachtmeister zog seine Jacke aus und watete in den See, aber der Grund fiel ziemlich scharf vom Ufer ab, und als er am Boot angelangt war, schwamm er. Prustend und schimpfend nahm er das Tau und zog das Boot zum Pier, und ein trockener Polizist stieg ein und ruderte zur Insel, so daß der Wächter in kürzester Zeit gerettet war. Während das Boot zum Ufer zurückkehrte, kam der Parkaufseher auf seinem Fahrrad angeradelt, hielt an und scherzte mit dem Inspektor. Der Vorfall erschien ihnen äußerst erheiternd, und sie legten die Köpfe zurück und lachten längere Zeit. So wirkt Wasser auf manche Leute.

Bald darauf standen der nasse Polizist und der

feuchte Parkwächter auf dem Pier, und der Inspektor schickte sie beide in einem der Polizeiautos weg. Der Aufseher schloß die Hütte auf, stellte die Ruder weg, und schloß wieder ab. Er stand noch ein Weilchen lachend und redend mit dem Inspektor zusammen, dann schüttelten sie sich die Hände, und der Aufseher bestieg sein Rad und fuhr zurück in sein Büro, und der Inspektor zum Revier auf dem Lavender Hill.

Es war alles vorbei. Still war es jetzt, und die Abenddämmerung legte sich auf den Park. Die Rehe, die hinter dem Parkgatter lebten, waren schon in ihre Holzschuppen verschwunden. Nur ein paar Leute schlenderten noch herum, und die waren alle auf dem Weg zu den Ausgängen. Sehr bald würde jetzt die Sperrglocke läuten, und der Battersea Park würde für die Nacht geschlossen werden. Die wartenden und Ausschau haltenden Borribles öffneten ihre Rucksäcke, holten die Mäntel hervor und lagerten sich auf dem Boden, ohne zu wissen, worauf genau sie eigentlich warteten.

»Der Effekt dieser Operation ist mir nun wirklich nicht ganz klar«, sagte Sydney; sie sprach meistens ein wenig pedantisch. »Jetzt ist die Hütte abgeschlossen, und es sind keine Ruder draußen. Ich glaube, Napoleon hat sich an irgendeiner Stelle seines Plans verkalkuliert.«

Genau in diesem Augenblick raschelte es im Gebüsch hinter ihnen und ein überaus feuchter und verschmutzter Napoleon kam angerannt. Er keuchte und lachte so sehr, daß es aussah, als würde ihm gleich schlecht. Sein Haar klebte am Kopf, seine Kleider waren triefnaß und lagen an seinem Körper an, und seine Haut dampfte von der Hitze, die sein verrückter Lauf durch den Park erzeugt hatte. Er fiel zu Boden, und die Laute, die er ausstieß, ließen seine Gefährten meinen, er sei möglicherweise recht übel dran. Poch rollte den feuchten Borrible auf den Rücken und schälte die nasse Jacke ab. Dann zog er seinen eigenen Mantel aus und bedeckte den zitternden und zuckenden Körper damit.

»Sieht schlecht aus«, sagte Hakenschlag.

»Mann«, rief Orococco, »wir können uns keine Verluste leisten, eh wir überhaupt aufbrechen.«

Die Borribles standen in einer düsteren Gruppe zusammen und schauten auf Napoleon hinunter. Poch rieb Hände und Füße des Borribles von Wandsworth, so fest er konnte, um den Kreislauf zu unterstützen. Nach und nach kam Napoleon zu Atem und setzte sich auf. »Habt euch nicht so«, sagte er zwischen keuchendem Atemholen, »mir fehlt nichts, bloß etwas außer Atem, und ich kann halt nicht mit Lachen aufhören.« Und wie zum Beweis fing er wieder zu zucken und zu zappeln an.

»Hier gibt's nichts zu lachen«, sagte Poch streng, obwohl er erleichtert war, jetzt zu wissen, daß Napoleon überleben würde. »Wir haben den ganzen Nachmittag in den Sand gesetzt und nichts erreicht, außer daß du dich gut amüsiert hast.«

Napoleon tastete in seinen nassen Kleidern herum, es gab ein klirrendes Geräusch, und dann kam seine Hand mit einem großen Schlüsselbund wieder zum Vorschein.

»Schaut mal her«, gluckste er, »und was ist das, hm? Stückchen Nebel vom Fluß?«

Ungläubiges Schweigen, dann fragte Bingo: »Na gut – was ist das?«

Napoleon wälzte sich vor Vergnügen auf dem Boden. »Die Schlüssel zur Hütte natürlich«, stieß er schließlich hervor, als er sich wieder etwas erholt hatte. »Und für den ganzen gottverdammten Park, nehme ich an.«

»Wie hast du das gemacht?« fragte Hakenschlag.

»Na«, sagte Napoleon, »ich bin zur Hütte hingerannt und hab so getan, als heulte ich mir die Augen aus. ›Mein Hund‹, hab ich gesagt, ›mein Hund ist weg.‹« Er lachte wieder, und die andren fingen auch zu lachen an. »›Er ist zur Insel rübergeschwommen, und er ist so ein kleiner, lieber, ängstlicher Hund, jetzt kann er nicht zurück.‹ – ›Schon in Ordnung‹, sagt der Wächter, ›den holen wir, kein Problem.‹ Dann habt ihr ja gesehen, was passiert ist. Er schließt zunächst mal die Tür von seiner blöden Hütte ab, Ende von Plan A, kann man nichts machen. Als wir zur Insel kommen, tu ich so, als wär ich ganz aufgeregt wegen dem Hund. Ich hüpf im Boot rum und rufe, da ist er, da ist er, und falle glatt ins Wasser – platsch! Na, da dreht der Wächter natürlich durch und springt hinterher, um sich für eine Medaille für besondere Verdienste zu qualifizieren, sozusagen. Und das war der Angelpunkt für Plan B: Als er mich zurück ins Boot getragen hat, hab ich ihm die Schlüssel aus der Tasche geklaut. Na, er möchte mich am liebsten gleich nach Hause bringen, Hund hin oder her. ›Nein, nein, bloß nicht‹, sage ich, ›ich krieg sonst daheim bloß Prügel.‹ Den Rest habt ihr gesehen. Ich schnapp mir das Boot, ruf diese Flachköpfe in Uniform an und erzähl ihnen, daß Parkwächter 347 auf einer einsamen Insel mitten im Battersea Park verschollen ist, beim Versuch, einen Hund zu retten. Dann hau ich in die Gegenrichtung ab. Jetzt haben wir die Schlüssel«, und er ließ sie vor Pochs Gesicht klappern und klingeln, »wir können uns Boote holen, wann wir wollen, und die ganze Nacht üben, wie ich's gesagt habe, Poch, genau wie ich's gesagt habe.« Und Napoleon rollte sich zur Seite und lachte so laut, daß die anderen ihm einen Mantel übers Gesicht legen mußten, um den Lärm zu dämpfen.

Poch stand auf und schüttelte bewundernd den Kopf. Die anderen taten dasselbe; in der dichter werdenden Dämmerung schauten sie sich an, lachten und fühlten sich zuversichtlich.

Sobald sie ihre Rationen verzehrt hatten, die sie dabei hatten, schlichen sich die Borribles hinunter zu der Hütte am See, wo sie ohne Schwierigkeiten die Türe öffneten und die Ruder stahlen, die sie brauchten. Sie drängten sich in eines der kleinen Metallboote, Napoleon ruderte sie auf die Mitte des Sees hinaus, und sie warteten, während der Wendel die größeren Boote inspizierte. Die waren schön lang und bequem, mit vier breiten Sitzen mit Kissen und mit viel Raum am Heck und im Bug, um die Ausrüstung zu verstauen. Aber sie waren schwer und solide gebaut und erforderten erfahrene Ruderer.

Napoleon suchte das beste aus und kam zurück, um Poch zu berichten. »Nummer siebzehn«, sagte er. »Gut in Schuß.« Während die Borribles sich anschickten, einzusteigen, zog er Poch beiseite und hielt ihn am Ellbogen fest. »Ich glaube, für nur vier von uns ist das zu schwer zum Rudern«, sagte er leise. »Wir müssen jedes Ruder doppelt besetzen. Das heißt dann auf der Fahrt, wir können nicht wechseln, wir müssen alle die ganze Zeit rudern.«

Poch dachte einen Augenblick nach. »Ihr müßt nachts rudern und euch tagsüber verstecken und um die Polizeiboote einen großen Bogen machen. Die schnappen euch, sobald sie euch sehen, da brauchen die keine Sekunde, um einen Haufen Borribles in einem geklauten Ausflugsboot auszumachen.«

Aber im Moment machten sie sich noch keine allzugroßen Sorgen über die Zukunft. Die neue Erfahrung einer Bootsfahrt beschäftigte und amüsierte sie, und selbst Poch half mit. Napoleon ließ sie sehr hart arbeiten, denn sie hatten nur diese einzige Nacht, um die Kunst des richtigen Ruderns zu lernen. Napoleon saß im Heck und steuerte mit den beiden Tauenden, die an dem Steuerruder hinter ihm festgemacht waren. Hakenschlag saß vorne und gab acht, daß sie nicht irgendwo aufliefen, obwohl nun der Mond aufgestiegen war, und man mit Leichtigkeit weit hinaus über das silberne Wasser sehen konnte.

Sie saßen zu zweit an jedem Ruder, wie Napoleon vorgeschlagen hatte, denn sie würden große Kraft benötigen, wenn sie draußen auf der Themse waren. Nicht nur die Gezeiten waren zu bewältigen, die vorüberfahrenden Lastkähne und Schlepper würden ihre großen Bugwellen ziehen, und ständig würde die Gefahr eines Zusammenstoßes bestehen. Napoleon wies ihnen ihre Plätze im Boot an und sagte, die würden sie dann auch behalten, außer daß er selbst Pochs Platz auf dem Fluß einnehmen würde, weil Poch nicht mitkäme.

»Wenn wir draußen auf dem Fluß sind«, sagte Napoleon, »sind wir bloß acht, also sitzt keiner am Steuer. Das bedeutet, wir müssen durch Rudern steuern; Gebt gut acht auf meine Kommandos und folgt ihnen sofort. Wenn einer da ein wenig langsam ist, könnte es sein, daß wir angefahren werden, kentern, unsere Ausrüstung verlieren, vielleicht sogar ertrinken.« Und so machte Napoleon weiter: Er brachte ihnen die wichtigsten Kommandos bei, zeigte ihnen, wie man zu rudern anfing, aufhörte, wie man vor dem nächsten Eintauchen des Ruders vermied, das Wasser zu streifen. Sie lernten, stetig und kräftig zu rudern, ohne zuviel von ihrer Energie zu verschwenden. Wenn sie das nächste Mal an Bord gehen würden, dann würden sie sich auf der breiten, von Fahrzeugen wimmelnden Themse befinden.

Die ganze Nacht ruderten sie und lauschten den Anweisungen ihres Steuermanns Napoleon. Wie die Stunden vergingen, wurde ihnen klar, was für eine ernste Sache diese Flußfahrt war, und sie sahen einander besorgt an. Ihre Aufmerksamkeit stumpfte ab unter der ständigen physischen Anstrengung, ihre Hände bekamen Blasen, und immer noch ließ Napoleon sie rudern, bis sie es schließlich so gut wie ein Wendel konnten und in der Lage waren, auf den geringsten Befehl vom Heck augenblicklich den Kurs zu ändern. Erst als der Himmel wieder blaß geworden war und die Morgendämmerung über die Wohnblocks am Rande des Battersea Parks stieg, gab Napoleon die Anweisung, zum Ufer zurückzufahren. Dankbar gehorchten die Borribles dem Befehl, die Ruder einzuziehen, und sie seufzten auf, als sie das Boot auf dem Uferkies knirschen hörten. Eine Weile saßen sie reglos, mit hängenden Köpfen, die Muskeln angespannt. Hakenschlag, der in dieser ganzen Zeit wenig getan hatte, stand auf, reckte sich und sprang an Land.

»Auf geht's, Leute«, sagte er, »wir müssen das Boot verstecken, ehe die Parkwächter es sehn.«

In der Nähe wuchs dichtes Gebüsch, und die Borribles zerrten das schwere Boot hinein. Sie stolperten und fielen über ihre eigenen Füße, so müde waren sie, nachdem sie jetzt ohne Unterbrechung vierundzwanzig Stunden wach gewesen waren. Sie rissen Laub von den Sträuchern und Gras vom Boden ab und tarnten das Boot so gut, daß es kaum mehr sichtbar war, nicht einmal auf eine Entfernung von ein, zwei Metern. Als Poch schließlich zufrieden war, gab er den Befehl zum Rückmarsch zum Lager. Es war schon ganz hell, als sie am *Prince's Head* vorbeikamen, und an den Bushaltestellen schwatzten schon lange Reihen von Putzfrauen miteinander, als die Borribles in den Rowena Crescent einbogen. Sie kletterten in den Turnhallenkeller und krochen in ihre Schlafsäcke und Decken, die auf den Matten lagen. Mit lautem Stöhnen und erleichtertem Aufseufzen schlossen sie ihre Augen und streckten die vor Anstrengung brennenden Gliedmaßen, aber Poch konnte noch eine ganze Weile nicht einschlafen. Er fragte sich immer wieder dasselbe: Jetzt, wo wir's haben, wie kriegen wir's vom Battersea Park an den Fluß nach Battersea Reach?

3

Poch hätte sich nicht den Kopf zu zerbrechen brauchen. Als er später am selben Tag aufwachte, war das Problem gelöst.

Es war nicht einfach, aufzuwachen; sein Körper fühlte sich so starr und steif wie ein Kleiderbügel an, und es kam ihm vor, als würde er nie wieder in der Lage sein, sich zu bewegen. Sogar um die Augen aufzuschlagen und die Decke anzusehen brauchte es eine Konzentration seines gesamten Willens auf die hierzu notwendigen Muskeln. Er drehte den Kopf und sah, daß Hakenschlag mit Napoleon durch eines der Fenster gestiegen kam. Sie trugen dampfende Becher, Obst und Brötchen. Sie waren auf dem Markt gewesen und hatten Frühstück geholt.

Poch stolperte auf die Füße, sich bewegend wie eine Holzpuppe mit entzündeten Gelenken. Napoleon landete elegant auf dem Boden und lachte.

»Solltest besser in Form sein, Poch. Na, da ist's wohl besser, daß du nicht mitkommst.«

Hakenschlag lachte auch, und das ärgerte Poch.

»Schon gut, ihr beiden. Wenn das das Frühstück ist, hierher damit und weckt die anderen.« Poch setzte sich auf eine Bank, goß sich eine Tasse Tee ein und trank. Es war herrlich. Er schenkte sich noch einmal ein und biß von dem Brötchen ab. Hakenschlag kam zurück, setzte sich neben ihn und nahm sich auch etwas zu essen.

»Bingo ist nicht da«, sagte er beiläufig. »Muß weggegangen sein.«

»Natürlich muß er das, wenn er nicht da ist«, sagte Poch gereizt. »Besonders helle bist du nicht heute morgen.«

»Ich meine, weg, um was zu erledigen«, sagte Hakenschlag, und er stand auf und schaute böse auf Poch herunter. Kein Borrible läßt sich gerne sagen, daß er nicht besonders helle sei.

»Abgesehen davon ist es nicht Morgen, es ist schon Nachmittag.«

Poch erwiderte Hakenschlags Blick. »Tut mir leid, Hakenschlag, ich mein's nicht so. Mir tut alles weh. Vergiß es.«

»Na schön.« Vor einem Streit hatte Hakenschlag keine Angst; das passiert einem Borrible nie. »Chaline und Sydney und Stonkus und Torricanyon sind auch weg«, sagte er, starr geradeaussehend.

Poch sprang auf und verschüttete seinen Tee. »Was?« rief er. »Ohne Erlaubnis fortgegangen, ohne zu sagen, wohin?«

»Was hast du denn, Poch?« fragte Hakenschlag, echt überrascht. »Du kannst doch nicht erwarten, daß Borribles sich wie eine disziplinierte Truppe verhalten. Sind keine Rumbels. Borribles können das schlicht und einfach nicht, deshalb sind wir ja schließlich welche. Ich meine, du hast Glück gehabt, daß du sie bis jetzt zusammengehalten hast; die meisten hätten gestern nacht auf dem See den Löffel geworfen, aber unsere nicht, die sind zusammengeblieben. Ein halbes Wunder.«

Poch setzte sich wieder. »Ich mach mir Sorgen«, sagte er.

»Ich glaube«, sagte Hakenschlag weise, »du bist eifersüchtig. Du wünschst dir, du könntest mit auf dieses Abenteuer, du möchtest deine zweite Chance, bevor noch andere ihre erste gehabt haben. So geht's nicht, das weißt du.«

Poch schaute seinen Freund an und sog die Backen

zwischen die Zähne, um keine Gefühlsregung zu zeigen, es war aber trotzdem sichtbar – obwohl er es Hakenschlag gegenüber nicht zugab, war er schuldbewußt, weil er verschlafen hatte, und er schämte sich, daß ihm alles wehtat, wo er doch besser hätte in Form sein müssen als irgendeiner seiner Gefährten.

»Das Abenteuer macht mir Sorgen«, wiederholte er mit Nachdruck. »Werden sie's schaffen? Werden die Wendels sie ohne Schwierigkeiten durch Wandsworth lassen? Wie wird sich Napoleon verhalten? Macht mir alles Kummer.«

»Das wird alles klappen«, sagte Hakenschlag. »Napoleon wird schon o.k. sein, auch wenn er ein Wendel ist.«

»Jetzt ist er vielleicht in Ordnung, aber was ist, wenn er wieder in Wandsworth ist?«

»Denk an heute, vergiß das Morgen«, sagte Hakenschlag, aus den Sprichwörtern der Borribles zitierend. »Ich bin froh, wenn ich wieder meine Northcote Road sehe. Hab einiges zu erledigen.«

Die Ankunft Chalines unterbrach ihr Gespräch; sie kam durch eines der Fenster gestiegen und lief dann quer durch die Turnhalle und blieb atemlos vor Poch stehen. Die Wangen vom Laufen gerötet, schüttelte sie ihr Haar auf die Weise, die Poch bewunderte.

»Bingo sagt, ob wir ihn alle bei St. Mary treffen können. Der hat vielleicht einen Plan gehabt!« und sie warf wieder den Kopf zurück und lachte.

»Was für einen Plan denn?« fragte Poch streng.

»Kann ich dir nicht sagen, das würde den Spaß verderben, das wäre nicht borriblemäßig.«

»Ich befehl dir's«, sagte Poch.

»Du kannst mir befehlen, soviel du willst. Du hast gestern selbst gesagt, daß das Abenteuer so gut wie begonnen hat. Du gehst nicht mit auf die Expedition, also kannst du auch kaum mehr Befehle erteilen.« Sie drehte sich um und schritt hinüber, wo die anderen ihr Frühstück aßen, und ihr Gesicht war jetzt nicht mehr von der Anstrengung, sondern vom Ärger gerötet.

»Du mußt bedenken«, sagte Hakenschlag, »daß die unter einer genauso großen Spannung stehn wie du. Sie wissen, morgen nacht geht's los, und sie wissen, vielleicht kommen sie nicht wieder.«

»Du hast recht, Hakenschlag«, sagte Poch und zwang sich zu einem Lächeln. »Ich werd dich vermissen, wenn du zur Northcote zurückgehst.«

»Na, dann mußt du gelegentlich mal vorbeikommen.«

Als Poch sein Frühstück verzehrt und seine Laune einigermaßen wiederhergestellt hatte, brach er mit Napoleon, Vulgo und Orococco auf, und sie folgten Chaline und Hakenschlag durch die Straßen bis zum Friedhof von Battersea. Dort, verborgen durch das hohe Gras, das zwischen den hohen, viereckigen Gräbern wuchs, fanden sie die Nummer siebzehn. Bingo und die anderen Verschwörer, als Mitglieder des Pfadfinderfähnleins Battersea gekleidet, standen müßig an der Kaimauer herum.

»Wie habt ihr das gemacht?« fragte Poch, dem es nicht gelang, die Bewunderung in seiner Stimme zu unterdrücken.

»Kein Problem«, sagte Bingo stolz. »Wir haben diese Uniformen hier bei den Pfadfindern gerettet, haben das Boot auf ein paar alte Kinderwagenräder geschoben, die ich auch befreit hab, und raus mit dem Boot, quer durch den Park und die Straße hinunter, frech wie Oskar. Der Bulle in der Parkgate Road hat uns angehalten, aber wir haben ihm klargemacht, daß wir für die Pfadfinder sammeln und das Boot heute abend wieder zurückbringen, wir haben doch die Erlaubnis vom Parkaufseher, nicht wahr? Anständiger Bulle, hat den Verkehr gestoppt, damit wir über die Straße können.«

»Das war schon prima«, sagte Torricanyon. »Mich hätt's fast zerrissen.«

Die Kirche selbst war verschlossen und der Friedhof verlassen, genau der richtige Ort für die Borribles und ihr Boot. Es war der stille, staubige Teil des Nachmittags, und die Mittagsgäste hatten schon längst ausgetrunken und das *Old Swan*-Pub verlassen. Die großen Fabriken und ragenden Wohnblocks umstanden den kleinen achteckigen Kirchturm von St. Mary wie ein Haufen Idioten, vom Anblick der Schönheit überrascht, und niemand sah aus ihren hohen, rußigen Fenstern.

Zwei Lastkähne mit hohen Masten lagen an der Kaimauer der Themse, die am Friedhof entlang lief. Es waren robuste Schiffe aus poliertem Holz; die Takelage kletterte an den stämmigen Masten empor, und die Laufplanken, die sie mit dem Ufer verbanden, knarrten und schoben sich an Land hin und her, wenn die Wellen von der Strommitte das Ufer erreichten. Napoleon besah die Schiffe, sein Gesicht noch grünlicher als sonst vor Neid.

»Ich würde gern auf so einem Schiff leben«, sagte er. »Schaut euch die Namen an. *Der Rabe* aus Chester, *Ethel Ada*, Ipswich, herrlich.«

»Wir haben noch keinen Namen für unser Boot«, sagte Bingo. »Ich meine, wir können es ja nicht immer und ewig Nummer siebzehn nennen, oder? Nicht auf einem Abenteuer.«

»Ja, klar«, pflichtete Torricanyon bei. »Nummer siebzehn, das hat viel zu wenig Klasse.«

»Wie sollen wir es nennen?« fragte Bingo und sah die anderen an.

Chaline, die sich umgeschaut hatte, deutete plötzlich gen Himmel. »Da habt ihr den Namen«, rief sie entzückt. »Schaut mal da oben!«

Direkt hinter der Kirche, die völlig davon erdrückt wurde, stand ein großes Fabrikgebäude aus bleichen, häßlichen Ziegeln. Sie lasen, was quer über die leere Wand in riesigen weißen Lettern geschrieben stand: »Silver Belle Flour, Mayhew«: Reklame für eine Mehlsorte.

»Wir könnten es *Silver Belle Flower* nennen«, sagte Chaline. »Ich weiß auch nicht, irgendwie klingt das gerade falsch.«

»Egal, wie wir es nennen«, sagte Poch. »Ich taufe hiermit dieses Boot auf den Namen *Silver Belle Flower*«, und er trat zeremoniell gegen die Bootswand.

Es war den anderen klar, daß er irritiert war, weil er nicht mit auf die Expedition konnte, und sie ignorierten ihn, aber den Namen behielten sie bei, weil es der einzige war, der ihnen einfiel.

Sie lehnten an der Kaimauer und schauten über den breiten Fluß hinüber auf die Gasometer und die Getreidemühlen von Chelsea. Die Oberfläche der Themse war von einem alarmierenden Graugrün, und nur die dahintreibenden Regenbogenkringel von Dieselöl und Benzin erhellten das stumpfe Wasser. Der Horizont schnitt als schmutzigbraune und schwarze Silhouette in einen dünnen ockerfarbenen Himmel, und die Sonne hatte heute noch gar nicht geschienen.

Eigentlich hätten sie deprimiert und ängstlich sein müssen, aber irgendwie erfüllte sie allein die Weite des Panoramas vor ihnen mit Stolz und Entschlossenheit. Das Ziehen der Wellen, die Müllklumpen stromabwärts vor sich herstießen, das Tuten der vorbeifahrenden Schlepper und Kähne, die unbeweglichen Blöcke schwarzen Rauchs über dem Lot's Road-Kraftwerk, der Geruch – wie der von Lack –, den die Themse hier in London ausströmte, all dies hob ihnen das Herz, und sie schauten einander an, bescheiden lächelnd, im Bewußtsein, daß sie allem, was vor ihnen liegen mochte, gewachsen sein würden.

Aber Poch konnte an diesem Gefühl keinen Anteil haben. Er konnte einzig daran denken, daß er nicht mitkonnte, und brach deshalb den Bann, indem er sie anschrie: »Los jetzt, Schluß mit der Träumerei, laßt das Boot ins Wasser.«

Sie zogen ein Ende der *Silver Belle Flower* auf die Kaimauer, dann das andere. Vorsichtig ließen sie es in das mit Dreck und Schaum überzogene Rechteck Wasser zwischen der *Ethel Ada* und der Mauer hinunter. Hier war der Abfall angeschwemmt worden und konnte nicht mehr weiter; es sah aus, als ob er fest genug wäre, drauf herumzulaufen, aber das Boot stieß seinen Kiel hindurch und fand genügend Wasser, auf dem es schwimmen konnte.

»Da ist es sicher«, sagte Poch. »Wir machen es in der Mitte zwischen den beiden Schiffen fest. Die *Ethel Ada* denkt, es gehört zum *Raben*, und der *Rabe* glaubt, es gehört zur *Ethel Ada*.«

Die *Silver Belle Flower* wurde fest an einem Ring der Kaimauer vertäut, und mit einem letzten Blick auf den dunklen Fluß wandten sich die Borribles ab und kehrten zur Turnhalle zurück, zu einem guten Essen und einer frühen Bettzeit. Nur noch etwas über vierundzwanzig Stunden, und die Expedition würde unterwegs sein.

Der letzte Tag war ein Ruhetag für die acht, aber nicht für Hakenschlag und Poch. Sie gingen zuerst zu Zoff, um ihm von dem Boot zu berichten, und Zoff war hocherfreut. Er saß in seinem orangenen Morgenmantel hinter seinem Schreibtisch und blätterte in einem dicken Buch mit Borribleregeln.

»Dieser Ziggy war schon immer ein Pessimist«, sagte er. »Ich wußte doch, daß ihr es schafft. Kleinigkeit, so ein Boot zu organisieren. Jetzt kann er uns nicht mehr aufhalten.«

Er gab ihnen eine Tasse Tee und sagte, sie sollten sie mit runter nehmen und unten im Lagerraum trinken.

Dort unten gab es genug zu tun. Poch mußte die endgültige Auswahl treffen unter all den großen Stapeln, die die Borribles in den verschiedensten Läden eingesammelt hatten. Am Ende würden er und Hakenschlag dann alles Ausgewählte in die acht Rucksäcke packen, aber zuerst schichteten sie es zu acht einzelnen Haufen, und damit bestimmt kein Fehler gemacht wurde, kontrollierten sie jeden davon zweimal. Jeder Borrible bekam ein zweites Paar Stiefel, und sie hatten wasserdichte Khakihosen und pelzgefütterte Kampfjacken, um sich nachts – wenn sie hauptsächlich unterwegs sein würden – warmzuhalten. Dazu kamen spezielle Borrible-Wollmützen, die man auf beiden Seiten tragen konnte, die eine mit Tarnfärbung, die andere mit hellroter Leuchtfarbe, so daß sie sich, wenn sie wollten, gut füreinander sichtbar machen konnten. Eine Schwimmweste für jeden, für die Flußfahrt, und scharfe Messer mit langen Klingen für den Gürtel. Acht Schleudern, mit Ersatzgummis und Beuteln. Poch und Hakenschlag fingerten die Schleudern liebevoll – es waren die besten, die es gab, so wie Berufswilderer sie hatten, aus blankem Stahl, kräftig und geschmeidig. Sie besaßen eine große Reichweite und schossen Steine, Murmeln oder Metallkugeln mit großer Kraft. Für den Transport eines Munitionsvorrats hatte Zoff einige alte Geldgurte beschafft, die rundherum kleine Taschen hatten; jede Tasche faßte einen runden, gut ausbalancierten Stein. Diese Gurte konnten wie Patronengürtel über die Schulter geschlungen werden, und jeder der Abenteurer sollte zwei davon tragen, was zwanzig Schuß pro Person ergab. Das bedeutete, daß sie insgesamt eine Feuerkraft von hundertsechzig Schüssen hatten; und die Gurte waren außen über den Jacken zu tragen, so daß man sie leicht erreichen konnte und die Feuergeschwindigkeit beträchtlich sein würde.

Zoff hatte auch dafür gesorgt, daß jeder der Borribles eine wasserdichte Armbanduhr am einen Handgelenk und einen Kompaß am anderen trug, und in einer Tasche der Rucksäcke war jeweils eine Karte von London mit dem kompletten Straßenverzeichnis. Sie hatten Streichhölzer zum Feuermachen und eine eiserne Ration Lebensmittel, falls einer sich verirrte oder von den anderen getrennt wurde.

Poch war zufrieden mit seiner und Hakenschlags Arbeit. »Alles da«, sagte er, »außer Geld.«

Zur Mittagszeit kam Zoff mit etwas zum Essen ins Zimmer und setzte sich zu ihnen, während sie aßen. Er inspizierte die Rucksäcke und erkundigte sich nach dem Inhalt, bis er zu seiner Zufriedenheit festgestellt hatte, daß auch nichts fehlte. Er fragte nach der Route, machte Vorschläge, lachte, war im nächsten Moment wieder ernst. Er blieb etwa eine Stunde, bevor er sich erhob.

»Na ja, das Leben ist so oder so ein Glücksspiel, Jungs«, sagte er. »Unsere acht haben harte Zeiten vor sich, aber sie könnten nicht besser vorbereitet sein. Möcht mich bei dir bedanken, Hakenschlag, daß du von der Northcote hierher gekommen bist. Ich weiß, daß du nicht gerne weggehst von deinem Revier, also nochmals dankeschön, und hier ist was zum Andenken.« Er zog eine von den wasserdichten Uhren aus der Tasche, mit denen die Expedition ausgerüstet worden war. »Die Spezialisten waren da ein bißchen übereifrig und haben zu viele mitgebracht«, fügte er erklärend hinzu. »Hinten ist eine Widmung drauf.«

Hakenschlag drehte die Uhr um und las laut: »Die Große Rumbeljagd. Hakenschlag Borrible, Ausbilder. Viel Glück.« Er war entzückt, Poch konnte es deutlich sehen. Die Uhr war eines von diesen dicken Armeedingern mit verschiedenen Skalen und Zeigern und Stellrädchen.

»Und Leuchtziffern«, sagte Zoff. Dann sah er Poch an. »Mach du dir keine Sorgen, Poch, für dich ist nachher auch noch was da. Ich hab's noch nicht fertig.«

Poch nickte. »Danke, Zoff«, sagte er.

Immer noch nicht ging Zoff durch die Tür, obwohl er schon seit längerer Zeit die Hand an der Klinke hatte. »Ich möchte, daß du die acht auf dem Weg zum Boot hier vorbeibringst«, sagte er. »Ich möchte zum Schluß noch etwas sagen, Lebwohl und viel Glück und so was.«

Poch fühlte sich leer und müde. All das Gerede über die letzten Vorbereitungen und den Abschied gaben ihm die Empfindung, daß sein Leben zu Ende war. Alles begann für die anderen, für ihn kam alles ans

Ende. Warum, warum nur, dachte er, hab ich schon einen Namen? Dann dachte er zurück an sein eigenes Namensabenteuer und zuckte die Schultern. Man muß seinen Namen nehmen, wenn man die Chance kriegt. Wenn man durchs Leben geht und wartet und hin und her überlegt, was wohl die allerbeste Gelegenheit wäre, dann kriegt man am Ende nie einen.

Endlich wandte sich Zoff an Hakenschlag, der immer noch stolz seine Uhr mit der Widmung besah.

»Hör mal, Hakenschlag«, sagte er, »ich will dich nicht loswerden, aber wenn du jetzt zur Northcote aufbrechen willst, kannst du loszittern. Ziemliche Strecke, aber jetzt schaffst du's noch vor der Dunkelheit. Du kannst unterwegs in die Turnhalle reinschauen und dich vom Team verabschieden und ihnen sagen, sie sollen heut nacht hier vorbeikommen, so gegen elf.«

Hakenschlag stand auf, schnallte sich die Uhr um und sagte: »Paßt mir ganz gut, ich hab da was, was ich erledigen möchte.«

»Also«, sagte Zoff. »Alles klar dann, nochmal danke«, und er ging pfeifend aus dem Zimmer.

Als er weg war, hustete Hakenschlag und sah Poch an. »Hmmm«, sagte er, nachdem er sich nochmals geräuspert hatte, »dann geh ich jetzt mal. Mach's gut, Poch. Komm runter in die Northcote, so in ein paar Tagen, bleibst bei mir. Guter Markt da unten. Das wär dann eine Abwechslung für dich, weißt du.«

Als Poch nur seufzte, sagte Hakenschlag: »Kopf hoch, es gehört sich einfach, daß jeder Borrible seine Chance bekommt.«

»Ich weiß schon«, sagte Poch, »aber solche Abenteuer passieren nicht jede Woche. Na ja. Ich fühl mich dann besser, wenn sie weg sind. In ein paar Tagen komm ich dann runter zu dir. Ich bin schon mal in der Northcote Road gewesen, nie länger allerdings, wir werden Spaß haben. Abgesehen davon, wir haben auch hier unseren Spaß gehabt.«

»Kann man sagen«, stimmte Hakenschlag zu. »Bis bald dann, ja? Und laß dich nicht erwischen.« Und mit diesem traditionellen Abschiedsgruß ging er fort.

Poch verbrachte einen elenden Nachmittag und Abend. Er kontrollierte immer wieder die Ausrüstung, nur, damit er etwas zu tun hatte. Er latschte melancholisch im Lagerraum herum, bis er schließlich nach oben ging und sich auf dem Bett ausstreckte, das er mit Grabscher teilte. Den hatte er seit einer Ewigkeit nicht gesehen. Wie lang das schon her schien, diese Nacht, als sie die Rumbels im Battersea Park entdeckt hatten und den einen fingen. Wieviel seitdem geschehen war. Jetzt war alles bereit. Er starrte an die Decke, bis er schläfrig wurde und die Geräusche der Straße sich mehr und mehr entfernten.

Es war dunkel, als er erwachte, und ihm war sehr kalt, da er vergessen hatte, sich zuzudecken. Er setzte sich auf, schüttelte sich und rieb sich kräftig den Körper, um wärmer zu werden. Er stand auf und tastete nach dem Lichtschalter. Wie spät war es wohl? Nicht, daß die anderen ihn jetzt noch gebraucht hätten, aber er hätte sie gerne verabschiedet. In der Hoffnung, daß sie nicht schon fort waren, lief er zur Treppe und rannte nach unten.

Auf dem Treppenabsatz stieß er mit Zoff zusammen, der mit einigen Papieren in der Hand aus seinem Zimmer kam. »Ach, da bist du ja, Poch«, sagte er und strahlte seinen Hauptspäher an. Er neigte zu banalen Bemerkungen, der alte Zoff, aber nur, wenn er sehr gut aufgelegt oder sehr mit sich selbst zufrieden war.

»Deine Leute sind unten, will ihnen gerade noch ein, zwei Sachen sagen, kannst du mitkommen?«

»Natürlich«, sagte Poch und folgte Zoff in den Keller.

Die acht waren vollzählig und fertig ausgerüstet; auch sie hatten eine Zeit der Unruhe hinter sich, obwohl sie versucht hatten zu schlafen, so gut es ging, um sich für die Belastungen der Nacht vorzubereiten.

Sie sahen sehr militärisch aus, dachte Poch, als er sie betrachtete. Warm angezogen, die Mützen keß schräg aufgesetzt, aber über den Ohren, standen sie aufrecht und angespannt da, gelegentlich einen Blick auf ihre Uhren oder Kompasse werfend. Am eindrucksvollsten und kriegerischsten waren die doppelten Gurte mit den Steinen, die sie trugen, und die glänzenden, tödlichen Schleudern, die aus ihren Taschen hervorsahen. Die geröteten Gesichter der Abenteurer strahlten vor Gesundheit, aber sie konnten ihre Ungeduld nicht verbergen. Sie wollten, daß Zoff jetzt sagte, was er zu sagen hatte, und sie voranmachen ließ.

Zoff raschelte mit seinen Papieren. »Ihr marschiert jetzt gleich ab, also halt ich euch nicht mehr lange auf. Die Rucksäcke sind fertig gepackt, alles, was ihr braucht. Bevor ihr geht, will ich euch nur noch einmal an das Ziel eurer Expedition erinnern. Was immer geschieht, eines dürft ihr nicht vergessen. Es geht darum, den Generalstab der Rumbels zu erledigen, sie zu eliminieren. Von denen wollen wir keine mehr in unserem Teil von London sehen. Die müssen lernen, daß sie nicht einfach hier auftauchen können, wenn es ihnen paßt, und sich in unserem Revier breitmachen. Was euch auch passieren mag, und wir kennen alle die Gefahren, denen ihr entgegengeht – wenn ihr euer Ziel eliminiert, wird euer Name bestätigt werden, und man wird sich an ihn erinnern. Ihr habt das

Glück, auf das größte Abenteuer zu gehen, von dem man je gehört hat. Ich wünschte, ich könnte mit, aber das ist natürlich nicht möglich. Schließlich möchte ich euch dazu beglückwünschen, wie gut ihr das harte Trainingsprogramm ausgehalten habt – und den Poch hier.«

Alle lachten höflich, und Poch trat von einem Bein aufs andre und wünschte, Zoff würde aufhören, große Reden zu halten, und alle gehen lassen.

Aber Zoff war noch nicht fertig. »Ihr habt einen langen Weg vor euch, einen gefährlichen Weg und eine schwierige, vielleicht unmögliche Aufgabe zu lösen, und ich kann wohl für alle Borribles sprechen, wenn ich sage: Viel Glück, und laßt euch nicht erwischen.«

Poch und Zoff sahen zu, wie die acht Abenteurer erleichtert vortraten, um ihre Rucksäcke aufzunehmen. Mit einem Nicken zu Zoff und einem nervösen Lächeln für Poch verließen sie einer nach dem anderen den Raum. Der letzte war Napoleon. Er stand neben der offenen Tür, kampfbereit, gefährlich aussehend; seine Augen waren hell und erregt. Sein Gesicht verzog sich zu einem frechen, überheblichen Lächeln. »Tut mir leid, daß du nicht mitkannst, Poch«, sagte er triumphierend und glitt leise in die Dunkelheit hinaus.

Poch rannte hin und kickte die Tür zu, daß sie krachend ins Schloß fiel.

Zoff setzte sich an den Tisch und schaute Pochs Rücken an, während er das enorme Regelbuch aufschlug, das er am Morgen in seinem Zimmer gelesen hatte. »Komm mal her, Poch«, sagte er. »Ich hab dein Geschenk hier.«

»Scheiß aufs Geschenk«, sagte Poch unfreundlich. Aber er drehte sich um, kam an den Tisch und setzte sich Zoff gegenüber, ein kaum hörbares »'Tschuldigung" murmelnd.

Zoff ignorierte die Entschuldigung ebenso wie die Beleidigung. »Also, hier haben wir's«, sagte er. »Ich werd's dir vorlesen, nur einmal, also hör gut zu, es ist ein Gedicht, und ein sehr schönes dazu.« Er leckte sich die Lippen und sah auf in Pochs umwölktes Gesicht. »Das ist aus dem *Buch der Borribleregeln*, § 34, Absatz 3a. Ich zitiere: ›Kein bereits benannter Borrible darf auf irgendein Abenteuer ausgehen, nicht einmal auf eins, das den Erwerb eines Namens nicht einschließt, wenn ein namenloser Borrible den Vorzug wünscht. Diese Regel ist unabänderlich, und es dürfen unter keinen Umständen irgendwelche Ausnahmen gemacht werden.‹«

Zoff holte tief Luft und fuhr mit dem Finger zu einer Fußnote.

»›Von den folgenden Ausnahmen abgesehen.‹« Er verzog das Gesicht, um nicht lächeln zu müssen, als Poch abrupt aufsah.

»›Erstens. Ein benannter Borrible kann an einem Namensabenteuer teilnehmen, wenn kein namenloser Borrible zur Verfügung steht. In diesem Fall wird der benannte Borrible durch das Los bestimmt.‹«

Poch starrte wieder auf den Tisch.

Zoff fuhr fort: »›Ein benannter Borrible kann an einem Namensabenteuer teilnehmen, wenn im letzten Moment durch einen Unfall oder eine Verletzung eine Lücke entsteht und keine Zeit ist, das Los bestimmen zu lassen.‹« Zoff sah auf. »Das ist eine höchst nützliche Regel, mein Lieber, sehr sehr nützlich. Weißt du, daß ich selbst fünf Namen habe, sieht man mir gar nicht an, oder? O ja, man muß sich im guten alten Regelbuch auskennen, denn Regeln kann man nur umgehen, wenn man sie kennt. Aber kommen wir jetzt zur Ausnahme 7/2. Die hab ich noch nie benutzt.« Er hustete und fuhr in feierlichem Ton fort: »›Wird eine Expedition als außergewöhnlich und bedeutend betrachtet, kann eine hinreichende Anzahl gewählter Vertreter einen Beobachter oder Geschichtsschreiber auswählen, der die Expedition begleitet, um ihre Taten aufzuzeichnen. Er darf lediglich in beratender Funktion tätig werden, nicht selbst am eigentlichen Abenteuer teilnehmen, sei dies Kämpfen oder Stehlen, undsoweiter, undsoweiter ...‹« Er hielt dramatisch inne. »›... bis zu dem Zeitpunkt, da alle Mitglieder des betreffenden Abenteuers ihre Namen erworben haben, indem sie die ihnen übertragenen Aufgaben erfüllt haben. Dann wird der Beobachter oder Geschichtsschreiber den Expeditionsmitgliedern gleichgestellt und kann sich der Expedition völlig anschließen. Es versteht sich, daß während der Expedition der Beobachter die Taten jedes einzelnen Mitglieds aufzeichnet, damit sie bei der Rückkehr in die Chroniken aufgenommen werden können.‹«

Zoff schloß das Buch mit einem Knall und schaute Poch an, der gern gegrinst, gelacht, geschrien hätte, alles auf einmal, aber zögerte, weil er sich nicht sicher war, daß er richtig verstanden hatte.

Zoff blinzelte und ruckte den Kopf in seiner alten listigen Art. »Wie würde dir das gefallen, als Beobachter oder Geschichtsschreiber, Poch? So was hast du doch noch nie gemacht, hm?«

»Nein«, sagte Poch atemlos; sein Herz klopfte.

»Na, wir brauchen die entsprechende Anzahl Borribles, damit deine Ernennung durchgeht, vier in diesem Fall.« Zoff stieß einen lauten Ruf aus; die Tür öffnete sich, und drei Quartiermeister aus Häusern weiter oben in der High Street kamen ins Zimmer. Ohne den Kopf zu wenden, sagte Zoff: »Wer dafür ist, stimmt mit Ja.«

»Ja«, sagten die drei Borribles, dann machten sie kehrt, verließen den Raum und zogen die Tür hinter sich zu.

»Muß alles legal sein«, sagte Zoff und ruckte wieder mit dem Kopf.

Er stand auf. »Also dann, Poch, deine Kleider sind im Schrank und ein Rucksack auch, alles da, hab's selbst gepackt. Zieh dich um. Du willst doch nicht die Abfahrt verpassen, was? Haha!«

Poch rannte zum Schrank, wo er seine Alltagskleider abwarf und die Expeditionsausrüstung anlegte, die hinter der Tür auf ihn wartete. Während er sich in größter Hast umzog, redete Zoff auf ihn ein, denn Zoff hatte noch viel zu sagen, bevor Poch aufbrach.

»Mach dir keine Sorgen«, fing er mit leisem Lachen an. »Die wissen zwar nicht, daß du kommst, aber sie werden nicht ohne dich losgehen. Ich hab Grabscher mit irgendeiner Geschichte runtergeschickt, er läßt sie nicht weg, bevor du da bist.« Zoff war einige Augenblicke still und beobachtete Pochs Vorbereitungen mit größerer Aufmerksamkeit, als der Vorgang verdiente. »Möchstest du den eigentlichen Grund dafür wissen, daß du mitgehst?« fragte er schließlich.

Es lag etwas in seiner Stimme, das Poch beim Zuschnüren seiner Stiefel innehalten ließ; und er lauschte genau: Die Stimme des Quartiermeisters hatte ihre übliche rhetorische Tonlage verlassen.

»Den eigentlichen Grund?« fragte er.

»Ja. Den eigentlichen Grund. Also, hör zu, du wirst der Geschichtsschreiber sein, alles aufpinseln, wenn du wieder da bist, und den ganzen Quark, aber das ist völlig egal, es kommt nur darauf an, daß es so wirkt, als gehorchst du den Regeln. Aber sobald die sich ihre Namen verdient haben, oder sobald es den Eindruck macht, daß es unmittelbar bevorsteht, dann, mein Freund, gehst du los.«

»Los?«

»Und zwar mit größter Geschwindigkeit«, sagte Zoff, und sein scharfgeschnittenes Gesicht wurde noch schärfer. »Wenn man die Rumbelbücher wirklich ganz genau studiert, wie ich's getan habe und noch tue, dann findet man Andeutungen über irgendwelches Geld, das sie dort versteckt haben, tonnenweise. Wir brauchen das Geld hier unten bei uns, Poch, und du bist der Borrible, um's zu holen. Du hast dasselbe Training hinter dir wie die anderen, bist ein erstklassiger Schütze mit der Schleuder, rennst wie die Straßenbahn, und du hast Erfahrung und kennst dich aus. Du wirst nichts Unbedachtes tun, aber du wirst tun, was getan werden muß. Abgesehen davon weiß ich, daß du mehr als alles andere auf der Welt einen zweiten Namen möchtest. Deshalb gehst du mit, Poch, deshalb hab ich das Regelbuch durchgekämmt. Bring das Geld mit zurück, hierher, wohin es gehört, aber was du auch tust, sag keinem, was du vorhast, vor allem nicht dem Napolidingsda. Vielleicht ist er in Ordnung, vielleicht auch nicht. Ich kenn die Brüder am Wandlefluß. Vor allem mußt du auf einen namens Eisenkopf aufpassen. Wenn der beschließt, daß ihm deine blauen Augen nicht gefallen, dann ist dein Leben keinen Furz mehr wert.«

Poch wurde bleich, nicht aus Furcht, sondern aus Erregung. »Aber das ist ein Abenteuer im Abenteuer«, sagte er und kam näher.

»Sehr richtig, Poch, das ist es. Ich werde auf jeden

Fall zusehn, daß du dann deinen zweiten Namen kriegst, aber die Sache wird beschissen gefährlich, glaub mir das bloß.«

Während Poch den Inhalt seines Rucksacks überprüfte, sagte ihm Zoff noch mehr, Geheimnisse, die nur sie beide wissen sollten und sonst niemand, und Zoff betonte wieder und wieder, daß er diese Geheimnisse mit keinem anderen Teilnehmer der Expedition teilen dürfe, sonst käme es unausweichlich zur Katastrophe.

Schließlich zwängte sich Poch in die Schulterriemen seines Rucksacks und stand ungeduldig an der Tür. »Ein zweiter Name also. Dann brech ich jetzt am besten auf.«

»Ja, so sieht's aus«, sagte der Quartiermeister.

Poch öffnete die Tür und sah draußen die dunkle, erregende Nacht. Er drehte sich ein letztes Mal um. »Gutnacht, Zoff, und danke. Laß dich nicht erwischen.«

»Du bist der, der sich verdammt noch mal bloß nicht erwischen lassen soll«, sagte der Quartiermeister grimmig, und dann trat Poch hinaus und schloß die Tür hinter sich.

Nun stand er auf der Straße und schaute durch den feinen Nieselregen hinauf zu den wenigen am Himmel sichtbaren Sternen und dankte seinem Glücksgestirn. Er holte tief Luft und rannte dann mit großen Schritten die High Street hinunter zur Kirche von Battersea; der Rucksack hüpfte auf seinem Rücken. Die Straßen waren leer und glänzten feucht im spiegelnden Licht der Straßenlampen. Der Hall seiner Schritte sprang in energischem Echo von den nassen Wänden der schwarzen Gebäude zurück, und Pochs Herz sang und sprudelte. Er konnte es immer noch nicht glauben. Er ging mit, ging mit auf die beste Expedition, von der er je gehört hatte.

Etwa zwanzig Meter vor dem Kirchhof hielt er an und lauschte sorgfältig. Jetzt wollte er keine Schwierigkeiten mehr haben. Grabscher wuchs hinter einer Mülltonne hervor.

»Poch«, flüsterte er.

»Ja: Poch«, antwortete der Hauptspäher.

Poch ging zu ihm und klopfte ihm auf die Schulter. »Ich gehe auch«, sagte er.

»Weiß ich«, antwortete Grabscher. »Ich glaub, du spinnst. Diese Expedition ist der totale Wahnsinn.«

Poch durchquerte den Friedhof, kletterte auf die Mauer und sah auf das Wasser hinab. Da lag das Boot, sanft in der sachten Strömung schwankend, die aus der Mitte des Flusses herüberzog. Die Ruder waren eingelegt, und Napoleon gab ruhige, leise Kommandos, damit das Boot nicht gegen den *Raben* schlug. Das Wasser klatschte gegen die Seiten der *Silver Belle Flower*, und der Dreck und der Müll auf der Wasseroberfläche schabten gegen die Kaimauer. Sieben weiße Gesichter und ein schwarzes sahen auf, als Poch in das Boot sprang. Er sah ihr Erstaunen, und sein Herz fühlte sich warm an. Wie sie es wohl aufnehmen würden? Er hoffte, es würde ihnen nichts ausmachen, daß er sich ihrem Abenteuer anschloß. Aber im Grunde war es einerlei. Es war jetzt auch sein Abenteuer. Was sie auch sagen mochten, was sie denken mochten, er kam eben mit.

Poch war am Heck ins Boot gesprungen, am Steuerruder, und er setzte sich und sah Napoleon an, der den vordersten Platz eingenommen hatte.

»Ich rudere, dann kannst du steuern«, sagte Poch dicht neben Napoleon.

»Was soll das heißen?« fragte der Borrible aus Wandsworth, halb von seinem Sitz aufstehend.

»Das soll heißen«, sagte Poch, »daß ich mit euch komme.«

4

Niemand sah ihnen nach außer Grabscher, und der beobachtete, wie das Boot langsam das Heck der *Ethel Ada* umfuhr wie ein großes Insekt mit nur vier Beinen. Dunkelheit hüllte das Fahrzeug ein, und bald konnte Grabscher nur noch die leise Stimme von Napoleon hören: »Rudern, die Schlagseite, langsam am Bug. Hände aufs Dollbord, Nummer fünf. Alle jetzt vorwärts.« Als Grabscher nichts mehr hören konnte, wandte er sich um und ging schnell davon, froh, daß er nichts mit der düsteren und gefährlichen Themse zu tun hatte.

Die *Silver Belle Flower* schlich weiter, bis sie einen großen Abstand von den Lastkähnen gewonnen hatte, die am Südufer vertäut lagen. Napoleon dirigierte sie nicht in die Stromesmitte hinaus: Er wollte in der Nähe des Ufers und seiner vielfältigen Dunkelheit bleiben, damit sie beim Auftauchen eines Polizeibootes rasch in Deckung gehen konnten.

Napoleon ließ das Boot im Halbkreis treiben, bis der Bug genau dahin zeigte, wo er ihn haben wollte, dann spannte er seine Muskeln und zog die beiden Steuertaue fest an. »Auf geht's«, flüsterte er. Die Mannschaft lehnte sich auf ihren Sitzen vorwärts. »Los! Rudert!« sagte der Steuermann, und das Boot sprang flußaufwärts, begierig, seine Fahrt zu beginnen.

Niemand sprach außer Napoleon, es gab zuviel zu tun, als daß eine Unterhaltung möglich gewesen wäre. Jeder der Ruderer konzentrierte seinen ganzen Körper, sein ganzes Gehirn darauf, sein Ruder so sauber wie möglich zu bewegen.

Das Wasser zog unter dem Boot hindurch, hob es regelmäßig in die Höhe, versuchte es zurück, hinaus aufs Meer zu tragen. Gelegentlich glitt eine dunkle Masse von Kähnen, mit ihren Leinen zu einer starren schwimmenden Eigenwelt zusammengebunden, an ihnen vorüber, von einem kleinen Schlepper gezogen oder geschoben. Geheimnisvolle Lichter trieben vorbei, und Männer mit tiefen Stimmen riefen sich zu, und von beiden Ufern herüber kam das ferne Seufzen des in den Straßen eingesperrten Verkehrs. Jetzt war es beinahe Mitternacht, aber die Borribles, klein und angsterfüllt auf der Themse, verloren bald das Gefühl für Zeit und Ort.

Nach und nach, als die Ruderer sich immer genauer auf den gemeinsamen Rhythmus einstellten, ging vom einen auf den anderen ein Gefühl der Frische, der Heiterkeit über, und ihre Handhabung des Bootes verbesserte sich. Napoleon, der noch nie auf dem Fluß gewesen war, geschweige denn als Kommandant seines eigenen Schiffes, strömte über vor Erfüllung und Befriedigung. Er hätte ewig so weiterfahren können.

Aber der rasche Sog der Gezeiten war gegen sie, und ihre meiste Anstrengung kostete es bereits, an derselben Stelle zu bleiben. Das war kein dekorativer Anlagensee unter ihnen, sondern ein schlangengleich sich windendes Ungeheuer, mit rollenden Muskelwülsten, die ein Boot zerschmettern konnten wie eine Walnuß in der Ellenbeuge eines Packers.

Sie krallten sich vorwärts, weg von der Kirche in Battersea, hin zum Ransome Dock, wo Eaton House und Archer House hinter dem schmalen Grün eines Spielplatzes am Ende der Battersea High Street aufragten. Unter den graugestrichenen Trägern der Eisenbahnbrücke war es schwärzer als schwarz, und sie kamen sich unbedeutend vor und hatten Angst, aber Napoleon ließ sie rudern und rudern, ihre kleinen Muskeln aufs äußerste fordernd. Im Norden lagen Chelsea Creek und das Elektrizitätswerk. Weit voraus, rotglühend gegen den Nachthimmel, lag am Ende von Battersea Reach das Kraftwerk von Fulham, ein Leuchtturm für die Arbeit dieser Nacht.

Napoleon behielt seine Mannschaft genau im Auge, entschlossen, sie nicht zu sehr zu ermüden, und nach relativ kurzer Zeit beschloß er, Deckung zu suchen und die Borribles sich ausruhen zu lassen; vielleicht etwas von den Rationen essen, die am Vortag an Bord verstaut worden waren. Seine Anweisungen erklangen deutlich, und das Boot glitt an das Südufer und machte zwischen zwei enormen Lastkähnen halt.

»Ruder einziehen«, kommandierte Napoleon und sprang über die Sitze, um das Haltetau des Bootes an ein Kabel zu binden, das von einem der großen Schiffe zu einer riesenhaften Boje lief. Die Borribles machten sich über das Essen her und fingen an, sich gegenseitig vergnügt zu ihrem Fortkommen zu gratulieren. »Na«, sagte Napoleon, der zurückkam und sich vor Poch aufbaute, mit ärgerlicher Stimme, »mit welchem faulen Trick hast du denn das geschafft?«

Die Frage erregte die Aufmerksamkeit der anderen. Auch sie fragten sich, wie es Poch gelungen sein mochte, sich der Expedition anzuschließen.

»Ich bin nicht als Teilnehmer des Abenteuers hier«, sagte Poch und sah sich unter den neugierigen Borribles um; er hatte das Gefühl, daß eine Erklärung angemessen sei. »In den Regeln gibt es eine Vorschrift für außergewöhnliche Abenteuer, die erlaubt, daß ein Beobachter und Geschichtsschreiber mitgeht, um alles aufzuzeichnen. Zoff hat mich gebeten, mitzugehen, im letzten Moment, das ist alles. Konnte ich nicht ablehnen – nicht, daß ich's gewollt hätte.«

Orococco lächelte breit. »Freut mich, schön, daß du dabei bist.«

»Jawohlja«, sagte Vulgo, »du kennst dich aus mit Parks und der freien Landschaft und so.«

Alle anderen nickten, und Poch schien es, als ob die Sache gutgehen würde, aber Napoleon sagte: »Eines stellen wir besser klar, Poch, deine Funktion als Ausbilder, das ist jetzt vorbei, du gibst keine Befehle mehr, klar? Alle Entscheidungen werden gemeinsam gefällt. Daran änderst du nichts.«

»Nein, natürlich nicht«, versicherte Poch allen. »Ich werde nicht mal meine Meinung äußern, wenn ihr nicht danach fragt. Ich kann nicht einmal am Abenteuer selbst teilnehmen, bis ihr fertig seid, kann nur meine Schleuder zur Selbstverteidigung einsetzen.«

»Also gut, hört sich fair an«, sagte Napoleon, »solang das nur ganz klar ist.« Er dachte eine Weile nach, und als die anderen nicht herhörten, lehnte er sich vor und flüsterte Poch ins Ohr: »Ist das alles, wegen dem du gekommen bist, Poch? Nur als Beobachter?«

Poch zog seinen Kopf zurück und sah den Wendel aus zugekniffenen Augen an. »Wegen des Abenteuers, natürlich, das ist alles. Was sollte es sonst für Gründe geben?«

»Weiß nicht«, sagte Napoleon, »aber könnte ja was sein.« Er schob ein Sandwich in den Mund und kaute, Poch immer noch genau musternd, darauf herum, als ob es ihm zuwider wäre.

Sie blieben beinahe zwei Stunden im dunklen Schatten der Schiffe, und als alle gegessen, sich ausgeruht und Pochs Ankunft diskutiert hatten, ließ Napoleon sie wieder ihre Plätze einnehmen, und mit vorsichtigen Ruderschlägen seitwärts brachten sie das Boot hinaus auf den Fluß. Es blieb ihnen nicht mehr viel von der Nacht, und sie mußten gut versteckt sein, vor allen neugierigen Augen verborgen, bevor das erste Anzeichen der Morgendämmerung sich am Himmel zeigte.

»Viel weiter machen wir nicht mehr«, sagte Napoleon, »dann müssen wir uns ein paar Schiffe aussuchen, zwischen denen wir uns verstecken können, so in der Gegend vom Kraftwerk.«

Sie ruderten weiter. Einige große Formen kamen gefährlich nahe in der Dunkelheit vorüber, und die *Silver Belle Flower* schwankte so stark, daß sie ein wenig Wasser nahm, aber niemand bemerkte die Borribles, und kein einziges Mal bemerkten sie ein Polizeiboot. Napoleon spähte in die Dunkelheit mit schmalen, scharfen Augen wie ein Matrose auf hoher See und suchte nach einem Versteck. Eben vor Anbruch der Morgendämmerung fand er, wonach er Ausschau gehalten hatte – eine Gruppe von vier, fünf Lastkähnen, unterhalb der Ebbmarkierung festgemacht, und in der Mitte zwischen ihnen – hoffte er – ein Stück ruhiges Wasser, groß genug, um sich den Tag hindurch dort zu verstecken. Danach würde sie ein kurzes Stück Flußfahrt zur Mündung des Wandle bringen, wo sie das Boot verstecken und ihren langen Marsch über Land antreten konnten.

Napoleon steuerte das Boot durch die Ebbströmung.

»Noch einmal in die Riemen gelegt«, sagte der Steuermann, »und dann können wir uns ausruhen.«

Die Borribles arbeiteten bereitwillig, und das Boot schoß quer über den Fluß; die fettigen Wellen klatschten grob gegen die Wandung.

»Weiter, weiter«, rief Napoleon. »Eins, zwei, eins, zwei.« Mit einem scharfen Ruck an den Steuertauen brachte er das Boot so in Position, daß der Bug direkt auf die dunkle Masse zeigte, und seine Augen fanden die schmale Lücke zwischen den Schiffen.

»Ruder einziehen.«

Die Ruderer gehorchten erleichtert, und die *Silver Belle Flower* trieb ruhig und elegant in einen kleinen Hafen unbewegten Wassers, wo Napoleon das Boot vorn und hinten festmachte.

»Na, was meinst du, wie war das?« fragte Stonkus und massierte seinen Bizeps.

»Sehr gut«, sagte Napoleon. »Wir können den ganzen Tag hierbleiben und uns ausruhen, und auch die halbe Nacht. Wir müssen dann nur noch unter der Wandsworthbrücke durch und ein bißchen weiter, dann sind wir da.«

Man beschloß, zwei der Borribles als Wachen zu postieren, während die anderen schliefen. Poch meldete sich zur ersten Wache, und Orococco übernahm mit ihm zusammen die erste Runde. Der Rest der Mannschaft breitete die Schlafsäcke aus, und sie rollten sich, so gut es eben ging, im Rumpf des Bootes zusammen.

Poch hielt seine Wache und schaute hinüber in den grauen Morgen, der über dem Fluß dämmerte. Orococco starrte flußaufwärts und summte ein Lied, ein trauriges Lied, und Poch fühlte sich weiser und größer, wie er dem Lied zuhörte, obwohl es traurig war.

»Fluß, alter Fluß, der Morgen bricht an,
  Bald treibt er die Schatten in ihren Stall,
Und bald kommt die Sonne ganz riesengroß, Alter,
  Wie'n roter Ball.

Fluß, alter Fluß, wart doch mal, halt mal,
Ich weiß, du denkst immer an andere Sachen,
Aber jetzt steht wieder die ganze Stadt auf,
Alle erwachen!

Fluß, alter Fluß, hör mal, wie sie gähnen,
Die Träume zerfließen, mal grausig, mal heiter,
Die Milchflaschen klirren auf Treppenstufen,
Die Welt macht weiter.

Fluß, alter Fluß, schwimmst ewig so weiter,
Klar, du kennst alles, was kommen mag.
Was ist für dich das Ende der Nacht, Fluß?
Bloß wieder ein Tag.«

Auf der Themse herrschte jetzt große Geschäftigkeit. Die beiden Posten konnten das Tuten der Schlepper hören und das Rauschen und Klatschen der von vorbeifahrenden Schiffen aufgewühlten Wellen; die Schiffe, tief im Wasser liegend, sanken fast unter den Tonnen über Tonnen ihrer Fracht: Kohle für die Kraftwerke und Container, für die Docks von London bestimmt.

Die erste Stunde der Wache war vorbei, und Poch begann sich schläfrig zu fühlen, als er ein ganz schwaches Geräusch über sich an Deck des zunächstliegenden Schiffes hörte. Er horchte angespannt, ließ die Schleuder aus seiner hinteren Hosentasche gleiten und lud sie mit einem Stein aus seinem Munitionsgurt. Langsam stand er auf und zog das dicke Gummiband zurück, so daß es schon halb schußbereit war. Er blickte rasch zum anderen Ende des Bootes, aber Orococco schaute in die andere Richtung; sein Kopf nickte. Er schien zu schlafen. Poch wartete.

Das Boot schwankte hin und her, und die Borribles schliefen. Ein leises, sehr vorsichtiges Kratzgeräusch kam von oben. Es schien Poch, als ob jemand versuchte, einen Weg unter der Persenning hervor zu finden, mit welcher der Lastkahn bedeckt war, der ihr Boot auf der Uferseite schützte. Poch ließ seinen Blick am Rand der Eisenwand des Schiffes entlanggehen, den sich kreuzenden Tauen folgend, die das Tuch festgezurrt hielten. Er konnte nichts sehen. Wieder schaute er hinüber zum anderen Bootsende: Orococcos Kopf nickte immer noch vor sich hin.

Das Kratzen hörte auf. Dann hörte Poch das Geräusch eines Messers, das durch Segeltuch schnitt. Er zog das Gummi seiner Schleuder straffer, aber bis jetzt hatte er noch nichts, auf das er hätte zielen können. Plötzlich gab es ein platzendes Geräusch, und eine kleine Gestalt, grün und braun gekleidet, tauchte plötzlich direkt am Rand des Schiffes über der *Silver Belle Flower* auf. Wer es auch war, er hatte seinen Rükken zu Poch, der, auf die Nieren zielend, die Schleuder voll spannte und schoß. Er hörte ein schmerzhaftes Schnappen nach Luft, und der Eindringling schwankte von einer Seite zur anderen, als könne er sich nicht entscheiden, wohin er fallen wollte. In diesem Augenblick fuhr Orococco herum, die Schleuder in der Hand. Er hatte sich schlafend gestellt und nur darauf gewartet, daß der unsichtbare Feind auftauchte. Er überblickte die Situation, sah sein Ziel und schoß, aber glücklicherweise – wie sich herausstellen sollte – verfehlte er sein Opfer. Wie Orococcos Stein flog, verlor der Neuankömmling das Gleichgewicht und fiel kopfüber und mit seinem ganzen Gewicht mitten in die Bootsladung Borribles hinein, als zerknüllter Haufen zwischen Poch und der ersten Sitzbank landend.

Poch warf seine Schleuder ins Boot und stürzte sich auf den Fremden, ihn festhaltend, während Orococco über die schlafenden Gefährten heranstolperte, um ihm zu helfen.

Trotz des Schusses und trotz des Sturzes vom Kahn herunter leistete der Neuankömmling erbitterten Widerstand. Er schrie in einer fremden Sprache, und zweimal gelang es ihm, auf die Füße zu kommen, ehe er schließlich von den beiden Wachen auf das Deck gedrückt wurde. Jetzt waren auch Stonkus und Torricanyon aufgewacht, und das Gewicht der vier zusammen war zuviel für den Ausländer. Seufzend und fluchend hörte er auf, sich zu wehren.

»Schon gut, schon gut, ich bin ja still«, sagte er mit einem dicken, starken Akzent, obwohl sein Englisch fließend und leicht verständlich war.

»Gib mal ein Seil her«, sagte Poch schnell zu Napoleon, der nun auch hinzugekommen war, »dann binden wir ihn und schaun uns mal an, was wir da erwischt haben.«

Auch Bingo hatte sich aus seinem Schlafsack geschlängelt und schlug vor, daß er und Vulgo die anderen Kähne absuchen sollten, um zu sehen, ob sich sonst noch jemand dort aufhielt.

Sydney und Chaline machten mit den Händen einen Steigbügel für ihn, und Bingo sprang nach oben, zog sich hoch und verschwand. Vulgo folgte ihm, aber beide waren beinahe sofort wieder da und brachten die willkommene Nachricht, daß die Luft rein sei. Niemand sonst auf den Kähnen, nichts Verdächtiges auf dem Fluß.

Die Borribles schauten auf ihren Gefangenen hinunter.

»Ist es ein Normaler – ein Kind?« fragte Chaline.

Napoleon beugte sich vor und zog die lederne Fliegermütze weg, die der Gefangene trug. Die Ohren waren spitz, sehr spitz sogar. Sie hatten einen Borrible gefangen, und zwar einen ausländischen.

»Könntet ihr mich vielleicht hier massieren, am Rücken?« sagte der Ausländer mit seiner seltsamen Stimme, so gut es ging mit seinen gebundenen Händen gestikulierend. »Der Stein aus der Schleuder hat mich richtig hart erwischt.«

Stonkus, der ebenso gutmütig wie kräftig war, hob den Gefangenen hoch und massierte ihm eine Weile den Rücken.

»O danke, danke, so ist's besser.«

»Borrible?« fragte Poch.

»Borrible«, bestätigte der andere.

»Gut, also, ich stelle hier die Fragen, ich bin der Kapitän«, sagte Napoleon. Er hockte sich vor den Gefangenen. »Wenn du ein Borrible bist, wo kommst du dann her? Nicht aus London, möchte ich wetten.«

»Nein«, sagte der Fremde und lachte tatsächlich. »Ich komm aus Hamburg.«

»Jetzt geht's aber los«, sagte Orococco. »Ein Einwanderer.«

»Laß den Quatsch, Orococco«, sagte Napoleon ärgerlich, »wir haben keine Zeit für blöde Witze.«

»Wer macht hier Witze?« sagte der schwarze Borrible, von einem Ohr bis zum anderen grinsend. Chaline lachte auch.

»Wie ist dein Name?« fragte der Steuermann.

»Mein Name«, sagte der Gefangene und versuchte, sich stolz aufzurichten, obwohl er an Händen und Füßen gebunden dalag, »ist Adolf Wolfgang Amadeus.«

»Mensch«, sagte Torricanyon ungläubig, »drei

Namen! Habt ihr nicht die gleichen Regeln in Hamburg?«

»Doch«, sagte Poch, »Borribles sind überall gleich organisiert.«

»Das bedeutet, daß er drei Abenteuer gehabt hat, und zwar erfolgreiche«, sagte Sydney und schaute Adolf mit neuem Interesse an.

»Alles schön und gut, aber er ist einfach lästig«, sagte Napoleon. »Er ist im Weg. Er muß an Land schwimmen, und dann selber nach Hamburg zurückfinden.«

Adolf lachte wieder. »Ihr seht das ganz falsch, meine Freunde. Ich bin nicht überflüssig, ich bin eine Ergänzung. Der Ersatzreifen. Ich bin gekommen, um mich euch anzuschließen. Ich bin ein hervorragender Kämpfer, ein erfahrener Stratege, schieße wunderhübsch mit der Schleuder und hab eine gute Überlebensrate. Das beweisen meine drei Namen, *verdammt.*«

»Was soll das heißen… dich uns anschließen?« fragte Napoleon. »Wir gehen nirgendwo hin, das ist einfach… ein Ausflug.«

»Ausflug«, spottete Adolf. »Ihr seid die besten der Borribles, die Glorreichen Acht – obwohl ich in der Tat neun vor mir habe –, und ihr zieht zum Rumbelreich, um diesen Karnickeln eine Lektion zu erteilen.« Und Adolf lachte so laut, daß sie ihm zureden mußten, doch still zu sein, damit sie niemand entdeckte.

Die Sieger schauten nun wesentlich unbehaglicher drein als der Gefangene. »Woher weißt du das alles?« brach Poch das Schweigen. Er nahm den Deutschen beim Kragen und schüttelte ihn. »Woher weißt du's? Los, pack aus, du kleiner Sauerkrautfresser.«

Adolf schien unbeeindruckt. »Hamburg ist ein

Hafen. Wir kriegen oft englische Borribles rein, die als blinde Passagiere mitfahren, um sich ihren Namen zu verdienen. Drüben sind wir gastfreundlich zu ausländischen Borribles. Wir fesseln sie nicht und geben ihnen keins über den Kopf.«

»Los, weiter«, drängte Poch.

»Vor nicht allzulanger Zeit kam ein Borrible aus Battersea an, sehr müde, sehr hungrig. Ich hab ihn in mein Haus geholt und ihm was zu essen und ein Bier gegeben. Wir sind gute Freunde geworden; er hat unter den Bögen der Eisenbahnbrücke am Battersea Park gewohnt, sagte er. Vielleicht kennt ihr ihn, nein? Jedenfalls war der bei einer Versammlung, wo Poch, das bist du, hahaha, hohoho« – Adolf Wolfgang Amadeus lachte über den verdutzten Poch –, »einen Rumbel geschnappt hatte und wo man beschloß, eine Expedition ins Rumbelreich zu entsenden. Mein Freund, der Name, den er sich verdient hat, ist übrigens Dampfer, gut, nicht? Jedenfalls hat Dampfer mir alles erzählt, und ich hab gesagt, verdammt, was für ein Abenteuer, was für eine Chance für mich, mir einen vierten Namen zu holen, und auch noch in England, mit englischen Borribles! Was für einen Namen werde ich dann haben: Adolf Wolfgang Amadeus Winston.« Er sah stolz in die Runde und freute sich. »Na, was meint ihr, ist das nicht ein dickes Ei von einem Namen?«

»Nein!« sagte Napoleon, dem der Name überhaupt nicht gefiel.

»Also bin ich zur Battersea High Street gekommen, um zu schaun, was ihr treibt, aber ich dachte mir, da lassen sie dich nie aufs Boot, die fahren einfach ohne mich ab, aber aufs Boot muß ich, und um aufs Boot zu kommen, muß ich auf den Fluß, also hab ich bei Flut auf der Batterseabrücke gewartet, und als unten ein Kahn durchkommt, mit einer schönen weichen Ladung, da spring ich runter und hier bin ich. Ich wollte Ausschau halten, bis ihr vorbeifahrt und rüberschwimmen, damit ihr mich nicht an Land setzen könnt, aber die Arbeiter haben mich mit dem Segeltuch zugedeckt – hab ich Glück gehabt, daß ihr hierhergekommen seid.«

»Wir können dich auch hier an Land setzen«, sagte Napoleon, »ganz einfach geht das.«

»Würd ich nicht tun«, sagte Adolf, der sich ganz gelassen in seine Fesseln zurücklehnte.

»Und warum nicht?«

»Ach, ihr wollt doch nicht, daß irgend jemand weiß, aus welcher Richtung ihr anrückt, und wenn ihr mich gehen laßt, dann kann es doch sein, daß ich überall herumtratsche, was ich auf dem Fluß gesehen habe, und am Ende hören's noch die Rumbels, und das Überraschungselement... hmm... weg... jammerschade. Stimmt's?«

»Wir könnten dich einfach so in den Fluß werfen«, sagte Bingo fröhlich, »mit einem bequemen Sack Zement dran.«

Adolf stieß ein ironisches »Ooooh« aus: »Irgend jemand sonst, na ja, aber doch nicht einen Borriblefreund.«

Alle schwiegen, und weil niemandem einfiel, was man hätte sagen oder tun können, richteten sich schließlich alle Augen auf Poch.

»Wir besprechen uns da besser mal«, sagte er. »Am anderen Ende vom Boot.«

Sie vergewisserten sich, daß Adolf gut gefesselt war, und gingen dann zum Heck, wo sie sich flüsternd unterhielten.

»Ich hab den Eindruck«, sagte Poch, »daß seine Geschichte stimmt. Ich meine, er ist der Typ, der ein viertes Abenteuer haben will – ich meine, verrückt genug. Sozusagen. Aber wie man's auch dreht, wir können ihn nicht gehen lassen, damit er uns nicht verpfeift. Wir müssen ihn mitnehmen und ihn die ganze Zeit beobachten, schaun, ob er ein Spion ist, ob er Nachrichten zurückläßt, so was alles. Wenn er keiner ist, dann haben wir jetzt noch einen Schützen und einen verdammt gewieften Nahkampfprofi. Wir müssen nur die Augen offenhalten, das wär alles.«

»Wir müssen den beobachten, wie du uns beobachtest«, sagte Napoleon höhnisch.

»Dann laßt's«, sagte Poch. »Ich hab nur einen Ratschlag gegeben. Ich halt jetzt den Mund.«

Bingo sprach schnell, um den Bruch zu verwischen. »Stimmen wir doch ab, alle außer Poch. Sollen wir Adolf behalten oder ihn in den Fluß werfen? Wer ist dafür, ihn zu behalten?«

Sieben Hände gingen hoch. Nur Napoleon enthielt sich der Stimme, damit er, falls später etwas schief laufen sollte, sagen konnte: Ich hab's euch gesagt.

»Ich hoffe, daß ihr da keinen großen Fehler macht«, sagte er säuerlich. »Geht sicher, daß er seine Schleuder nicht mehr hat, und laßt ihm auf alle Fälle die Hände gebunden.«

Bingo ging ans andere Ende zu dem Gefangenen und band ihm die Füße los. Adolf wurde durchsucht, und aus seinen Taschen kamen eine Schleuder und ein Messer zum Vorschein.

»Du kannst zunächst mal bleiben«, sagte Napoleon. »Aber ich bin gar nicht so scharf drauf, und wenn du auf diesem Boot irgendwelche Schwierigkeiten machst, dann werf ich dich über Bord, daß du so rasch auf den Grund rauschst, daß die Fische meinen, du bist der Anker.«

»Britisches Understatement, hm?« sagte Adolf und lachte, und nachdem er allen zugelächelt hatte, rollte er sich unter einer Sitzbank zusammen, und bald schnarchte er.

»Ich glaube, der bringt's«, sagte Poch. »Zeit für die zweite Wache, ich bin ganz erschöpft.«

Torricanyon und Stonkus nahmen die zweite Wache, und die anderen folgten Adolfs Beispiel, krochen in die Schlafsäcke und schliefen bald; und das Boot stieg und sank leise, den Morgen hindurch, den Mittag, den Abend, und half so, daß ihr Schlaf nicht unterbrochen wurde.

Die nebelverhangene Sonne war schon lange hinter den Horizont gesunken, als das Boot wieder lebendig wurde. Napoleon weckte alle mit einem groben Schubs und wies sie an, sich mit dem Essen zu beeilen. Er wollte so früh wie möglich weiterrudern. Der Wandle war nicht mehr weit, aber vor Tagesanbruch gab es noch viel zu tun.

Die Borribles streckten sich, rieben sich gegenseitig den Rücken und teilten das Essen aus den Rucksäkken untereinander; der letzte Rest Tee floß aus den Thermosflaschen. Poch nahm seine Ration und setzte sich zu dem Deutschen.

»Da hast du, Adolf, altes Roß«, sagte er. »Wir hätten dich eigentlich ganz gern in den Fluß geworfen, aber wo du nun schon mal hier bist, ißt du am besten auch was.«

Adolf setzte sich auf und langte voll Appetit zu. *»Danke«*, sagte er zwischen zwei Bissen. »Ausgezeichnet.«

»Wie kommt's, daß du drei Namen hast?« fragte Poch neidisch.

»Ha«, sagte Adolf, »es kommt drauf an, daß man die Regeln kennt. Du mußt da auch ein paar kennen, sonst wärst du nicht hier, oder?«

»Das war eigentlich Zoff, mein Quartiermeister, nicht ich«, sagte Poch.

»In Deutschland«, fuhr der Ausländer fort, »sind die meisten Borribles damit zufrieden, daheimzubleiben und sich ihre Namen auf normale Weise zu verdienen – eine Serie guter Diebstähle, irgend so was, aber wenn man bereit ist, ein bißchen ins Ausland zu gehen, wie ich, und die anderen nichts dagegen haben, na, dann kannst du dir soviel Namen holen, wie du willst, und ich wollte einen englischen Namen – Winston, weißt du ja.«

»Wo hast du die anderen her? Wolfgang, Amadeus, und natürlich Adolf.«

»Adolf hab ich mir daheim verdient, Wolfgang kommt aus Dänemark, und Amadeus in Wien. Einbruch.«

»Das sind gute Namen«, sagte Poch, »sehr gute Namen, und ich wette, daß da auch gute Geschichten dranhängen.«

»Jeder Name hat seine Geschichte«, sagte Adolf philosophisch, »aber es freut mich, daß sie dir gefallen, und Winston, das ist dann noch was ganz Spezielles. Deiner ist auch ein schöner Name. Wirst du mir mal die Geschichte erzählen? Aber wie sind eigentlich die Namen von den ganzen anderen?«

»Sie haben sie noch nicht«, sagte Poch, »aber ich kann dir sagen, wie sie heißen werden, wenn das Abenteuer vorbei ist.« Und er erklärte den Grund für die Rumbelnamen.

Adolf lauschte mit großem Interesse. »Wir haben auch Rumbels daheim«, sagte er. »Wir nennen sie Gormutliks. Sie haben große Macht und sind gefährlich und schlau.«

Sie hätten noch lange so weiter reden können, aber die Befehle Napoleons unterbrachen ihr Gespräch.

»Auf geht's«, rief er, »wir haben noch zu rudern, sonst kommen wir nie an. Das ist kein Urlaub, Herrschaften.«

Sie gingen an ihre Plätze, Napoleon machte die Leinen los, und das Boot glitt aus seinem Versteck. Wieder überquerten sie den Fluß rasch, und nachdem sich der Rhythmus der Plätze eingespielt hatte, ruderten sie wie die Experten das Südufer entlang, auf dem letzten Abschnitt ihrer Flußfahrt. Bei Anbruch des Morgens würden sie, wenn Napoleon richtig steuerte und kalkulierte, an der Mündung des Wandle landen, des schlammigen Flusses, wo nur Napoleons eigene Leute einen Weg durch die tückischen Sümpfe kannten, die sich meilenweit bis unter die Straßen von Wandsworth erstreckten.

5

Die weite Biegung des Flusses lag leer und still. Die kleinen Kräuselwellen des schweren grünen Wassers waren dreckig und wie gefroren. Auf der Fulham-Seite hockten die Öllager, gesichtslose Orte, die an gesichtslosen Straßen warteten, die nirgendwo hinführten und wo niemand lebte. Kurz vor der Morgendämmerung ging die Wandsworthbrücke über das Boot aus Battersea hinweg, einen dunkleren Schatten werfend als die Nacht, und alles, was die Ruderer sahen, waren die mächtigen, reglosen Wellen, die standen und an den steinernen Brückenpfeilern nagten.

Sie waren nun schon in Wandsworth Reach, und das Südufer entlang erstreckte sich ödes Land; obwohl die Abenteurer nichts sahen, spürten sie die Existenz eines großen, wilden Raumes am formlosen Pfeifen des Windes. Am Nordufer standen die Zementfabrik und die Trinidad Asphalt Company, aber die Borribles konnten nicht erkennen, wo die Gebäude den Himmel berührten, weil der Himmel teerschwarz und undurchdringlich war.

Es war so düster, daß Napoleon überzeugt war, er würde die Wandlemündung nie finden, und seine Gefährten anfingen zu verzweifeln. Nach einigen fruchtlosen Versuchen kniete er sich vorne ins Boot, um in die Schwärze zu spähen. Hier lagen Dutzende von Lastkähnen, tief beladen mit dem alten Gerümpel von ganz Wandsworth, denn das Land um das Mündungsgebiet war ein einziger großer Müllabladeplatz, und irgendwo durch die Hügel von Abfall mäanderte der schleimige Fluß.

Ein überwältigender Gestank braute sich am Ufer

zusammen, eine Mischung aus scharf riechenden Abwässern, faulendem altem Papier und dem modernden Fleisch von toten Seevögeln. Das Wasser, das von den aufgestellten, erwartungsvollen Rudern der Mannschaft tropfte, verursachte kein Geräusch, so dick und ölig war es. Die Borribles, auf den Bänken zusammengesackt, husteten und würgten und waren kaum in der Lage, Napoleons Anweisungen zu befolgen, wenn er sie das Boot hierhin und dorthin fahren ließ und mit seiner Taschenlampe in die furchteinflößende Nacht stach.

Endlich drehte er sich um und sagte, mit einem geflüsterten Schrei, scharf vor erregter Erschöpfung: »Ich hab's.«

Das Boot trieb weiter. Die Ruderer drehten sich auf ihren Sitzen um, um zu schauen, und ihre Herzen schrumpften zur Größe von Erdnüssen. In der glatten Kaimauer der Themse, verborgen hinter einer Flottille von Kähnen, erschien eine Öffnung im schwachen Licht von Napoleons Taschenlampe.

»Das muß der Wandle sein«, sagte Napoleon. »So oder so, es gibt nur einen Weg, um das herauszufinden, und das ist der, das Ding da raufzufahren.« Es war den anderen klar, daß er unter großer Spannung stand und selbst nicht ganz sicher war.

Das Boot schwang langsam herum, bis es gegen die kräftige Strömung des Wandle stieß, und sobald er seinen Kurs hatte, befahl Napoleon der Mannschaft, flußaufwärts zu rudern. Rasch rannte er in die Mitte des Bootes, befreite Adolfs Hände und sagte ihm, er solle das Steuerruder halten. »Wenn du versuchst, zu entkommen, verpaß ich dir eins mit der Schleuder, direkt auf den Hinterkopf.«

Adolf schaute überrascht drein. »Entkommen? Du

bist gut, deshalb bin ich euch gefolgt, jetzt werdet ihr mich nicht los.«

Napoleon rannte wieder zum Bug, um mit leiser Stimme die Weiterfahrt des Boots zu lenken, und die Borribles legten sich stetig in die Ruder, nur allzufroh, daß sie in der übelriechenden Düsternis nicht sehen konnten, wo sie waren.

Sie hatten nur eine kurze Strecke zurückgelegt, als der kleine Fluß sich gabelte, und nach einem Augenblick des Zögerns lenkte Napoleon sie nach links, und sie ruderten weiter, die Ruder unter Mühen aus einem Wasser hebend, das so dick und klebrig wie Sirup schien. Nach zehn Minuten hörten sie Napoleon laut fluchen, und dann rief er ihnen erregt zu, anzuhalten. Er schlug wütend gegen die Bootswand. »Verdammte Scheiße, ich hab die Wehre vergessen.«

Die Besatzung des Borriblebootes war zutiefst erschrocken. Durch die Nachtstille kam ein Geräusch jenseits ihrer Erfahrung, ein elementares Rauschen und Brüllen. Sie drehten sich wieder in ihren Plätzen um und sahen eine schäumende, im Lampenlicht schräg auf sie herabstürzende Wasserfläche. Dahinjagende gelbe Schaumklumpen drängten sich durch eine schwarzglänzende Oberfläche hinauf, die unaufhaltsam auf sie zuglitt, wie die abschüssigste Rolltreppe der Londoner Untergrundbahn. Plastikcontainer, leere Farbenbüchsen und Plastikflaschen sprangen und tanzten um das Boot und stießen gegen die Seiten, wie böse Geister auf einem Fluß in die Hölle.

»W-was ist das?« fragte Bingo und versuchte, seine Lippen nicht zittern zu lassen.

»Ein Wehr ist das, ein gottverdammtes Wehr, zu hoch, um dran vorbeizukommen. Wir müssen die andere Gabelung nehmen. Da ist auch eins, aber nicht so steil.« Napoleons Stimme war erschöpft und resigniert. Er fühlte sich am Rand seiner Kräfte, aufgerieben von der Verantwortung der Flußfahrt, und nun von diesem Hindernis am Ende.

»Wenn uns hier draußen das Tageslicht erwischt, dann sehn uns die Müllmänner, und wir werden auf jeden Fall von den Bullen kassiert.« Er dachte einen Augenblick nach, und die anderen warteten; das Boot schaukelte immer noch unter dem Ansturm des strudelnden Wassers.

»Rein mit den Rudern«, sagte er schließlich, und sobald die Ruder an Bord waren, nahm er eines und fing an, das Boot denselben Weg zurückzustaken, während die Mannschaft untätig auf den Bänken der *Silver Belle Flower* saß, angestrengt nach rechts und links starrend, aber kaum etwas sehend. Es war alles zu ruhig und zu häßlich.

»Paßt bloß auf, wann die Gabel kommt«, knurrte Napoleon, »sonst verpaß ich die, und wir sind wieder auf der Themse draußen. Beim Morgengrauen müssen wir versteckt sein. Tagsüber wimmelt's hier von Erwachsenen.«

Die anderen teilten seine Angst. Schon zeichneten sich die hohen Ufer des Wandle deutlicher ab, mit schleimig-grünen Eisenbahnschwellen und rostzerfressenen Eisenplatten abgestützt, und der schwarze Himmel war nicht mehr ganz so schwarz.

»Die Gabel! Die Gabel!« rief Adolf.

Napoleon ließ das Boot in den anderen Arm des Wandle treiben.

»Die Ruder, rasch«, befahl er und zerrte seines von einer Schlammbank los, die es nur widerwillig freigab. Ein schlüpfriges, saugendes Geräusch entstand, als das Ruder sich löste, und große, klumpige Tropfen

Schlick rollten zögernd das Holz hinunter und stahlen sich in den Fluß zurück.

Napoleon trieb seine Mannschaft an. Der Sog der Ebbe war hier nicht so stark, und bald kamen sie unter einer Eisenbahnbrücke durch, wo das Boot durch dahintreibende Atolle aus Müll klackte wie ein Fischdampfer durchs Packeis.

Wieder tauchte eine Gabelung vor ihnen auf, aber diesmal zögerte Napoleon nicht.

»Rechts rudern«, rief er, »linke Seite ruht, eins, zwei, rudern.« Und das Boot trieb nach links.

»Letztes Mal sind wir auch nach links, und das war falsch«, sagte Torricanyon laut und aggressiv.

»Ja, genau«, sagte jemand anderes.

Napoleons Gesicht wurde so weiß vor Wut, daß es in der dunklen Morgendämmerung wie phosphoreszierend leuchtete. »Und jetzt fahren wir wieder links, und das ist richtig«, sagte er.

Plötzlich gab es ein hallendes, nachdröhnendes Klingen, und Napoleon wurde umgeworfen und stürzte ins Boot, das mit einem Ruck angehalten wurde; man hörte ein Kratzen, als der Bug mit irgend etwas in Berührung kam. Napoleon sprang wieder auf und rieb sich den Kopf.

»Verdammt, labert mich nicht voll, wenn ich steuere«, rief er. »Jetzt sind wir gegen ein Abflußrohr gelaufen, hätten alle dabei ertrinken können.«

Dicht über der Wasseroberfläche lief in der Nähe eines Übergangs eine dicke Rohrleitung über den Wandle; ihr Aufprall hatte Napoleon umgeworfen.

»Ihr am Heck, kräftig rudern«, rief er. »Das Rohr ist so tief über dem Wasser, daß wir das Boot drunter durchzwängen müssen. Fallt mir nicht rein, da hat's Aale, die nehmen euch glatt ein Bein ab.«

Die Ruderer hinten im Boot strengten sich an, während die vorderen sich auf den Rücken legten und die *Silver Belle Flower* unter dem Rohr hindurchschoben und -zerrten. Als sie auf der anderen Seite wieder herauskamen, war es einfach, den Rest des Bootes hindurchzuziehen, während die hinteren Ruderer sich duckten.

»Das ist noch nicht durchgestanden«, sagte Napoleon, »hier gibt's noch einen richtigen Wasserfall, direkt unter dem Damm. Um den zu umgehen, müssen wir das Boot rausziehen und über die Brücke damit.«

Über ihren Köpfen war ein hoher Zaun, den die Müllmänner aus alten Bettrosten, Eisenrahmen und verschiedenen Metallstücken gebaut hatten. Napoleon zog eine Drahtschere aus der Tasche und forderte Bingo auf, ihm den Steigbügel zu machen. Er klammerte sich an die Böschung und schnitt aus einem der Bettroste sämtliche Sprungfedern heraus, so daß ein Loch entstand, groß genug, um das Boot hindurchzumanövrieren.

»Werft mir die Leine rauf«, befahl er dann, und als er das Tau in der Hand hatte, wies er die Mannschaft an, ihr Gepäck fest unter die Sitzbänke zu klemmen und zu ihm hinauf auf die Böschung zu klettern.

»Wir müssen das Ding hier raufholen«, erklärte Napoleon, dessen Müdigkeit in der Erregung seiner Befehlsgewalt verschwunden war, »und es dann über diese Insel, auf der wir jetzt sind, rüberschleifen, dann haben wir beide Wehre hinter uns, aber wir müssen uns beeilen.«

Die Abenteurer versammelten sich um das Tau und zogen, zogen – und langsam hob sich die *Silver Belle Flower* aus dem Wasser und hing senkrecht über dem

Wandle. Napoleon schlang das Tau einige Male um eine Warntafel, auf der stand: »Gemeindeverwaltung Wandsworth/Gefahr/Betreten verboten«. Die anderen ergriffen den Bug und zogen und zerrten das Boot schließlich auf den Damm hinauf. Sie keuchten und stöhnten und warteten, bis sich ihr Atem wieder etwas beruhigt hatte.

»Gut, jetzt vier auf jede Seite«, sagte Napoleon. »Ich ziehe, der Jerry kann schieben.«

»Aber immer«, sagte Adolf.

Sie schleppten und schoben das Boot über einen abfallübersäten Weg, wo Glassplitter und die Trümmerfragmente längst verlassener Häuser unter ihren Schuhen knirschten. Etwa fünfzig Meter mußten sie überwinden; es war Schwerarbeit, und sie rutschten aus und fluchten und stolperten, aber endlich kamen sie zum Hauptarm des Wandle, ein gutes Stück oberhalb der beiden gefährlichen Wehre.

Blasses Tageslicht herrschte bereits, und die Gefahr, in dieser offenen und öden Landschaft entdeckt zu werden, stieg von Minute zu Minute. Eilig setzten sie das Boot am Ufer ab, und Napoleon ordnete die Gruppe.

»Wenn ich das Kommando gebe, dann müssen wir wie die Idioten schieben. Es muß flach auf dem Wasser landen. Sonst säuft es ab.«

Auf seinen Befehl hin schoben alle mit gewaltigem Schwung, und die *Silver Belle Flower* flog durch die Luft und machte eine Bauchlandung, die wie ein Schuß durch das Niemandsland des leeren Mündungsgebietes krachte und widerhallte. Ehe es davontreiben konnte, stürzte Napoleon hinterher, flog zwischen die Bänke, rappelte sich auf und warf die Leine nach oben in die Hände von Torricanyon.

»Alles wieder an Bord«, schrie der Wendel. »Macht schon, macht schon.«

Während die anderen einstiegen, sah Poch den Weg zurück, den sie gekommen waren, und jetzt, im schwachen Licht, konnte er die Szene erkennen.

Zwei schwarze, dampfbetriebene Kräne bewachten die Mündung des Wandle; eckig und häßlich, mit dünnen Metallplatten bedeckt, liefen ihre eisernen Räder auf eisernen Schienen. Diese Maschinen waren es, welche die Lastkähne mit Müll beluden, der stets neu aufgefüllt wurde, der nie abnahm. Verstreut warteten Lastwagen darauf, Wandsworth nach neuen Abfällen zu durchstreifen; große Kipplaster und Loren standen müßig zwischen Haufen ausrangierter Öfen und Eisschränken ohne Eingeweide. Weiter hinten, zwischen dem Wandle und der Wandsworthbrücke, lag eine Meile schlammfarbener, in Wellen auf- und absteigender Einöde, nur von weißen Flekken belebt: Möwen, groß wie Schwäne, rissen mit gigantischen Hakenschnäbeln an Aas.

Poch erschauerte vor der furchtbaren Schönheit des Anblicks. »Meine Fresse«, sagte er. »Was für ein Ort.«

»Mach zu.« Napoleons Stimme war hart. »Beeil dich.«

Poch sprang in das Boot und ergriff sein Ruder.

»Los jetzt, rudern«, sagte Napoleon gehässig. »Der Wandle hier ist der steilste Fluß in London, wie wenn man den Lavender Hill raufrudert, bei Gegenverkehr.«

Die Abenteurer legten sich in die Ruder. Ihre Hände brannten, ihre Rücken schmerzten, die ängstliche Spannung der Nacht hatte sie erschöpft. Mit Augen, die ihnen zufielen, und glühenden Muskeln ruderten sie weiter und weiter, durch eine winddurchjagte Landschaft ohne Bäume oder Gebäude, bis sie schließlich, hinter Armory Way, an Fabrikhinterhöfen vorbei zu Youngs Brauerei kamen und endlich Napoleons leises Kommando hörten.

»Vorsicht jetzt, Ruder einziehen.«

Sie ließen ab, und das Boot kam leise zur Ruhe. Hinter ihnen lag der Morgendämmer wie ein müdes Tier auf den Straßen von Wandsworth, und die geraden Seiten der Gebäude, in rauchiggelben Ziegeln aufsteigend, ragten in den staubigen Himmel. Ganz hoch oben zeigte ein hellerleuchtetes Fenster, wo ein Busfahrer auf Frühschicht schläfrig schimpfend aus einem warmen Bett in eine kalte Küche schlappte.

Napoleon ließ seiner Mannschaft nicht lange Ruhe. »Also dann, ihr Figuren, wir sind da!« sagte er, mit einer gewissen Befriedigung in der Stimme, und die Borribles drehten sich um: und nicht einer unter ihnen, der nicht entsetzt aufstöhnte. In einer wie ein Kliff aufschießenden Fabrikmauer war ein tiefes Loch sichtbar, ein aus Ziegeln gemauerter Abzugskanal, kaum groß genug, die Durchfahrt des Bootes zu gestatten, kaum so hoch, daß er nicht die Köpfe der Ruderer streifte. Er troff vor grünem Schleim, und Napoleons Stimme warf ein schwaches Echo, das sofort erstarb, ins Nichts aufgesogen. Der Gestank war abstoßend und dicht, er rollte in dunstigen Wolken auf den sich vorbeimühenden Fluß hinaus, wie die letzten Atemstöße eines verfaulenden Tieres.

»Sag bloß, Mann«, sagte Orococco, dessen Augen und Zähne in dem seltsamen Licht, das vom Wasser aufstieg, grün wirkten, »wir gehn doch da nicht rein, hoffe ich.«

Napoleon stand am Bug, breitbeinig und die Hände

in die Hüften gestemmt, wie ein abgerissener Piratenkäpten. »Das ist der Wandle«, sagte er. »Ein ganz gewöhnliches kleines Flüßchen, das unter den Häusern dahinfließt.«

»Es stinkt«, sagte Bingo.

»Ihr habt's zu gut gehabt«, gab Napoleon zurück. »Jetzt sind wir in Wandsworth, wo die besten Borribles herkommen.«

Poch grinste wider Willen vor sich hin, trotz der unruhigen Angst, die er wie seine Gefährten empfand. Was immer man sonst über Napoleon denken mochte, man mußte zugeben, daß der Wendel genug Courage und seinen eigenen Stil hatte.

»Jetzt fahren wir mit dem Boot da rein«, sagte der Steuermann, »und wem's nicht paßt, der kann heimschwimmen.« Er beugte sich vor, schöpfte eine Handvoll des Flußwassers auf und warf sie mitten in das Boot. Die übel aussehende Flüssigkeit zog die Augen der Borribles auf sich, während sie sich körperlich abgestoßen fühlten. Das Wasser zerfloß kaum; grünliche Kügelchen rollten in die Fugen des Holzes und blieben leuchtend dort liegen.

»Also dann«, sagte Napoleon, im Bug niederkauernd. »Vorsichtig... laßt die Köpfe drunten, und ich stoß uns mit den Händen ab.«

Unter den vorsichtigen Ruderschlägen schob das Boot seine Nase in den klammen Dampf des Abwasserkanals, und Napoleon leuchtete mit seiner Taschenlampe hierhin und dorthin, was aber wenig nützte, da die anrollenden Nebelwolken den schmalen Lichtstrahl verschluckten und verdauten, ehe er auch nur einen Meter zurückgelegt hatte.

Die Ruderer lehnten sich auf ihren Sitzen zurück und gruben die Ruder in die Wasseroberfläche. Adolf saß im Heck und leuchtete mit seiner Taschenlampe zurück, so daß die Abenteurer in ihrem Licht das tropfende Dach der Höhlung und manchmal die aufgerissenen Mäuler von seitlichen Tunneln sehen konnten, wo dickes Wasser langsam herausglitt, um sich an den Hauptstrom zu heften. Der Deutsche summte leise, um allen ein wenig Mut zu machen. »Ho… ho… zuu… gleich.« Er wiederholte seinen Sang. »Ho… ho… zu-gleich. Auf geht's, Brüder, ho… ho… zugleich.«

Napoleons Kommandos kamen regelmäßig und ruhig. »Langsam links, zwei Schläge. Warten rechts, jetzt einen Schlag.« Und so tasteten sie sich voran, manchmal vor Tunneln zögernd, die nach rechts oder links abzweigten. Manchmal wußte Napoleon genau, wie es weiterging, manchmal riet er.

Es schienen Stunden des Ruderns vergangen zu sein, als die Ruder schließlich an den Wänden klemmten, und ins Boot eingeholt werden mußten. »Ist zu eng zum Rudern jetzt«, sagte Napoleon. »Jetzt muß jemand ins Wasser und das Boot ziehen.«

Schweigen herrschte unter der Borriblemannschaft. Napoleon bückte sich und zog unter einem Sitz ein Paar hüfthohe Gummistiefel hervor. Er lachte vor sich hin, wie die anderen im Licht seiner Taschenlampe sehen konnten.

»War klar, daß ich's selber machen muß«, sagte er. »Die besten Borribles kommen eben wirklich aus Wandsworth.«

Adolf lachte leise. »Ach, da bin ich nicht so sicher, wir haben auch ganz schön viel dreckiges Wasser in Hamburg, mein Freund. Gib mir mal die Stiefel, ich zieh euch, ich hab beim Rudern nicht mitgeholfen.« Der Deutsche lief rasch nach vorn; er nahm dem verblüfften Napoleon die Gummistiefel ab, zog sie über und sprang, ohne zu zögern, in den Fluß. Die Ruderer drehten sich auf ihren Sitzen um, um erstaunt zuzusehen. Bingo kniete sich hin und leuchtete mit seiner Taschenlampe direkt vor den unerschrockenen kleinen Deutschen, aber Adolf hatte sich seine eigene Taschenlampe an einen Jackenknopf gehängt. Er ergriff die Leine mit beiden Händen und mit »Ho... ho...« zog er mit kräftigem Ruck das Boot voran, als habe es kein Gewicht.

»Seht euch das an«, sagte Sydney.

Napoleon schüttelte den Kopf. »Es kommt dann eine Art Pfad neben dem Kanal, noch etwas weiter!« rief er. »Da kannst du dann raufgehn.«

Diese Information stellte sich als richtig heraus, und bald marschierte Adolf fröhlich auf einer Ziegelböschung entlang, die ursprünglich für die Kloakenmänner von Wandsworth angelegt worden war, die einzigen Erwachsenen, welche von den Borribles von Wandsworth mit Respekt betrachtet wurden.

Plötzlich hörte Adolf auf, gleichzeitig zu summen und zu ziehen. Das Tau wurde schlaff, und die *Silver Belle Flower* stieß gegen die Böschung. Die Bootsbesatzung sah auf und fragte sich, was den Deutschen angehalten haben mochte, und entdeckte einen zum Angriff gegen die gewölbte Wand des Abzugskanals geduckten, bewaffneten Wendel.

Es war eine kleine, drahtige Gestalt und trug dieselben Gummistiefel, wie Napoleon sie Adolf geliehen hatte. Statt der normalen wollenen Borriblemütze trug der Wendel, wie andere Kämpfer seines kriegerischen Stammes, einen metallenen Helm, der seine Ohren bedeckte und den Kopf schützte; aus einer alten Bierdose geformt, glühte er kupfergrün im

Taschenlampenlicht. Er trug eine dicke feste Wolljacke, bedeckt mit Plastik, um das Wasser abzuhalten, und das Plastik glänzte orangeleuchtend wie die Schutzjacken von Autobahnarbeitern. Denen war das Material auch in der Tat gestohlen worden. Das Gesicht des Wendels war hart und zäh, viel härter noch als selbst das von Napoleon, und seine Augen bewegten sich rasch. Er hatte keine Angst, obwohl er wußte, daß er allein gegen zehn stand. Mit einem Schrei stieß er den Rumbelspeer vorwärts, den er in den Händen hatte.

Hier zeigte Adolf, was für ein Kämpfer er sein konnte. Auch unbewaffnet war es nicht seine Art, einem Kampf aus dem Wege zu gehen; wie er gesagt hatte: Er kämpfte gern. Der Speer stach auf ihn zu, und er glitt geschickt zur Seite und fiel ins Wasser. Seine Gefährten, die nach allem den Deutschen mochten und bewunderten, sprangen erschrocken auf. Aber Adolf war keinesweg geschlagen, denn im Fallen tauchte er unter der tückischen Waffe hindurch und ergriff den Fuß des Wendels. Sobald seine Füße den Grund des Kanals berührten, zog er, so fest er konnte, und der Wendel verlor das Gleichgewicht und landete platt auf dem Rücken am Rand des Pfades; der Speer war seinem Griff entfallen. Der Deutsche ergriff den Kopf seines Gegners, zog ihn rasch ins Wasser und hielt ihn unter die dreckige Wasseroberfläche.

»Haha!« brüllte er, mit im Triumph leuchtenden Gesicht und mit blauen Augen, die wie sich drehende Polizeisignale blitzten.

Weiter hinten im Tunnel klapperten Waffen und Fußtritte, drei weitere Wendels erschienen, mit starken Schleudern bewaffnet, die sie schußbereit auf Adolf gerichtet hielten.

Napoleon schwenkte seine Arme und seine Lampe. »Wendel hier, Wendel, Wendel!« rief er, so laut er konnte. »Nicht schießen! Borrible! Adolf, laß ihn los. Rasch, oder du bist hin, du bist tot wie ein Bückling.«

Der Deutsche hielt den Blick auf die gespannten Schleudern gerichtet und hob vorsichtig den schlaffen Körper seines Angreifers aus dem schwarzen Wasser. Er hielt ihn wie einen Schild vor sich und, ohne daß es – von Poch abgesehen, der jetzt mit Napoleon im Bug stand – jemand bemerkt hätte, zog er eine Schleuder aus der Tasche des bewußtlosen Wendels und schob sie heimlich in seine eigene.

»Nicht schlecht«, sagte Poch bei sich. »Dieser Sauerkrautspezialist ist ein echter Fund.«

Einer von den drei Wendels rief mit rauher Stimme, die an den Wänden des Tunnels entlangkratzte: »Du da, leg den Wendel auf den Pfad zurück, die anderen verhalten sich völlig still. Von uns stehn noch fünfzig hinter der nächsten Biegung.«

Adolf trug seine Last zum Kanalrand und ließ sie dort ohne besondere Rücksicht hinplumpsen. Dann stellte er sich so hin, daß Poch im Bug des Bootes direkt hinter ihm war, und nun leicht ein paar Schleudersteine in die Rechte des Deutschen hätte gleiten lassen können, die er in der Hoffnung, man werde verstehen, was er wollte, hinter dem Rücken hielt.

Napoleon rief besorgt: »Ich bin selber ein Wendel, auf der Großen Rumbeljagd! Eisenkopf weiß darüber Bescheid, hat er euch nichts gesagt?«

»Er hat es uns gesagt«, kam die Antwort, »aber wenn ihr Halpfund hier ertränkt habt, dann kriegt ihr ernste Schwierigkeiten.« Einer von ihnen trat näher und kniete sich neben den halberstickten Wendel, drehte den durchnäßten Körper um und stieß das Wasser aus dem Leib; es war bald klar, daß dieser Krieger noch für viele andere Kämpfe der Zukunft bereitstehen würde. Er nickte den anderen zu, und sie schienen zufrieden.

Als Halpfund in die *Silver Belle Flower* gelegt worden war, damit er sich erholen konnte, wurde Adolf erlaubt, das Boot weiterzuziehen.

»Geh im Fluß weiter und folg uns langsam«, befahl man ihm, »und tu alles, was wir dir sagen. Wenn einer von euch nach der Schleuder greift, dann … erzähl's ihnen besser, du Wendel im Boot. Wir könnten euch aushungern, ohne einen Finger zu rühren. Fünfzig sind hinter euch und fünfzig vor euch.«

Poch, wie seine Freunde, drehte sich um, und Gestalten tauchten auf, die hinter ihnen durch das Wasser wateten, vielleicht mehr als fünfzig, und alle mit Rumbelspeeren. Die Abenteurer waren hoffnungslos in der Minderzahl, sie konnten nur gehorchen.

»Wer ist der Borrible, der hier das Wort führt?« fragte Poch Napoleon, der beunruhigt aussah, als ob er befürchtete, die Wendels könnten ihn für dieses Eindringen in ihr Territorium verantwortlich machen.

»Der ist ein Borrible mit zwei Namen«, flüsterte Napoleon. »Aber man sagt immer nur Tron. Wenn er einen Namen für all die Sachen hätte, die er schon gemacht hat, dann wär er ein Hundert-Namen-Borrible, das kann ich dir sagen. Hart wie ein Nagel, und Eisenkopf, unser Führer, der ist genauso. Hier kommt niemand rein oder raus, ohne daß die einverstanden sind.«

»Ich dachte, das ist alles mit Zoff abgesprochen. Ich dachte, wir hätten die Erlaubnis«, sagte Poch.

»Zweifellos haben wir die«, sagte Napoleon und schaute Poch recht erstaunt an. »Wenn wir keine

Erlaubnis hätten, dann wären wir schon längst erledigt.«

»Aber du bist selbst ein Wendel...«

»Tut nichts zur Sache. Ich war weg, draußen; sie müssen aufpassen. Ist auch nur richtig so, wenn man's bedenkt, oder? Ich meine, ihr habt euch auch sofort die Rumbels geschnappt, als sie in euer Revier gekommen sind.«

»Wo haben die Wendels denn die ganzen Rumbelspeere her, zum Teufel?« fragte Bingo mit großäugigem Erstaunen.

»Manche erbeuten wir, die anderen machen wir selber«, sagte Napoleon. »Aber wir haben auch Schleudern, wißt ihr, und wir sind nicht schlecht damit. Tron, der schießt um zwei Ecken und holt immer noch einem Polizisten den Helm runter.«

Der Tunnel wurde nun etwas breiter. Auf jeder Seite lief ein Weg entlang, und beide waren überfüllt mit Kriegern, die ohne Freundlichkeit auf ihre Borriblebrüder im Boot hinunterschauten. Adolf stießen sie unsanft mit ihren Speeren; die Abenteurer saßen still da und hofften, daß er nicht die Beherrschung verlieren und wieder einen Kampf beginnen würde. Es war ihnen elend, und sie hatten Angst. Obwohl Borribles häufig in Streitereien miteinander verwickelt sind, empfinden sie doch alles in allem viel Sympathie füreinander. Die Abenteurer hatten gewußt, daß die Wendels von allen Stämmen der wildeste waren, hatten aber nicht gedacht, daß sie so martialisch und mißtrauisch sein würden. Napoleon versuchte, seinen Gefährten während der Weiterfahrt die Lage zu erklären.

Die Wendels, argumentierte er, lebten in ständiger Furcht vor den Rumbels. Ihr Territorium lag dem der

Rumbels am nächsten, und beide Reiche hatten eine lange Grenze gemeinsam. Entlang dieser Grenze waren die Rumbels den Wendels mindestens im Verhältnis fünf zu eins überlegen, und die Borribles von Wandsworth hatten ihre Freiheit nur verteidigen können, indem sie sich an ein ständiges Kriegerleben gewöhnt hatten. Im Lauf der Jahre waren sie entsprechend mißtrauisch, verschlagen und hart geworden.

»Trotzdem, die sehn mir wirklich wie ein Sortiment allerfeinster Galgenvögel aus«, sagte Vulgo, »und ich weiß Bescheid, wir haben ein paar drüben in Stepney.«

Die Unterhaltung wurde durch die laute Stimme von Tron unterbrochen, der zu dem erschöpften Adolf hinunterbrüllte.

»Halt da unten, Knirps!«

»Ich hab einen Namen, Wendel«, sagte Adolf, mit seinem schlamm- und schweißverschmierten Gesicht aufsehend. »Tatsächlich habe ich sogar drei Namen, Adolf Wolfgang Amadeus, und dir würde ich nie und nimmer die Geschichte erzählen, wie ich sie bekommen habe.« Und dieser Beleidigung fügte Adolf seinen Lieblingsfluch hinzu: *»Verdammt noch mal.«*

»Hast du dir wahrscheinlich aus zweiter Hand besorgt«, höhnte Tron grinsend und eröffnete damit eine weitere Folge von Borrible-Beleidigungen.

»Immer noch besser, als den Namen in einer Mülltonne zu finden«, sagte Adolf kampflustig. »Dingsbums wär ein guter Name für dich, wenn auch etwas schmeichelhaft.«

»Schluß jetzt«, schrie Poch, »das kann nicht gutgehen. Denkt mal daran, daß wir hinter den Rumbels her sind, nicht hinter uns selbst.«

Adolf wandte sein schmutziges Gesicht zu Poch; sogar unter dem Dreck und der Müdigkeit glitzerten die blauen Augen spöttisch. »Ja, großer Häuptling«, sagte er ironisch. »Zuallererst kommt unser Abenteuer.« Dann flüsterte er so leise, daß nur Poch ihn hören konnte: »Aber diese Burschen würde ich mir eines Tages auch gern näher ansehen. Denen hau ich ihre Blechhelme auf die Halskrause runter.«

Man befahl den Abenteurern, am Ufer zu warten, während man das Boot fest vertäute und Halpfund heraushob. Er hatte sich genügend erholt, um wieder aufrecht stehen zu können, obwohl er noch etwas angeschlagen aussah und sein Gesicht grüner als sonst war, von dem vielen stinkenden Wasser, das er geschluckt hatte. Er sah sich um, bis er Adolf erblickte, eine nasse und schlammbeschmierte Gestalt, die von Stonkus und Torricanyon hochgezogen wurde. Halpfund stolperte weg von den beiden Wendels, die ihn stützten, und bahnte sich grob seinen Weg durch die kleine Gruppe der Abenteurer, die auf dem Pfad warteten. Vor Adolf blieb er stehen und schob sein grünes Gesicht ganz nahe vor das mit Schleim und Schweiß bedeckte des Deutschen.

»Wir sind noch nicht fertig miteinander«, zischte er, und sein wütender, übelriechender Atem umfing Adolf und ließ ihn das Gesicht verziehen. »Eines Tages treffen wir uns wieder, wo du keine Tricks im Ärmel hast, und dann bring ich dich um.«

»Ein Borrible ohne Tricks ist kein Borrible«, sagte Adolf freundlich, ein altes deutsches Sprichwort zitierend. »Geh besser und leg dich erst mal hin; du brauchst mehr Kraft, Mädelchen. Im Augenblick könntest du mir wahrscheinlich hundertmal eins verpassen, und ich würde gar nicht merken, daß es dich auch noch gibt.« Und der Deutsche wandte sich ab und folgte seinen Gefährten einen schmalen, aber trockenen Kloakentunnel entlang, der aufwärts und vom Hauptfluß fortführte.

Die Abenteurer wurden von einer bewaffneten Wendel-Wache eskortiert, und überall um sich herum hörten sie den quietschenden, saugenden Tritt derer, die sie am Fluß gefangen hatten. Auf ihren Patrouillengängen am Fluß tragen die Wendels stets Gummistiefel, und wenn sie marschieren, gibt es ein seltsames Geräusch, daß man eine Gänsehaut bekommt – und wenn ein paar Hundert auf dem Marsch sind, hört es sich an, als sei ein nasser Tausendfüßler auf dem Kriegspfad.

»Wo ist Napoleon?« fragte Poch Bingo, der neben ihm ging.

»Den haben sie allein voraus mitgenommen«, antwortete Bingo. »Ich hoffe, der hält zu uns.«

Poch war voller Unruhe, aber er tröstete sich mit dem Gedanken, daß die Wendels zwar so mißtrauisch wie nur möglich gegenüber allen Fremden sein mochten, daß es aber in ihrem eigenen Interesse lag, daß die Große Rumbeljagd stattfand. Die Erfolgschancen dieses Unternehmens waren gering, aber wenn es gelang, dann wären die Wendels auf Jahre hinaus in Sicherheit. Schließlich hatten sie einen von ihren eigenen Leuten ausgeschickt, um ihn für das Projekt vorbereiten zu lassen.

»Es wird alles in Ordnung gehen«, sagte Poch laut genug, daß ihn alle Gefährten hören konnten, »sie haben wahrscheinlich Napoleon nur mitgenommen, um zu kontrollieren, ob wir auch keine Typen sind, die irgendwelche Schwierigkeiten machen. Der kommt zurück.«

Sie marschierten weiter, und der Tunnel stieg an und wand sich nach einer Seite und dann nach der anderen; die Taschenlampen erhellten den unregelmäßigen, zum Teil zerbrochenen Boden.

»Bleibt nahe beieinander«, sagte Poch. »Wenn etwas passiert, bilden wir zwei Reihen, Rücken an Rücken.«

Einige Minuten später kamen sie in eine große unterirdische Kaverne, deren Fußboden steil zur Mitte, von ihnen weg, abfiel. Einst, im neunzehnten Jahrhundert, mußte das die Herzkammer des Abwassersystems von Wandsworth gewesen sein. Jetzt war die Halle trocken, und die schöngeschwungenen Backsteinbögen fingen an, zu zerfallen.

Dutzende von Wendels waren da und standen auf der einen Seite der Halle; Nachzügler kamen aus den vielen Korridoren, die von allen Teilen des großen Distrikts hierherführten. Jeder Wendel hatte eine Taschenlampe, und zusammen warfen diese Lichter einen halb unheimlichen Schein über die Szenerie. Trons Stimme erklang hinter ihnen. »Weitergehen, geradeaus, dort drüben hin, wo ihr die Plattform seht. Ihr kommt jetzt vor Eisenkopf.«

Auf der anderen Seite der Halle stand ein kleines Podium, darauf ein Stuhl, und darauf saß Eisenkopf persönlich; neben ihm stand Napoleon, der rasch auf seinen Anführer einredete, welcher ihn zu ignorieren schien.

Eisenkopf starrte hinunter auf die Abenteurer, die sich in einer Reihe aufstellten. Seine Augen regten sich nicht, und obwohl Poch ihn angestrengt beobachtete, schien der Führer der Wendels nie zu blinzeln. Poch dachte sich, daß dies vielleicht so war, weil er immer im Dunklen lebte und nie die Sonne sah – obwohl es hieß, daß er immer genau wußte, was sich überall abspielte. Eisenkopf war der schlaueste, der erbarmungsloseste und der unberechenbarste aller

Wendels. Jeder Wendel lebte in tödlicher Furcht vor ihm, und doch konnte er auf eine seltsame Loyalität zählen, eine Loyalität, geboren aus der Bedrohung, die die gesamte Gemeinschaft umgab.

Poch schaute zu Napoleon, um einen Hinweis aufzuschnappen, was jetzt geschehen würde, aber Napoleon konnte nur rasch die Augenbrauen hochziehen und wieder senken, um anzudeuten, daß sie alle warten mußten, was Eisenkopf tun würde. Immer noch sagte der Führer der Wendels nichts.

Alles, was sich im Boot befunden hatte, wurde nun herbeigebracht und vor der Reihe der Gefangenen ausgelegt; während sie warteten, setzte Poch sein Studium des Wendel-Anführers fort. Seine Augen waren wie die undurchdringlichen Riffelglasscheiben von Toilettenfenstern – kein Glanz, kein Glitzern, immer noch keine Bewegung; es war unheimlich. Das Gesicht hatte etwas Gummiartiges und schien, beleuchtet von den Hunderten von Taschenlampen, grau- und dunkelgrünfleckig. Die Nase war wie eine falsche Plastiknase, mit der er zu nahe ans Feuer gekommen war und die geschmolzen war. Eine üble Nase, eine gefährliche Nase, eine Nase, die Verrat und Täuschung selbst da noch riechen konnte, wo sie gar nicht existierten. Auf dem Kopf trug er einen aus einzelnen Segmenten zusammengenieteten Kupferhelm mit einem besonderen Ansatz, der zwischen den Augen herabführte und seine Nase schützen oder verdecken sollte, die allerdings zu groß war, als daß er sie hätte verbergen können. Sein Körper war klein und drahtig, wie der anderer Borribles, und er trug warme, wollgefütterte Gummistiefel und eine mit Goldfarbe angestrichene Plastikjacke.

Sein Kopf bewegte sich endlich, und die Augen

bewegten sich mit, als verfügten sie über keine eigene Regung. Er sah die Reihe der Abenteurer entlang und betrachtete ihre Habseligkeiten, dann hielt der Kopf wieder still. Napoleon fuhr fort, seine Geschichte in Eisenkopfs Ohr zu haspeln, deutete auf einen nach dem andern von den Gefährten, nannte ihre Namen und berichtete, welche Ausrüstung sie dabeihatten. Eisenkopf begann zu nicken, während die Geschichte erzählt wurde.

Was für Macht der hat, dachte Poch und sah sich in der großen Halle um. Jetzt mußten Hunderte von den Wandsworth-Borribles in der Kaverne versammelt sein, und obwohl sie sich leise unterhielten, war nichts von der fröhlichen Anarchie zu spüren, die man bei den Hauptversammlungen der Borrible-Stämme erwarten würde, die ihm bekannt waren.

»Sind die bei dir eigentlich auch so?« fragte er Chaline, die neben ihm stand.

»Aber ganz und gar nicht«, gab sie zur Antwort. »Gespenstisch, nicht wahr?«

Es erstaunte Poch zutiefst, wie Eisenkopf diese Macht hatte an sich ziehen können. Eine Borrible-Gemeinschaft hat in der Regel kaum eine Organisation über die des Hauses oder, wenn es hochkommt – und auch nur in Notfällen –, die der Straße hinaus.

Pochs Gedanken wurden unterbrochen, als Eisenkopf langsam die linke Hand hob, was alle Unterhaltungen in der großen Halle sofort verstummen ließ. Jeder Borrible mußte zumindest mit einem Auge Eisenkopf beobachtet haben, jeder mit Ausnahme von Bingo und Adolf, die völlig darin versunken waren, sich gegenseitig mit Geschichten aufzumuntern, was sie mit den Wendels anstellen würden, wenn sie nur Gelegenheit dazu hätten.

»Jawohl«, dröhnte Adolfs Stimme durch die schweigende Halle, »mit diesem Halpfund angefangen, werde ich's ihnen besorgen.«

»Und ich kümmere mich um den Eisenkürbis dort, nur für den Anfang«, schrie Bingo, und hielt inne, als ihm klar wurde, daß etwa zweihundert Ohren ihn gehört hatten, daß hundert Taschenlampen nun auf ihn gerichtet waren und daß zweihundert Augen ihn gesehen hatten und sich seiner erinnern würden. Schlimmer noch, die leeren Augen von Eisenkopf selbst ruhten auf Bingo wie die schwere Hand des Todes.

Eisenkopf wartete, und die Halle wurde stiller und stiller, und mit jedem bißchen Stille mehr wurde es schwieriger zu atmen. Dann sprach er, und als seine Stimme hörbar wurde, kam sie wie ein Schock. Es war eine freundliche Stimme, warm und sympathisch, wie ein netter Onkel, der sich nach der Gesundheit seines Lieblingsneffen erkundigt. Sein Mund lächelte, aber kein anderer Zug seines Gesichts hatte an diesem Lächeln Teil; seine Gedanken waren woanders, vielleicht überlegte er sich, wie man der Gesundheit schaden könnte, die eben Gegenstand seiner Frage gewesen war. Er sprach zu der Reihe der Abenteurer.

»Willkommen, meine Freunde«, sagte er und schaute dabei, als wünschte er Adolf und Bingo sechs Fuß tief in den Schlamm des Wandle. »Willkommen in Wandsworth. Ihr müßt uns verzeihen, ihr Borriblefreunde, wenn wir so … defensiv erscheinen. Ihr lebt weit entfernt von diesen wilden Grenzen, während wir ständig unter der Drohung des Rumbelreiches und seiner gierigen Bewohner leben müssen. Es wäre so einfach für sie, versteht ihr, die Hügel herab und durch Southfields in diesen Distrikt zu kommen, in einer großen Angriffswelle, hierher, wo wir ... ein ärmliches Leben fristen. Mag der Himmel wissen, warum ihnen der Sinn nach dem steht, was wir haben, aber die Gier ist eben etwas Entsetzliches, und obwohl die Rumbels uns reich jenseits unsrer kühnsten Träume erscheinen, finden wir sie überall, und sie nehmen sich mehr und mehr. Ihr habt nur einen Rumbel an eurer Grenze gefangen, und doch habt ihr sofort aus ganz London eine Elitetruppe zusammengestellt, um sie zu bestrafen. Bedenkt, wieviel mehr wir die Notwendigkeit empfinden, uns zu verteidigen, wo wir Tausende von Rumbelkriegern vor unserer Türe haben. Aber laßt uns die Mißlichkeiten vergessen, die eure Ankunft bereitet hat. Nun, da wir genau wissen, wer ihr seid und wohin ihr geht, steht unsere gemeinsame Sache fest. Euer Feind ist unser Feind, euer Kampf unser Kampf.«

Er räusperte sich, dachte einen Moment nach und fuhr dann fort: »Napoleon, ein Krieger, der unser Vertrauen ebenso wie unsere Zuneigung besitzt, hat mir von euch erzählt und wer ihr seid und was ihr zu tun beabsichtigt, wenn ihr das Rumbelreich erreicht. Es ist ein guter, wenn auch gefährlicher Plan, und wir hoffen, daß er euch gelingt. Zunächst werden unsere Krieger sich um euch kümmern. Schlaft wohl, und morgen wird Tron euch euren Weg zur Merton Road zeigen; dort verlaßt ihr unser Territorium. Auch sollt ihr gut essen. Wir werden unser Bestes auftischen.«

Poch trat vor, verneigte sich tief und erhob dann seinen Blick und sah direkt in die kalten Augen. »Was«, fragte er und ließ seine Stimme gleichmäßig und erfahren klingen, »geschieht mit unserem Boot? Wir werden es für die Rückfahrt brauchen.«

Ein Lächeln lag eine Sekunde auf Eisenkopfs

Gesicht und starb. »Wir werden euer Boot so sorgfältig bewachen, als wäre es unser Eigentum. Schließlich werdet ihr es benötigen, um eure Beute zu transportieren.«

»Wenn es da überhaupt welche gibt«, erwiderte Poch. »Kannst du uns bei unserer Rückkehr eine ungehinderte Passage den Wandle hinab garantieren, bis wir wieder sicher auf der Themse angelangt sind?«

»Meine eigene Leibwache soll mit euch gehen, bis ihr abreist, und soll euch zur Verfügung stehen, wenn ihr zurückkommt. Das zeigt euch, wie wichtig es für uns ist, daß eure Mission gelingt, und wird zeigen, wie dankbar wir sein werden, wenn das geschieht. Das nächste Mal kennen wir euch, und euer Willkommen wird etwas... liebenswürdiger sein. Für jetzt wird Tron euch alle zu einem behaglichen Raum bringen, den wir vorbereitet haben.«

Eisenkopf machte eine Handbewegung, und Tron und Halpfund traten vor und bedeuteten den Abenteurern, ihnen zu folgen. Nachdem sie sich gegen das Podium verbeugt hatten, drehten sie sich um und gingen ihren Führern hinterher durch die große Halle. Die Masse der Wendels wich zurück und machte ihnen Platz, als ob sie fürchteten, ihre Körper zu berühren, aber sie schauten ihre Vettern neugierig an, denn es war selten, daß sie Borribles aus einem anderen Bezirk trafen.

Poch folgte den anderen nicht sofort. Er trat dichter an die Plattform heran und schaute wieder zu Eisenkopf hinauf.

»Kommt Napoleon mit uns, oder bleibt er hier bei dir?« fragte er den Häuptling.

Der Führer der Wendels lächelte wie ein Grabstein. »Am besten bleibt er bei euch, denke ich, dann könnt ihr am Morgen zusammen weiterziehen. Er hat mir alles erzählt, was ich wissen möchte, vor allem dich betreffend, Poch. Ich glaube, das Abenteuer könnte gelingen, mit dir an der Spitze.«

»Ich bin nicht der Anführer des Abenteuers, Eisenkopf«, protestierte Poch und sah Napoleon ärgerlich an.

»Ich weiß«, sagte Eisenkopf wegwerfend, »du bist ein – wie war das? – Geschichtsschreiber. Wir alle wissen, wie man die Regeln dehnen kann, besonders dieser Zoff. Nun, was immer du bist, ich hoffe, du kommst an dein Ziel. Ich bitte nur um eines, und ich möchte, daß du das versprichst – daß ihr zurückkommt zu uns und all die Einzelheiten und Gefahren eurer Expedition und eurer Abenteuer erzählt. Eines der wenigen Vergnügen, das ich habe, ist es, den Geschichten von denen zuzuhören, die ausgezogen sind, um sich ihre Namen zu verdienen. Ich will hören, wie es euch ergangen ist, einschließlich des Napoleon hier; einen schönen Namen wird er haben.«

»Das wird nur eine kleine Gegengabe sein, gemessen an der Gastlichkeit, die wir von deinen Händen empfangen haben«, sagte Poch höflich, obwohl er innerlich durch Eisenkopfs Gebaren zutiefst beunruhigt war. Er wußte von Zoff, daß der Wendelführer im Ruf der Gemeinheit und des raffinierten Verrats stand. Aber im Augenblick war das einzige, was Poch tun konnte, sich so zu stellen, als glaubte er alles, was man ihm sagte. Poch schaute zu Napoleon. Er war auch ein Wendel, und wenn es zu einer Krise kam, dann würde er zu den Wendels stehen und mit ihnen kämpfen, das war nur natürlich. Man durfte ihm keine Geheimnisse anvertrauen; diese Geheimnisse würden Eisenkopf zu Ohren kommen, und wenn die Geheimnisse wertvoll waren, dann war Pochs Leben und das der anderen keine Handvoll Wandleschlamm mehr wert.

Eisenkopf stand auf, bereit zu gehen. »Zu liebenswürdig«, sagte er und hob dann ohne ein weiteres Wort die Hand, und die Wendels begannen, die Halle zu verlassen. Eisenkopfs Leibwache versammelte sich hinter der Plattform, und der Führer ging die Stufen hinunter und verschwand zwischen seinen Leuten. Die Leibwache bestand aus gutbewaffneten und erfahrenen Wendel-Kämpfern, etwa fünfzig an der Zahl. Es würde beinahe unmöglich sein, an den Führer ohne ihre Komplizenschaft heranzukommen, und wahrscheinlich waren sie ihm bis auf den letzten Mann ergeben. Napoleon sah zu, wie sein Führer verschwand, und kam dann an den vorderen Rand der Plattform, von wo er herabsprang und sich neben Poch stellte.

»Das ist ein großer Borrible«, sagte er verächtlich, »kein kleiner Zoff im Morgenmantel, sondern ein Krieger, der denkt und plant und Sachen weiß. Er sieht, was du denkst, sobald es dir auch nur in den Sinn kommt.«

»Zoff ist auf seine Art genauso listig und so schlau«, sagte Poch. »Komm, laß uns jetzt zu den anderen gehen, ich sterbe vor Hunger.«

Napoleon zuckte die Achseln und wandte sich ab, um durch die Halle voranzugehen, die sich nun beinahe geleert hatte. »Sie hätten ein halbes Dutzend von uns auf diese Expedition schicken sollen«, sagte er. »Wir hätten's leicht geschafft.«

»Du magst denken, daß die Wendels besser als alle anderen sind, aber wir sind der Ansicht, daß wir auch nicht so schlecht sind.« Poch sprach ohne besondere

Betonung, um eine Auseinandersetzung mit Napoleon zu vermeiden.

Napoleon holte tief Luft, als ob er eine zornige Rede beginnen wollte, aber er hielt inne, als wäre ihm etwas eingefallen. Halb lächelte er. »Ja«, sagte er schließlich, »wir müssen einfach mit dem durchkommen, was wir haben.«

Sie rannten einen trockenen Tunnel entlang und hatten bald ihre Gefährten erreicht, die von Tron, Halpfund und etwa zwanzig anderen bewaffneten Wendels eskortiert wurden. Nach einer Weile wurden sie in einen gutausgestatteten und bequem eingerichteten Raum geführt, der nach Borrible-Maßstäben geradezu luxuriös war, mit Teppichen auf dem Boden, einigen Sesseln und einer Fülle von Kissen und Dekken, um sich darauf auszuruhen und zu schlafen.

Die Rucksäcke wurden hereingebracht, und die Wachen eilten davon, nur Tron und Halpfund blieben einen Augenblick an der Türe stehen und sahen den Abenteurern zu, die sich auf den Boden fallenließen, um auszuruhen. Dann gingen auch sie und schlossen die Tür hinter sich ab.

Orococco stand schnell auf. »Sie haben die Tür abgeschlossen«, sagte er ärgerlich und schaute Napoleon an.

»Jawohlja«, sagte Bingo, »was soll denn das heißen? Kannst du mir das erklären?«

»Das geht in Ordnung«, sagte Napoleon, »ich … hab Eisenkopf gesagt, er soll das doch machen, damit wir ungestört essen und schlafen können.«

»Hier könnten wir glatt drin ertrinken, wenn die Flut kommt«, sagte Vulgo. »Paßt mir gar nicht. Wir Borribles hassen es, wenn wir irgendwo eingeschlossen sind.«

»Du hast vielleicht Nerven«, verteidigte sich Napoleon. »Mensch, das hier gehört zu Eisenkopfs privaten Zimmern.«

»Traut uns ja nicht sehr weit, was?« sagte Vulgo, der im Zimmer auf- und abging. »Läßt uns nirgendwo hin und sperrt uns für die Nacht ein. Ich hasse es einfach, wenn ich eingesperrt bin. Schlimmer hier als im Gefängnis, unter der Erde, mir wird ganz schlecht.«

»Das Ganze ist richtig unnatürlich«, fuhr Bingo fort. »Diese ganze Verbeugerei und Stiefelleckerei vor Eisenkopf, ein Borrible verbeugt sich vor überhaupt niemand. Euer Verein hier kommt mir nicht besonders borriblemäßig vor.«

»Willst du vielleicht sagen, ich bin kein Borrible?« schrie Napoleon wütend und zog seine Mütze vom Kopf und zeigte auf seine Ohren.

»Wir wissen noch nicht Bescheid mit dir«, warf Poch leise ein.

»Und *wir* wissen noch nicht Bescheid mit *dir*!« gab Napoleon zurück und starrte den Späher von Battersea an.

»Wie kommt ein Typ wie Eisenkopf zu all der Macht?« fragte Orococco. »Das würde mich interessieren.«

»Weil er gesehen hat, was getan werden muß, und weil er's getan hat, weil er zäher und schlauer ist als sonst irgendeiner«, antwortete Napoleon wild. »Ihr seid jetzt nicht daheim! Wir haben diese Fahrt begonnen, um die Rumbels fertigzumachen, nicht um auf Urlaub zu gehen. Warum eßt ihr nicht was und schlaft euch aus. Das mach ich wenigstens.« Und damit begann er sich zu bedienen, denn es stand im Zimmer reichlich zu essen überall herum, und ließ sich in dieser Nacht auf kein Gespräch mehr ein.

Die anderen schimpften vor sich hin, aber da sie genauso hungrig und müde waren wie Napoleon, langten sie bei dem vorzüglichen Essen zu, suchten sich ein paar Kissen und Decken aus und waren bald eingeschlafen.

Sie schliefen lang und tief und erwachten erst spät. Man brachte ihnen wieder zu essen und zu trinken, und als sie abmarschbereit waren, klopfte es laut an die Tür, die aufgerissen wurde. In der Türöffnung und in dem hohen Gang hinter der Tür stand eine dichtgedrängte Gruppe von etwa dreißig Wendels: die Elite der Wachmannschaft, mit Taschenlampen ausgerüstet, bewaffnet und für einen Vorstoß auf das Gebiet außerhalb der unterirdischen Höhlen gekleidet. Jeder trug einen Rumbelspeer und eine Schleuder und hatte Munitionsriemen um die Schultern geschlungen. Die Abteilung wurde wiederum von Tron und Halpfund angeführt.

»Kommt«, rief Tron in den Raum, »wir sollen euch zum King George's Park bringen, dann habt ihr nur noch ein kleines Stück, bevor ihr die Merton Road überquert und unser Territorium verlaßt.«

Die Abenteurer kontrollierten ihre Schleudern und Steine, traten auf den Gang und stellten sich beieinander auf. Die Wendelwache schloß dicht auf, und die ganze Gruppe schritt den Tunnel hinunter, ihren Schritten mit den Lichtkreisen der Taschenlampen vorausleuchtend.

Nach raschem Marsch erreichten sie die große Halle, wo sie Eisenkopf getroffen hatten. Das kleine Podium stand immer noch da, war aber nicht besetzt; kein Wendel war zu sehen. Sie durchquerten die Halle und betraten einen Tunnel, der bald in den Lauf des

Wandle mündete, und sie folgten dem Treidelpfad am Rand. Sie trafen niemand, und Tron erklärte ihnen die Lage.

»Vergeßt nicht, daß es jetzt Nacht ist, etwa vier Uhr morgens, oben, und die Nachtstehler sind noch nicht von ihrer Arbeit zurück, und die Tagstehler schlafen noch. Die Tagesschicht zieht sich wie die anderen Borribles an, als normale Kinder. Wir haben ständige Posten die ganze Merton Road entlang; da beginnt das Niemandsland. Es gibt ein System, um rasch Botschaften hierher zurückzuschicken, obwohl wir nach und nach genügend Teile klauen, um uns ein eigenes Frühwarnsystem mit Funkgeräten zu bauen. Wir holen sie aus alten Taxis.«

Die Abenteurer mußten sich selbst eingestehen, daß die Wendels an diesem Morgen einen viel freundlicheren Eindruck machten. Sogar Halpfund sagte, es täte ihm leid, daß er und Adolf sich bei ihrem ersten Treffen so mißverstanden hätten, und hoffte, sie würden in Zukunft gute Freunde sein.

»Komm sicher zurück, daß du mir die Geschichte deiner Abenteuer erzählen kannst«, mahnte er den Deutschen fürsorglich.

»Das werde ich, Halpfund«, brummte Adolf spöttisch, »das werde ich.«

Plötzlich hielt die Truppe auf ein Kommando von Tron hin an. Sie waren ans Ende des unterirdischen Laufes des Wandle gekommen. Alle Lampen wurden gelöscht, und die Krieger standen bewegungslos im Dunkeln und warteten geduldig, bis ihre Augen sich an das fast lichtlose Dämmer gewöhnt hatten. Erst dann gab Tron ein Zeichen, und einer seiner Späher glitt lautlos aus dem Tunnel, langsam durch den Schlamm und das Wasser watend.

Draußen angelangt, pfiff er leise; ein Pfiff des Wachtpostens antwortete ihm. Wieder hob Tron die Hand, und zwei weitere Leibwächter gingen in den Fluß hinaus. Tron wiederholte dies mehrere Male, bis die Hälfte seiner Truppe verschwunden war. Dann erschien der erste Wendel wieder und versicherte Tron und Halpfund, daß alles in Ordnung sei. Wachen hatten sich den Wandle hinab verteilt und hatten nichts Verdächtiges bemerkt; die Morgendämmerung würde noch etwas auf sich warten lassen, und sie würden ihre Borribles zum King George's Park bringen und wieder im Untergrund zurück sein können, bevor es heller Tag wäre, und die Leute zur Arbeit gingen.

Tron winkte die Abenteurer hinaus, und einer nach dem anderen glitten sie das steile, schlüpfrige Ufer hinunter, bis sie bis zu den Hüften in klebrigem Schlick standen. Sie schritten steif davon, geschützt in ihren Gummistiefeln, aber den entsetzlichen Gerüchen des Schlamms ausgeliefert, die in sichtbaren Wolken aufstiegen, während sie Beine und Füße vorwärts schoben. Sie mußten jedoch nicht weit waten. Sobald sie den Tunnelausgang hinter sich hatten, zogen die Wachen sie auf einen schmalen Pfad hinauf, der östlich des Flusses verlief, und wo die Eskorte sie erwartete.

»Und wie gefällt dir Wandsworth, Freund Adolf?« fragte Halpfund, als er den Deutschen aufs Ufer zog. Adolf spuckte in den schmutzigen Fluß. »Na, es stinkt genausosehr wie Hamburg, ich komm mir wie zu Hause vor«, sagte er und grinste.

Die Truppe formierte sich wieder, die halbe Leibwache vorneweg mit ein oder zwei angeschalteten Taschenlampen, um den Weg zu zeigen, die Abenteurer in der Mitte, der Rest der Leibwache dahinter. Tron gab das Kommando, und sie schritten in ordentlichen Reihen aus. Die Wendels sangen eifrig während des Marsches, ein schnelles, rhythmisches Kampflied, das sie am liebsten hatten:

»Wir sind die Wendels! Wir sind ganz groß!
Wir siegen! Die andren verlieren bloß!
Wir sind zäh und hart, wir sind hundsgemein,
Wir sind die Elite vom ganzen Verein!
  Schüttelt nur eure Rumbelspeere!
  Kommt uns mit all euren Tricks in die Quere!
  Niemand kann uns je unterkriegen,
  Niemand wird uns hier je besiegen,
Ein falsches Wort, und es geht los!
Wir sind die Wendels! Wir sind ganz groß!

Wir sind hier unten im Dreck daheim,
Und uns gefällt es im Schlick und im Schleim!
Der Gestank der Kloaken, der tut uns gut!
Der Schmutz der Kanäle, der geht uns ins Blut!
  Ihr wollt richtige Borribles sein?
  Ach was, für uns Wendels seid ihr *so* klein!
  Wir sind die echten: scharf, unerbittlich,
  Stinkend und schwarz und unappetitlich!
Ein falsches Wort, und es geht los!
Wir sind die Wendels! Wir sind ganz groß!«

Napoleon sang energisch mit und zeigte seinen Gefährten, daß er den Text kannte und überhaupt jedem gewöhnlichen Borrible weit überlegen war.

Sie waren auf der Südseite der Wandsworth High Street aus der unterirdischen Festung hervorgekommen, Tron und die anderen führten sie nun in raschem Schritt nach Südwesten. Der Himmel wurde heller, und die Taschenlampen wurden ausgeknipst, als das Tageslicht nach und nach den Reisenden zeigte, wohin sie ihre Füße setzen mußten. Sie waren noch nicht lange gegangen, als die grünen Rasenflächen in Sichtweite kamen. Tron hob die rechte Hand, und die Marschgruppe hielt.

»Was läuft?« fragte Bingo Napoleon, der direkt vor ihm stand.

»Warten wir's ab«, sagte Napoleon. »Die wissen, was sie tun, ist ihr Revier hier, ist doch klar.«

»Will froh sein, wenn wir hier weg sind und wieder unter uns«, flüsterte Vulgo, der klein war, aber Wert auf seine Unabhängigkeit legte.

Wie als Antwort auf ihre Ungeduld kam Tron die Marschkolonne entlang zu ihnen nach hinten und sagte: »Wir müssen hier über den Fluß. Aber es gibt da geheime Trittsteine, direkt unter der Wasseroberfläche, also solltet ihr nicht mal naß werden. Halpfund wird vorgehen und euch zeigen, wo sie sind. Ich muß zurück unter die Erde, ehe es heller wird. Wir sind hier zu auffällig, nicht wie auf der Straße.«

Halpfund stieg von dem Treidelpfad hinunter und stocherte mit seinem Speer, bis er unter dem Schlamm die Trittsteine gefunden hatte. Er wußte genau, wo sie lagen, wollte aber ihre Position für die Abenteurer eindeutig bezeichnen. Jeder von ihnen bekam einen Speer von einem Angehörigen der Leibwache geliehen, und sie folgten Halpfund über die weite Fläche des Schlamms mit seiner harten Oberfläche und seinem weichen Untergrund. Schließlich ging der Schlamm in schleimiges Wasser über, und auch das durchquerten sie, bis sie an das Gatter des Parks kamen. Hier hatte Halpfund sich an einen Gitterstab angebunden und lehnte sich nun weit vor, um jeden der Expeditionsteilnehmer heraufzuziehen, wenn er oder sie ankam.

Niemand rutschte auf den unter dem Wasser wartenden Steinen aus, und bald gesellte sich Tron wieder zu ihnen, um ihnen Instruktionen für den nächsten Abschnitt ihrer Reise zu geben. Die Leibwache war auf dem Ostufer zurückgeblieben und wartete, auf dem Boden kauernd, gehorsam auf die Rückkehr ihrer Anführer.

»Gut!« sagte Tron, sobald er zwischen ihnen stand. »Jetzt müssen wir euch verlassen. Der nächste Teil eurer Reise wird einfach. Wir haben während der Nacht Botschaften ausgeschickt, und unsere Späher wissen, daß ihr hier durchkommt. Ihr werdet sie nicht sehen, aber sie euch, weil sie aber wissen, wie ihr ausseht und wie viele ihr seid, werden sie euch in Ruhe lassen, solange ihr euch an die Route haltet. Wenn ihr davon abweicht, übernehmen wir keine Verantwortung für die Folgen. Ihr geht jetzt dem Fluß durch den Park hindurch nach, bis ihr zum Ende der Wiesen kommt. Da geht der Fluß unter eine Brücke. Über euch ist eine Straße, Mapleton Road. Die führt euch nach Westen, durch ein anderes Stückchen Park, am Musikpavillon vorbei, und am Ende der Mapleton Road biegt ihr in die Longstaff Road ein, dann am Ende rechts, dann links, dann rechts. Dann seid ihr in der Merton Road, da endet unser Einfluß, und wir haben keine Möglichkeit mehr, euch zu helfen. Geht nach Süden auf der Merton Road, bis ihr zur Replingham Road kommt. Da haben wir unseren äußersten Vorposten in einer Schule. Nehmt die Straße nach Westen, bis ihr nach Southfields kommt, das liegt unter dem großen Hügel, den ihr hochsteigen müßt, um zum

Rumbelreich zu kommen. Sobald ihr unseren Vorposten passiert habt, warten viele Gefahren auf euch. Nach Southfields wird hinter jedem Baum ein Rumbelspäher sitzen. Ihr müßt euch irgendwas überlegen, damit ihr unbemerkt durch ihre Linien kommt, oder ihr kommt nie lebend zum Rumbelreich, oder erreicht gar euer Ziel. Ich wünsche euch Erfolg, und daß ihr euch einen guten Namen verdient und… laßt euch nicht erwischen.«

Mit diesen Worten verließen Tron und Halpfund die Abenteurer und nahmen die überzähligen Rumbelspeere und die Gummistiefel mit. Sie sprangen ohne Zögern über den Wandle, flitzten über den Flußschlamm hinweg wie über das feste Pflaster der Wandsworth High Street. Auf der anderen Seite scharten sie die Leibwache um sich, und mit einem letzten Winken rannten sie im Trab davon, zurück in die Sicherheit ihrer Untergrundfestung.

Als sie verschwunden waren, klopfte Vulgo freundlich auf Napoleons Schulter. »Jetzt sind die Spielkameraden wieder weg, mußt dich wieder mit uns abfinden, hm?«

Napoleon schaute traurig. »Ist ein guter Borrible, der Tron«, sagte er, »und er hat uns gute Ratschläge gegeben.«

Torricanyon schulterte seinen Rucksack und blickte über den verlassenen Park. »Na, liebe Gemeinde, ich glaube, wir packen's möglichst rasch und gehen, soweit wir können, bevor hier zu viele Leute übereinander stolpern.« Und ohne ein weiteres Wort zogen die zehn Abenteurer durch die grüne Stille davon, bepackt mit ihrer Ausrüstung.

Unter Napoleons Führung und mit ihren Stadtplänen blieben sie exakt auf der Route, die Tron genannt hatte, und sie führte, wie er gesagt hatte, zur Merton Road. Es war eine geschäftige und geräuschvolle Straße, mit vorbeizischenden Autos und Erwachsenen, die, den Blick nach unten gerichtet, vorüberhasteten. Andere standen in den Schlangen der Bushaltestellen, von einem Fuß auf den anderen tretend, oder hilflos den Bussen hinterherstarrend, mit denen sie nicht mehr mitgekommen waren.

Als die Borribles zur Replingham Road gekommen waren, schlossen sie sich zusammen und überquerten in einer Gruppe die Straße, dem dichten Verkehr ausweichend. An einer Ecke stand eine große, fünfstökkige Oberschule. Viele Schüler standen in Grüppchen vor dem Eingangstor herum und warteten auf das Klingeln zur ersten Stunde. Dicht neben einer solchen Gruppe standen zwei Wendels, verkleidet in der Schuluniform. Napoleon ging zu ihnen und fragte: »Borribles?« Sie nickten und warteten, bis die anderen des Zuges herangekommen waren; bevor sie sprachen, entfernten sie sich ein Stück von den Schulkindern.

»Wir sind der letzte Vorposten. Wenn ihr uns verlaßt, seid ihr auf euch selbst angewiesen. Ihr geht direkt hier rauf. Seht ihr die Kurve da? Der müßt ihr folgen. Es ist ein langer Weg, sagen sie, einsam, eine Art Niemandsland. Keine Borribles, keine Rumbels ... soweit wir wissen. Die Sache sieht dann anders aus, wenn ihr nach Southfields kommt und eine weite zugige Strecke durch die Augustus Road geht, die steigt dann rasch an, steil, sehr steil. Dann wieder Bäume und ein Haufen klotzige Häuser. Da oben haben sich einige Wendels ihre Namen verdient. Die Geschichten sagen, es gibt keine Läden, ihr werdet euch also nicht von dem ernähren können, was das Land bietet, und in jedem Garten hockt wahrscheinlich eine Rumbelpatrouille. Ich hab keine Ahnung, wie ihr da durchwollt, ohne daß man euch erkennt und schnappt – aber das ist euer Problem, nicht wahr?«

Die beiden Wendelspäher sahen sich an, als ob sie sagen wollten, daß niemand sie auf eine so idiotisch tollkühne Mission kriegen würde. Es war mutig genug von ihnen, an diesem Ort zu wachen, wo sie jeden Augenblick erwischt werden konnten.

Die Abenteurer dankten ihnen und schritten weiter; es wurde ihnen klar, daß ihr Abenteuer vielleicht sehr viel verzweifelter war, als sie es sich zuerst vorgestellt hatten, und daß viele Gefahren zwischen ihnen und ihrem Ziel lagen.

Jetzt, dachte Poch, beginnt das Abenteuer wirklich, mit Gefahren überall, und es wird lange, lange dauern, bis wir wieder in Wandsworth in Sicherheit sind.

6

Wie die beiden Wendelspäher angedeutet hatten, war der Weg die steile Replingham Road hinauf zeitraubend und ermüdend. Die Häuser sahen unbewohnt und gelangweilt aus, und es waren kaum irgendwelche Bewegungen von Erwachsenen zu beobachten. Es war nach halb zehn Uhr morgens, und die Kinder waren in der Schule, die Eltern bei der Arbeit. Dies war der erste Marsch bei Tageslicht auf dieser Expedition, und die Borribles blieben dicht beisammen, bereit, davonzulaufen, sich zu verstecken, zu kämpfen. Ihre Augen fuhren nervös nach links und rechts; die Schleudern hatten sie in den Taschen umklammert, und die Steine hielten sie zum Schuß bereit.

Sie trotteten weiter, hinauf zu den Vorhügeln des Rumbelreiches; ihre Rucksäcke wurden schwerer und schwerer bei jedem Schritt. Gelegentlich öffnete sich eine Tür in der toten Fassade eines Hauses, und eine Frau kam heraus, um einen Fußabstreifer auszuschütteln oder die Treppenstufen zu putzen. Manchmal eilte ein Mann vorbei, der sich zur Arbeit verspätet hatte oder etwas Besonderes erledigen mußte, und der drehte sich dann um und schaute der seltsamen Gruppe entschlossen dreinblickender Kinder mit Rucksäcken, Schleudern und Wollmützen nach. Aber obwohl der Anblick ihn befremdete, war der Mann dann doch zu spät dran und zu beschäftigt, über diesen bizarren Vorfall nachzudenken, und eilte weiter.

Der stetige Trott ihres Marsches wurde unterbrochen, als ein Auto, das dicht am Gehsteig entlangfuhr, sie überholte und fünfzig Meter weiter mit quietschenden Bremsen hielt. Ein Polizist, stämmig gebaut, in blauer Uniform, sprang aus dem Wagen und pflanzte sich mitten auf den Gehsteig, Arme und Beine gespreizt, als gehöre ihm die Straße, und die Vorgärten, die Häuser und die ganze Welt drumherum. Sein Gesicht war rot und strahlte vor Vergnügen.

»Mensch Meier, ein Bulle in einem Zivilauto auf Tarnstreife«, sagte Bingo, der sich in der Polizeiterminologie auskannte, weil er unter einem Gefängnis wohnte. »Hinter uns ist dann bestimmt noch einer.«

Über die Schulter schauend sahen die Borribles einen anderen Wagen, der hundert Meter hinter ihnen parkte, und ein zweiter Polizist stieg aus, übers ganze Gesicht grinsend.

»Verdammt«, fluchte Adolf, »wir hauen besser ab.«

Zu ihrer Linken öffnete sich eine der von der Replingham Road abführenden Nebenstraßen; sie hieß Engadine Street, und die Borribles sollten diesen Namen nie vergessen. Langsam, ihre Schleudern spannend, zogen sich die Abenteurer rückwärts in die Straße zurück. Sobald sie um die Ecke waren, rannten sie los und liefen, so schnell sie konnten, etwa zwanzig oder dreißig Meter weiter.

»Bingo«, rief Poch, »du kennst dich mit den Bullen aus, du übernimmst besser das Kommando.«

Die beiden Polizisten erschienen an der Ecke und blieben einen Augenblick stehen. Sie winkten den ersten Wagen heran, der andere schoß hügelan davon.

Bingo sagte: »Der zweite Wagen fährt jetzt um den Block und riegelt die Straße ab. Ich nehme an, die wissen, daß wir Borribles sind, nicht bloß Normale. Das hier gibt einen Kampf, und selbst dann haben wir eine gute Chance, daß sie uns schnappen.«

»Oh, ich bin froh, daß das passiert ist«, grinste Stonkus und spannte prüfend seine Schleuder. »Die Lauferei wird rasch langweilig, wenn nichts dazwischenkommt.«

»Vorsicht«, sagte Bingo, »da kommen sie. Tut so, als ob ihr weglauft, verteilt euch über die Straße. Wenn ich das Kommando gebe, umdrehen und schießen. Die links von mir nehmen den linken Bullen aufs Korn, die rechts von mir den rechten. Auf die Knie zielen.«

Die Borribles taten, als ob sie höchst verängstigt wären, und wichen vor den näherkommenden Polizisten zuerst langsam, dann immer schneller zurück, bis sie rannten, so rasch sie konnten – was sehr rasch war. Die Polizisten strengten sich gewaltig an und holten auf, als Bingo mit aller Kraft schrie: »Borrible!«, und die Abenteurer sich in einem Luftsprung umdrehten und mit gespannten Schleudern landeten. Sie schossen, und beide Polizisten fielen, als ob die Beine unter ihnen weggemäht worden wären. Fünf Steine, die mit der Kraft von Gewehrkugeln alle zugleich beim schnellen Lauf auf eine Kniescheibe aufschlagen, wirken wie eine Amputation.

Der Fahrer des Polizeiwagens hatte, vom näheren Ende der Straße aus, den Kampf durch das offene Fenster seines Wagens beobachtet, aber als er sah, wie seine Kollegen sich auf dem Boden wälzten und sich die Knie vor Schmerzen hielten, trat er aufs Gas und fuhr mitten auf der Engadine Street seinen Kameraden zu Hilfe.

Chaline rannte flink in die Deckung eines Vorgartens. Wie der Wagen vorbeikam, schoß sie einen Stein ab, der auf der Kühlerhaube entlangsauste: herrlich berechnet, überzog sich die Windschutzscheibe plötzlich mit einem millionenfachen Netz aus kühlem

Silber, und der Fahrer sah nichts mehr. Er fuhr zu schnell, und um seinen hilflosen Freunden, die noch auf der Straße lagen, auszuweichen, lenkte er zur Seite. Der Wagen, völlig außer Kontrolle, hüpfte über den Gehsteig, verfehlte Stonkus nur knapp und schleuderte Adolf in den Rinnstein. Es gab ein Geräusch zerfetzenden Metalls und splitternden Glases, als das Auto seine Nase in die Backsteinmauer grub, die eine der Häuserfassaden schützte. Der Fahrer, der vorher – unvorsichtigerweise – seinen Sicherheitsgurt gelöst hatte, schoß durch die brüchige Windschutzscheibe wie eine Lokomotive und holte sich am Rest der Mauer eine Gehirnerschütterung.

»Yippiii!« schrie Bingo, und: »Yippiiii!« schrien die anderen, aber Vulgo rief warnend: »Der macht an seinem Walkie-Talkie rum, wir haben gleich ein paar Hundertschaften hier, wenn wir nicht aufpassen.«

Richtig: einer der gelähmten Polizisten hatte ein Gegensprechgerät aus der Uniformjacke gezogen und wollte gerade hineinsprechen.

Die schnellste von allen beim Laden und Schießen war vielleicht Chaline. Ein Stein war ihrer Schleuder entflogen, beinahe, ehe Vulgos Ruf verklungen war. Er schlug gegen das Radio und warf es zu Boden, zerbrochen und nutzlos.

»Wir müssen rasch hier weg«, sagte Bingo und spähte zum entfernteren Ende der Straße hinunter. »Der andere Wagen wird gleich hier sein.«

»Würde mir nichts ausmachen, hierzubleiben und es denen zu zeigen«, sagte Torricanyon. »Hat mir Spaß gemacht. Ich hoffe, die Rumbels fallen auch so einfach um.«

»Es werden Tausende und Tausende von Rumbels sein«, sagte Orococco, »und die werden auf uns zupreschen, als ob sie am Verhungern sind und wir ihr Lieblingsmüsli.«

»Wir brauchen ein Versteck«, sagte Sydney vernünftig. »In zehn Minuten sind die Straßen total mit Recht und Ordnung verstopft.«

Die Gruppe schwieg. Was Sydney gesagt hatte, stimmte, aber wo konnten sie sich verstecken? Alle Häuser in der Engadine Street sahen bewohnt aus, und die Polizei würde bald an jeder Tür klingeln und fragen, ob man die Borribles gesehen hätte.

In diesem Augenblick schlug ihr Glück um.

Sie standen auf dem Gehsteig neben dem zerstörten Wagen und sahen zu, wie die verletzten Polizisten sich fortschleppten, als sie zu ihren Füßen ein leises Geräusch hörten, ein Knirschen, ein Kratzen. Sie drehten sich halb um und schauten den metallenen Deckel eines Kohlenkellers an, der direkt hinter ihnen in den Gehweg eingelassen war: Er bewegte sich. Sie sahen die Straße hinunter: Jedes Haus, das sie sehen konnten, hatte einen ähnlichen Deckel, rund und aus schwerem Eisen. Nützliche Deckel, denn die Kohlenmänner konnten sie wegheben und ihre Zentnersäcke runterkippen und so, ohne Dreck und Kohlenstaub in die Häuser zu tragen, ihre Ware anliefern – aber dieser Deckel drehte sich, von selbst.

»He, he, he«, sagte Vulgo, »was soll das bedeuten, Untergrundbullen?«

Plötzlich hob sich der Kellerdeckel einen Zoll, auf einem menschlichen Kopf balancierend. Er zögerte, dann hob er sich vorsichtig ein Stückchen weiter. Nach einer weiteren Sekunde glitt er auf die Seite, und eine Nase erschien. Es war eine große und krumme Nase, voller Kohlenstaub sowie einem schweren, unten dranhängenden Tautropfen, der aussah, als müßte er sich jeden Moment von der Nase lösen, dies aber nicht tat.

Vulgo bückte sich schnell hinunter. »Was treibst du da für Spielchen, du kleiner Sonnenschein? Hm?«

Eine Stimme drang aus dem Kohlenloch; sie war brüchig und mürrisch, aber die Worte waren freundlich. »Borribles seid ihr doch, oder? Haha, nur Borribles können so mit den Bullen umgehen, ich hab's von meinem Wohnzimmerfenster aus gesehn. Ich bin ein guter Freund der Borribles, immer gewesen. Sie helfen mir, ich helf ihnen. War selber mal einer, klar, bis sie mich geschnappt haben. Schlimme Sache, wenn man älter wird. Ihr wollt euch doch nicht erwischen lassen, oder?«

Vulgo schaute über seine Schulter die anderen an. »Weiß nicht genau, was wir hier aufgetan haben«, sagte er, »aber er kann uns vielleicht aus dem Schlamassel helfen.«

»Beeilung, Beeilung«, sagte Bingo, »ich kann am anderen Ende der Straße den zweiten Wagen sehen, die machen sich bereit.«

»Ihr kommt ruhig mal hier runter, Kollegen«, sagte die Stimme aus dem Kohlenloch, und der Tautropfen zitterte ekstatisch, daß er Gefahr lief, den innigen Kontakt mit der Nase zu verlieren. »Ihr kommt einfach hier runter, ich sag nicht, wo ihr seid, in ein paar Tagen könnt ihr dann weiterziehn, wo ihr hinwollt.«

»Viel Auswahl haben wir nicht«, sagte Torricanyon. »Niemand von uns möchte sich erwischen lassen, mindestens nicht bevor wir zum Rumbelreich kommen und getan haben, was wir tun wollten.«

»Also gut, du da unten«, rief Vulgo, »Platz gemacht, wir kommen runter.« Er schob den Deckel beiseite, bis er auf dem Gehsteig zu liegen kam, und sah, wie ein schmaler Kopf, mit einem dünnen Schopf grauer Haare, in die Dunkelheit zurückwich.

»Gut denn«, sagte Vulgo, »wer will zuerst?«

»Mann, wenn wir hier den ganzen Tag rumstehen und labern, schlafen wir heut nacht schon im Gefängnis, mit gestutzten Ohren«, sagte Orococco, »ich hab keine Angst vor dem Dunkeln.« Und er streifte seinen Rucksack ab, warf ihn in das Loch und zwängte sich dann durch die enge Öffnung.

Die anderen folgten rasch, einer nach dem anderen, bis Poch allein war. Er sah sich um. Der Fahrer war immer noch bewußtlos, und die beiden verletzten Polizisten waren in die Replingham Road gehumpelt, außer Sichtweite. Die Straße war leer, und niemand hatte das Verschwinden der Borrible-Abenteurer beobachtet. Die ganze Schlacht hatte nicht mehr als zwei oder drei Minuten gedauert, und der Unfall hatte noch keine Aufmerksamkeit erregt. Jedoch am anderen Ende der Engadine Street konnte Poch den zweiten Polizeiwagen sehen. Er war immer noch zu weit entfernt, als daß man hätte sehen können, was vor sich ging, aber in Kürze würden die Polizisten angefahren kommen. Er mußte unter die Erde.

Poch ließ sich nach unten rutschen, bis seine Füße einen unter ihm nachgebenden Kohlehaufen berührten. Das Licht von oben wurde kleiner und kleiner, als er den Eisendeckel in seine Halterung zog. Ein klirrendes Dröhnen, als ob sich eine Gruft schlösse, und Poch und die anderen neun Abenteurer waren in völliger Dunkelheit, unter der langen Engadine Street, London S.W. 18, in Sicherheit.

Poch rutschte und balancierte auf dem Kohlehaufen hin und her, dann verlor er das Gleichgewicht, fing sich einen Moment wieder, fiel aber dann nach vorn. Zwei drahtige Erwachsenenarme fingen ihn auf und preßten ihm den Atem aus der Brust. Er wehrte sich, aber die Arme waren zu stark. Er trat und wand sich, konnte sich aber nicht befreien. Heißer Atem glühte ihm ins Gesicht, als sein Angreifer ihn forttrug; der Atem war schwer und stank, und Poch drehte sein Gesicht zur Seite.

Der Atem wurde zu Worten. »Wehr dich doch nicht, mein kleiner Liebling. Wir sind doch auf deiner Seite. O mein kleiner Süßer, du bist doch jetzt in guten Händen, nicht wahr?«

Poch hörte auf zu treten und wartete. Die Stimme, die er nahe an seinem Ohr hörte, war die Stimme, die sie in das Kohlenloch eingeladen hatte; eine schwache Winselstimme mit einem scharfen Krächzen. Poch spürte, wie er in einen anderen Teil des Kellers getragen wurde; nicht eine Sekunde lockerten die starken und sehnigen Hände, die ihn hielten, ihren Griff. Poch gefiel das Ganze überhaupt nicht. Er schob seine Hand rasch nach hinten, um seine Schleuder zu packen, aber seine Hand traf auf eine andere Hand, eine große Erwachsenenhand, die gerade die Schleuder wegzog – und doch hielten ihn immer noch zwei Hände fest. War noch ein zweiter Erwachsener in dem dunklen Keller, oder hatte das Monstrum, das ihn trug, drei Hände? Poch schauderte; wo waren bloß die anderen?

Plötzlich verschob sich der Griff, und Poch wurde am Kragen gepackt und dann grob ins Leere geworfen. Er landete auf einem anderen Körper und hörte Torricanyon schreien: »Aua! Warum macht denn niemand Licht?« In diesem Moment gab es einen klingenden Schlag, als jemand eine Eisentür ins Schloß warf.

Nach einem Augenblick Schweigen wurde ein Licht angeknipst, das eine traurige Szenerie erleuchtete.

Poch blinzelte, auf Händen und Knien; das helle Licht aus der Dunkelheit blendete ihn beinahe völlig. Er schüttelte den Kopf. Er konnte nicht glauben, was er sah. Er und die anderen neun waren in einem großen Käfig gefangen, wie man ihn vielleicht im Zirkus sehen mochte, nur waren die Gitterstäbe hier viel enger beieinander, so dicht, daß nicht einmal ein Borrible hindurchkonnte. Tatsächlich sah der Käfig aus, als wäre er speziell für Borribles angefertigt worden. Außerhalb, in einem großen Kellerraum, standen zwei Männer, einer mittleren Alters, der andere alt. Der alte Mann, eine knochige Kreatur, rieb sich die Hände, grinsend und freudig an seinem Tautropfen schniefend. Der jüngere Mann – Tautröpfchens Sohn – stand da, töricht vor sich hin nickend und ein ungewisses Lächeln lächelnd, als ob er sich in etwas Feuchtes gesetzt hätte und nun nicht genau wüßte, was er unternehmen sollte. Er war ein Idiot, stämmig gebaut; ein Ungeheuer von großer Stärke.

Poch stand auf und schaute seine Gefährten an. Sie standen bewegungslos und starrten den höhnisch grinsenden Alten an. Ihre Gesichter waren weiß vor Haß und Furcht.

»Nein!« rief Sydney und wandte den Kopf weg von diesem schrecklichen Anblick. »Ein Borribleräuber.«

Stonkus packte die Gitterstäbe und versuchte sie mit all seiner Kraft zu schütteln. »Du dreckiger alter Bastard«, brüllte er aus Leibeskräften, »laß uns hier raus! Ich bring dich um! Ich bring dich um!«

Der alte Mann rieb sich nur noch energischer die Hände und schniefte noch glücklicher. Er stieß seinen Sohn mit dem Ellbogen an und nickte so heftig mit dem Kopf, daß es schien, als müsse der Tautropfen seiner Nase auf immer Lebwohl sagen, aber der haftete wie angeklebt, vor- und zurückschwingend und gegen seine Nasenlöcher klatschend.

»Schau dir die kleinen Süßen an«, gluckste er, »zehn herzige kleine Borribles. So einen Fang hab ich mein Lebtag noch nicht gemacht; wir sind reich, Herbie, so reich, daß unser Pferd und unser Wagen gar nicht alle unsere Sächelchen fortbringen können. Oh, mein Gott, ist das nicht himmlisch? Ein bißchen Überredungskunst, und sie arbeiten Tag und Nacht für uns, nicht wahr? Die besten kleinen Einbrecherchen auf der ganzen Welt, was? Herbie?«

Herbies Gesicht veränderte seinen Ausdruck nicht im geringsten, aber er nickte langsam und sagte: »Ja, Papa, ja«, während Gedanken langsam durch sein trübes Gehirn trieben wie vergiftete Fische im Wandle.

»Verdammt noch mal, jetzt sitzen wir aber ganz schön drin«, sagte Bingo. »Ein Borribleräuber, Tautröpfchen und Sohn. Wir können von Glück sagen, wenn wir hier lebend rauskommen, und wenn wir nicht tot sind, dann schnappen sie uns, so sicher, wie das Ei in der Pfanne zischt.«

»Keine Panik«, sagte Poch ruhig, obwohl ihm genauso angstvoll zumute war wie den anderen. »Hat jemand hier eine Schleuder?«

Tautröpfchen gackerte vor Lachen und hieb seinen Sohn so fest auf den Rücken, daß der Kretin ein, zwei Schritte vorwärts taumelte und sein törichtes Lächeln verlor, das jedoch bald zurückkam, leer wie zuvor.

»O nein, mein Liebling, wir haben alle eure Schleudern, diese gefährlichen Dinger, da könnte direkt jemand damit verletzt werden, wie diese armen Wachtmeister da draußen, die sich auf dem Boden wälzen, mit gebrochenem Knie, hm? Und mein Junge, der Herbie, hat auch die Steine alle aufgeräumt, wir bewahren sie gut auf, zerbrecht euch nicht eure kleinen Köpfchen... und die Rucksäcke auch. Ich werd mich schön um euch kümmern, so lang ihr hier seid. Und ihr werdet hübsch lange hiersein, meine lieben Kleinen, und wir werden gute Freunde werden, hmm?«

Napoleons Gesicht war weiß vor Zorn. Er hob die Faust und schüttelte sie zu Tautröpfchen und seinem Sohn hinüber. »Du kannst uns nicht ewig einsperren, du stinkender alter Bock!«

»Nicht ewig, nein, mein Liebling«, pflichtete Tautröpfchen ihm bei, »aber so lange, wie ich lebe, oder wie ihr lebt, oder bis ihr erwischt werdet, meine Lieben«, und er grinste und schlug sich auf den Schenkel, und Herbies Lächeln wurde um eine Winzigkeit breiter.

Sein Entzücken wurde durch ein lautes Klopfen an der Tür im Erdgeschoß unterbrochen. Tautröpfchen schaute hinauf zur Decke. »Komm, Herbie«, sagte er, »wir gehen besser rauf und erzählen diesen netten Plattfüssen, daß wir überhaupt nichts gesehen haben. Wir könnten einen Borrible von einem normalen Kind nicht unterscheiden, hmm?« Und er drehte den Kopf zum Käfig und weidete sich an den eingesperrten Borribles, die verzweifelt die Köpfe hängen ließen.

»Auf geht's, Herbie«, und er nahm seinen Sohn am Kragen und zog ihn fort. »Wir kommen zu diesen lieben Kinderchen zurück, sobald die Bullen fort sind, und du kannst dann ein bißchen überzeugend wirken, wenn sie mit unserem kleinen Plan nicht einverstanden sind, mein Lieber, genauso machen wir's.« Herbies Lächeln verstärkte sich; seine Augen fuhren über die Körper der Borribles wie feuchte Finger, und er folgte seinem Vater willig durch die Tür, die hinter ihm verschlossen wurde.

Die Abenteurer schwiegen; niemand machte einen Vorschlag, weil niemandem auch nur das Geringste einfiel. Es gab keinen Ausweg. Der Käfig war fest gebaut, keiner seiner Stäbe rührte sich. Der Boden war aus Eisen und das Dach des Käfigs ebenso. Selbst, wenn sie dem Käfig entkommen wären – die beiden Türen zum Keller waren verschlossen. Es schien hoffnungslos. Es war hoffnungslos.

»Na, verdammt«, sagte Orococco endlich, »wir sind angeblich die Weltbesten, und kaum sind wir auf der Straße, lassen wir uns von einem Kidnapper kassieren. Das ist das Ende, Mann. Aus, Ende.«

»Was wird er mit uns machen?« fragte Sydney, den Tränen nahe.

»Was sie immer machen«, antwortete Napoleon, wütend über sich selbst und über alle anderen. »Er hält uns gefangen, schlägt uns, oder gibt uns seinem verrückten Sohn, und dann teilt er uns in zwei Teams auf und läßt eines raus, während das andere als Geisel hierbleibt. Und wir müssen für ihn stehlen, Tag für Tag, Nacht für Nacht. Stehlen, nicht zum Essen oder Sachen, die er braucht, sondern Zeug, das er verkaufen kann, für Geld, damit er reicher und reicher wird.«

»Wir müssen in Geschäfte rein, Häuser, Postämter, Banken, was er sich nur ausdenken kann, bloß damit er reich wird«, fügte Bingo hinzu, »und wenn eins von den Diebesteams nicht zurückkommt, na, dann schlägt er die anderen halbtot und zwingt sie, weiterzustehlen, und wenn wir ihm nichts mehr nützen, dann übergibt er uns den Bullen.«

»Also kannst du nicht gewinnen«, sagte Poch und

beschloß die Erklärung für das Mädchen aus Neasden. »Du bleibst für immer hier und klaust für ihn, oder du klaust, bis du erwischt wirst, oder du läufst weg, und deine Kumpel erwischt's. So ist das. Keine Lösung.«

Nach dieser Zusammenfassung ihrer verzweifelten Lage waren die Borribles wieder still. Es bedurfte keiner weiteren Worte, damit ihnen der Ernst ihrer Situation klar war. Borribleräuber waren zwar selten, aber sie waren die gefährlichsten Feinde, denen ein Borrible begegnen konnte. Solche Diebe hatte es im neunzehnten Jahrhundert viele gegeben; sie hatten Borribles von den Straßen, manchmal aus ihren Betten geraubt, und dann gezwungen, für sie zu stehlen, nicht um zu überleben, sondern um reich zu werden. Diese Räuber holten sich manchmal auch normale Kinder, aber sie zogen Borribles vor, weil sie schneller liefen, schlauer waren und vor allem nicht alterten und sich endlos durch schmale Fenster zwängen konnten. In der Gegenwart waren nur einige wenige Borribleräuber bekannt geworden, aber ihre Beschreibung und der Ort, wo sie lebten, war Gemeinwissen aller Borribles, und sie mieden sie immer. Aber in diesem fremden und unbekannten Teil von London, unterhalb des Rumbelreiches, hatte Tautröpfchen sich eingenistet. Er hatte geduldig gewartet, und nun hatte er mit einem Griff mehr Borribles gefangen, als er es sich in seinen kühnsten Träumen hätte wünschen können. Bald würde er reich sein.

»Sieht aus wie das Ende unseres Abenteuers«, sagte Torricanyon schließlich. »Jetzt kommen wir nie zu den Rumbels, und keiner wird je wissen, was mit uns geschehen ist.«

»Gib nicht die Hoffnung auf, *verdammt*«, sagte

Adolf, aber es war nicht sein übliches ironisches Brummen, und es hörte sich nicht an, als ob er glaubte, was er sagte.

»Es gibt einen Ausweg«, sagte Poch, »einen Weg, der die Expedition retten wird, aber er bedeutet ein Opfer.«

»Hol uns hier raus«, sagte Napoleon bitter, »und ich opfere alles und jeden.«

»Es geht so«, sagte Poch, und er sprach langsam, als ob die Worte nicht kommen wollten. »Die Hälfte von uns wird immer hier sein und die anderen fünf draußen beim Stehlen, immer im Wechsel. Eines Tages könnten wir losen, und die fünf, die grade draußen sind, also, die kommen dann eben nicht zurück, die hauen ab. Das ist alles, was wir tun können.«

Die Abenteurer sahen sich an. Es war eine Lösung, aber eine drastische. Fünf würden gehen und sich den Gefahren des Rumbelreiches stellen, noch schlimmer in der Minderzahl; fünf würden von Herbie auseinandergenommen werden und dann der Polizei übergeben, und nie mehr Borribles sein. Der Gedanke war entsetzlich. Erwischt zu werden war die Auslöschung der Identität, war der Tod. Schlimmer als der Tod; es war der Verlust von Schönheit, von Freiheit, ein Abstieg in das Häßliche. Man mußte sich nur ansehen, was mit Tautröpfchen passiert war, er war ein Borrible gewesen, und dann war er erwischt worden, und man hatte etwas Normales aus ihm gemacht.

»Keine besonders attraktive Wahl«, sagte Stonkus. »Da haben wir zwei Chancen, eine beschissene Chance und gar keine Chance.«

»Warten wir noch«, schlug Adolf vor, »warten wir noch, bevor wir uns zu einem solchen traurigen Schritt entschließen.« Er versuchte zu lächeln. »Sie werden uns schlagen und uns nicht viel zu essen geben, so machen es die Räuber, heißt es in den alten Büchern, aber zum Stehlen muß er uns rauslassen. Laßt uns versprechen, immer zurückzukommen, für den Anfang zumindest. Vielleicht finden wir einen Ausweg.«

Schweren Herzens stimmten sie alle zu, daß sie erst einmal das tun würden, was Tautröpfchen befahl. Sie würden abwarten, so gut es ging, und wider besseres Wissen hoffen, daß ihr Glück sich eines Tages wieder wenden würde.

So begann eine Zeit der Qual für die zehn Borrible-Abenteurer, vielleicht die schlimmste ihrer ganzen Expedition, denn obwohl noch viele Gefahren sie bedrohen sollten – das Gefühl der Niedergeschlagenheit, der Machtlosigkeit, des Kleinseins sollte nie wieder so stark werden.

Tautröpfchen und sein Sohn Herbie taten so, als verdienten sie ihren Lebensunterhalt, indem sie mit einem Pferdekarren von einer Straße zur anderen zogen und Lumpen, Knochen und Alteisen sammelten. Auf der Seite des Karrens stand in tiefroter Farbe: »D. Bunyan & Sohn, Abfallbeseitigung u. Handel«. Das arme alte Pferd, das die ganze Arbeit tat und den Karren mit den beiden Männern die steilsten Hügel hinaufzog, hieß Sam.

Tautröpfchen und Herbie nahmen durchaus auch Abfall und Alteisen mit, wenn man es ihnen unter die Nase hielt und sie nicht umhin konnten, aber sie machten sich nicht die Mühe, danach zu suchen. Sie fuhren nur durch die Straßen, um nach Sachen zum Stehlen und Häusern zum Einbrechen Ausschau zu halten. Alles, was sie fanden oder stahlen, verkauften sie für Geld, das an einem geheimen Ort in dem alten

Haus in der Engadine Street versteckt wurde. Tautröpfchen Bunyan hatte schon früher Borribles zum Einbrechen geraubt, aber er hatte sie nur zu zweien oder allein erwischt. Nun hatte er plötzlich zehn auf einmal, und er nahm sich vor, sie jeden Tag und jede Nacht hart arbeiten zu lassen, damit er noch rascher reich würde. Er würde sie in die großen Häuser auf der anderen Seite von Southfields einbrechen lassen, und sogar in ein paar auf den Hügeln, die unmittelbar vor dem Rumbelreich lagen. Er würde der reichste Mann Londons werden.

Tautröpfchen hatte den Polizisten, die die Borribleschlacht untersuchten, erzählt, daß die Angreifer glatt entkommen wären.

»Ich hab sie gesehen«, sagte er dem naiven Inspektor. »Die sind um die Ecke gerannt, runter zur Merton Road, schon Meilen weiter, nehme ich an, die gemeinen kleinen Kreaturen.« Natürlich glaubte der Inspektor die Geschichte; es gab keinen Grund, warum er es nicht hätte tun sollen – Tautröpfchen Bunyan war ein in der Nachbarschaft bekanntes Original.

Als die Polizisten ihre Suche aufgegeben hatten und der Lumpensammler sich ganz sicher fühlte, begann er, die Borribles auszuhungern, und ermunterte seinen schwachsinnigen Sohn, sie mit einem spitzen Stock durch die Gitterstäbe des Käfigs hindurch zu stoßen. Herbie zog oft einen der Gefangenen an einer Hundeleine ums Haus und quälte den Borrible, bis er oder sie es nicht mehr aushielt und den stupiden Erwachsenen angriff. Aber Herbie war so stark, daß die Attacken eines kleinen Borribles ihn nur kichern machten, obwohl er den Angreifer erbarmungslos schlug, bis das Blut floß. Dann zerrte er den halb bewußtlosen Gefangenen zurück in den Käfig, und Herbies verrücktes fixes Lächeln explodierte in ein merkwürdiges und furchteinflößendes Gelächter.

Tautröpfchen schloß sich immer dem Gelächter an, rieb sich die Hände und warf den Kopf hin und her, so daß sein Tautropfen im Licht der nackten Glühbirne, die den Keller erleuchtete, hin und her flog. Jeder der Abenteurer erlitt diese Quälereien, und nach einigen Tagen waren sie alle abgemagert und bedeckt mit blauen Flecken, Schürfwunden und hatten blaue Augen.

»Eines Tages bring ich ihn um«, murmelte Napoleon, auf und ab gehend, vor sich hin. »Ich töte diesen großen blöden Idioten, und dann töte ich seinen Vater, und wenn nicht, dann hoffe ich, daß die Wendels von denen hier erfahren und kommen und sie mitnehmen und sie draußen auf den Schlammbänken des Wandle anbinden, und drumherumsitzen und singen, während diese beiden Wahnsinnigen langsam untersinken und ersticken, herrliche Vorstellung.« Napoleon wurde zum echten Wendel, wenn man ihn reizte.

Etwa eine Woche nach ihrer Gefangennahme begann Tautröpfchen, die Borribles auf Raubzüge mit hinauszunehmen. Manchmal gingen sie nachts zum Einbruch in große Häuser, manchmal tagsüber, um in Supermärkten und Kaufhäusern zu stehlen. Der Lumpensammler behielt immer mindestens fünf von seinen Gefangenen im Keller unter den wahnsinnigen Augen seines Sohns Herbie. So exzentrisch und grausam waren die Vergnügungen dieses Blöden, daß es eine größere Belastung für die Borribles war, im Käfig eingesperrt zu sein, als zum Stehlen geschickt zu werden.

Sie stahlen gut für ihren Herrn und Meister, aus verschiedenen Gründen; hauptsächlich deshalb, weil das Stehlen für alle Borribles etwas ganz Natürliches ist, obwohl es für sie ungewöhnlich ist, Zeug zu stehlen, das sie nicht brauchen. Aber es war ihnen auch völlig klar, daß Tautröpfchen sie von Herbie halbtot schlagen lassen würde, wenn sie in einem Haus oder Geschäft keinen guten Erfolg hatten. Er würde sie sogar der Polizei übergeben, nur um des Vergnügens willen, ihre Ohren gestutzt zu sehen.

Der Schlüssel für den Käfig war immer in Tautröpfchens Tasche, und er hing an einer langen Kette an seinen Hosenträgern. Nie ließ er ihn aus den Augen oder gab ihn auch nur für eine Minute seinem Sohn, denn Tautröpfchen traute niemand. Er war schlau, und er war raffiniert.

Wochen vergingen, und die Abenteurer waren ihrer Flucht nicht näher. Sie stahlen und verübten Einbrüche; nach jeder Operation kamen sie zurück, um Tautröpfchen auf seinem Karren sitzen zu sehen, während Sam in seinem Futtersack herumkaute, seinen Kopf gen Himmel warf, um die Heuhalme zu erreichen. Müde luden sie ihre Beute hinten in den Karren und kletterten hinterher, versteckten sich unter einer Plane, damit neugierige Augen sie nicht sehen konnten. Dann rückte Tautröpfchen sich auf seinem Sitz zurecht, ruckte an den Zügeln, und das alte Pferd lehnte sich ins Geschirr und brachte sie heim. Heim! Zurück in das düstere Haus in der Engadine Street und in den schrecklichen kalten Keller mit einem Käfig darin, und in dem Käfig zehn verzweifelte und einsame Borribles.

Lustlos, wie Leute ohne Bewußtsein, bewegten sie sich jetzt. Es gab keinen Hoffnungsschimmer, und sie redeten kaum miteinander, was für Borribles das Zeichen eines Persönlichkeitszerfalls ist. Sie wurden immer und immer deprimierter, und schließlich redeten sie gar nicht mehr. Die zehn Gefährten verloren den Überblick über die Zahl der Wochen, die sie im Käfig verbracht hatten, und in Wandsworth vergaßen die Wendels die Expedition; selbst die Borribles in Battersea gaben die Abenteurer auf und glaubten, sie seien tot. Die Gefangenschaft schien endlos. Pochs ursprünglicher Vorschlag, daß sie losen sollten und daß eine Gruppe der Borribles einfach verschwinden sollte, wenn Tautröpfchen sie zum Stehlen schickte, kam ihnen mehr und mehr verlockend vor. Jeder der Abenteurer glaubte schließlich bei sich, daß dies der einzige Weg sei. Alles, was sie davon abhielt, wieder davon zu sprechen, war der düstere Gedanke, daß sie zurückbleiben könnten, allein mit Tautröpfchen und Herbie. Aber da, als es dringend nötig war, griff ihr Glück wieder ein. Es geschah etwas.

An einem späten Abend, gegen elf Uhr, wurden Poch und Adolf, Chaline, Bingo und Torricanyon von Tautröpfchen herausgeholt und im Karren den Hügel hinter Southfields fast bis zur Hälfte hinaufgefahren. Die fünf Borribles hockten schweigend unter dem Segeltuch hinten im Karren und lauschten dem Tritt von Sams Hufen auf dem Asphalt. Es war ein kalter Abend, denn der Winter war nahe, und sie zitterten um so mehr, als sie alle hungrig waren. Sam zog langsam, der Anstieg war lang und steil. Gelegentlich hörten sie Tautröpfchen rufen: »Nun komm schon, Sam, mein guter Alter«, und dann hörte man das Klatschen der Peitsche, wenn der Lumpensammler das alte Pferd schlug, so hart er konnte. Früher einmal hätten die

Borribles gesagt: »Armer alter Sam«, denn Borribles mögen Pferde sehr gern, aber jetzt hatten sie kein Mitgefühl mehr übrig, nicht für ein Tier, nicht für einen Borrible.

Sam zog den Karren hinauf und immer weiter hinauf, an vielen schweigenden Häusern in großen Gärten vorbei, bis Tautröpfchen vor einer sehr großen Villa anhielt, die zwischen weiten Rasenflächen und Blumenrabatten hinter einer hohen Hecke verborgen lag. Die Borribles hörten die Bremse des Karrens, und dann wurde die Plane weggerissen, und die kalte Luft fuhr zu ihnen herein. Tautröpfchens Tautropfen sah aus wie gefrorenes Gelee, grün im blassen Sternenlicht.

»Nun, meine kleinen Lieblinge«, krächzte die böse Stimme, »heute nacht werden wir was ganz besonders Schönes machen. Hier haben wir ein schönes großes Haus, und was seh ich? Die Familie ist verreist, zweiter Urlaub, hmm? Skifahren und solche Geschichten, hoffentlich brechen sie sich sämtliche Beine. Aber deshalb sind wir nicht hier, hm? Um uns über ihre Gesundheit zu unterhalten. Dies ist eine höchst wohlhabende Familie, ihr Geld haben sie zweifellos mitgenommen, nun, man kann nicht alles mitnehmen, nein, das geht nun einmal nicht, zu schwer und zu lästig. Man kann keinen Skiurlaub machen mit dem Klavier unter dem Pullover, hm? Ich werde hier warten mit meinem Pferd Sam. Ihr drei …« Er stach plötzlich seinen Finger schmerzhaft in den Leib von Chaline, Bingo und Torricanyon. »Ihr drei konzentriert euch aufs Erdgeschoß, sollte mich wundern, wenn da nicht hübsches Silberzeug liegt, Messer und Gabeln, georgianische Blumenvasen und so weiter und so fort. Ach, meine lieben Kleinen, ich schätze die schönen Dinge, die Schönheit hat mich doch auf diesen Weg gebracht!«

Er drehte sich um und stach Adolf und Poch. »Und ihr beide geht nach oben, schaut in die Arbeitszimmer, Schlafzimmer, hübsche Antiquitäten gibt's da oben wahrscheinlich, Keramik, und wenn das nicht klappt, geht ins Kinderzimmer. Reiche Familie, nicht wahr, geben ein Vermögen für ihre verwöhnten Rotzgören aus. Nun, der Diebstahl macht uns alle gleich, hm? Wir nehmen ein wenig von diesen schönen Spielsachen mit und geben sie jemand anders, der damit dann glücklich wird. Und jetzt los, und vergeßt nicht, zurückzukommen, sonst seht ihr eure Freunde nicht wieder.«

Die Borribles sprangen herunter vom Karren, nahmen jeder einen Sack und rannten flink durch den Garten der Villa nach hinten, weg von der Straße. Es war still und dunkel, und nichts auf der ganzen Welt bewegte sich. Poch hatte bald ein Fenster offen, und sie verloren keine Zeit, ins Haus zu klettern. Die anderen drei im Erdgeschoß zurücklassend, rannten Adolf und Poch die Treppen hinauf und plünderten im Licht ihrer Taschenlampen die Schlafzimmer, alles in ihre Säcke raffend, was ihnen irgendwie wertvoll erschien.

Als die Säcke beinahe gefüllt waren, kamen sie in einen großen Raum, der offensichtlich das Kinderzimmer war; überall lagen Spielsachen und Modellbaukästen herum. Ohne ein Wort begannen Adolf und Poch, einige der kleineren und teureren Gegenstände einzusammeln.

Nach einer Weile sagte Adolf: »Ich glaube, wir haben alles, was wir tragen können.« Seine Stimme klang tonlos und traurig. »Wir gehn jetzt besser zu Tautröpfchen zurück, oder er schlägt uns wieder, weil wir zu langsam sind.«

»Und wenn wir nicht genug finden, dann schlägt er uns auch«, sagte Poch und dachte, daß er so nicht mehr lange leben konnte. Er ging an den letzten Spielschrank und sagte: »Ich schau nur noch hier rein.«

Adolf stand auf der anderen Seite des Zimmers, als Poch den Schrank öffnete. Er konnte nicht sehen, was Poch sah, aber er hörte ein Aufstöhnen und dann ein Lachen und einen Pfiff, vergnügt und glücklich und hoffnungsvoll. So lange war es her, daß Adolf einen so fröhlichen Laut gehört hatte, daß er sofort aufsah, hinüberlief und rief: »Was ist es? Was ist es?« Und als er es sah, stieß er seinen Lieblingsfluch aus. »*Verdammt*«, und dann noch einmal: »*Verdammt*«, und schließlich: »*Millionenverdammt*.«

Vor den beiden Borribles, auf dem zweiten Fachbrett, direkt vor ihren Augen, lagen zwei der schönsten Stahlschleudern, die sie je gesehen hatten. Die Gummibänder waren schwarz und kräftig und sahen neu aus und höchst elastisch.

Adolf und Poch schauten sich an, mit glänzenden Augen, in denen ein heller Funke glühte, der schon viele Wochen lang erloschen gewesen war.

»Wie kriegen wir die bloß zurück in den Käfig?« fragte Adolf. »Dieser verdammte Maniak von einem Tautröpfchen durchsucht uns jede Nacht.«

»Das tut er«, sagte Poch, dessen Lippen sich zu einem engen Lächeln verzogen, »das tut er, aber er schaut nie unter unsere Füße.«

»*Verdammt*«, schrie Adolf, »du hast recht. Ich hab Klebeband da drüben liegen sehen, genau das Richtige, aber wir müssen uns beeilen, sonst denkt er, es geht was Verdächtiges vor.«

Beide Borribles klebten sich mit laut schlagendem Herzen eine Schleuder unter die Fußsohle. Mit ein wenig Glück müßte es gelingen, die Waffen zurück in den Käfig zu schmuggeln.

»Wo kriegen wir ein paar Steine her«, sagte Poch, der seine Schleuder nun verstaut hatte, »und wie könnten wir die verstecken, wenn wir welche hätten?«

Adolf schlug sich mit der flachen Hand gegen die Stirn. »Ich hab drüben im Schrank ein paar große Murmeln gesehen. Ich sag dir, die Kinder hier haben einfach alles, was es an Spielsachen gibt.«

Es stimmte. In einer großen Keksdose fanden sie eine schöne Sammlung farbiger Murmeln, alle so groß wie ein Schleuderstein und alle schön schwer.

»Mehr als fünf können wir nicht mitnehmen«, sagte Poch und zählte sie ab. »Wir transportieren sie im Mund.«

»Wenn Tautröpfchen uns nur nicht zwingt, was zu sagen, wenn wir zurück in der Engadine Street sind«, sagte der Deutsche.

»Gehn wir«, sagte Poch, »und hoffen wir das Beste.«

Sie verließen das Haus und rannten über die im Sternenlicht liegenden Rasenflächen zurück zu Tautröpfchen, der mit hochgezogenen Schultern auf seinem Karren saß und dessen Kopf beim leisesten Laut herumfuhr.

»Wo seid ihr gewesen?« schnappte er. »Die anderen sind schon seit Stunden zurück! Versucht ihr, mich verdächtig zu machen, hm? Na, dann denkt nur dran, meine kleinen Lieblinge, wenn ich erwischt werde, werdet ihr auch erwischt, da will ich verdammt gute Sorge tragen. Rein mit euch in den Karren mit euren Säcken, und deckt euch zu.« Und als das geschehen war, klatschte Tautröpfchen mit der Peitsche, und der alte Sam lehnte sich ins Geschirr, wendete den Karren und brachte sie wieder nach Hause.

Hinter dem Haus in der Engadine Street lag ein großer Hof, wo der Lumpensammler sein Alteisen lagerte und wo das Pferd seinen Stall hatte. Man erreichte ihn von der Parallelstraße hinter der Engadine Street, und Tautröpfchen benutzte nach einem seiner Streifzüge immer diesen Eingang.

Nachdem Sam für die Nacht im Stall eingeschlossen worden war, stieß Tautröpfchen die Borribles vor sich her ins Haus, die unter ihren Säcken voll Diebesgut schwankten.

»Auf geht's, macht schon, meine Lieblinge, meine kleinen Meisterdiebe«, murmelte er ungeduldig. »Ich will doch sehen, wie gut ihr für meinen vorzeitigen Rückzug vom Geschäftsleben gearbeitet habt. Ja, ja, ja, das ist doch meine Altersversicherung, hmm? Beeilt euch, meine Süßen, bevor ich euch erschlage.«

Die fünf Borribles sagten nichts. Jeder hielt eine kostbare Murmel im Mund und wagte nicht zu sprechen.

Innen im Haus luden sie die Säcke im Korridor ab und gingen dann hintereinander die schmale Kellertreppe hinunter. Da stand Herbie, sabbernd und lächelnd und nickend, als sie in den Kellerraum gingen und sich in einer Reihe aufstellten, wie sie es stets tun mußten.

»Mach zu, Herbie, mein liebes Kind«, sagte Tautröpfchen, der jetzt auch in den Raum trat. »Es liegt ein derartiger Haufen Zeug oben, daß wir heute die ganze Nacht beschäftigt sind, das alles auch nur anzusehn. Schließ mir diese kleinen Lieblinge sicher und sauber ein und gib ihnen ein klein wenig mehr Brot, damit sie wissen, wie sehr ich sie schätze.«

Herbie ging die Reihe entlang und fuhr unter dem wachsamen Blick seines Vaters mit seinen heißen schweren Händen die schmalen Gestalten der Borribles entlang. Er fühlte überall, grinsend und kichernd, und vergewisserte sich, daß sie nichts aus den Säcken gestohlen hatten, um es für sich zu behalten. Die Borribles standen mit fest zugepreßten Mündern da; die Murmeln fühlten sich an wie Fußbälle. Als Herbie mit seinem Suchen und Drücken und Streicheln fertig war, ging Tautröpfchen zum Käfig und stellte sich mit einem Gummiknüppel in der Hand neben die Tür. Er öffnete sie und stieß die Borribles rasch hinein. Die Tür klirrte zu, und Herbie warf etwas trockenes Brot durch die Gitterstäbe, und dann liefen er und sein Vater aus dem Raum, um lange, habgierige Stunden mit ihrer Beute zu verbringen.

Sobald Tautröpfchen und Herbie oben im Erdgeschoß waren, wurden die Murmeln aus ihrem Versteck geholt und erregten großes Interesse; aber als die Schleudern erschienen – da gab es Grund zur Freude und zur Hoffnung.

»Ach du dickes Ei«, lachte Vulgo, der liebevoll eine Schleuder betastete, »wißt ihr wohl, wer mit diesem kleinen Wunderding eine Beule hinters Ohr kriegt? Pusten ihm das Hirn aus dem Schädel, wenn er welches hätte – hmm?« fügte er hinzu, ihren Gefangenenwärter nachahmend.

»Mann, o Mann«, rief Orococco, auf und ab hüpfend und sich mit der rechten Faust in die Linke schlagend, »jetzt kommt's. Die werd ich pulverisieren, die werf ich den Spatzen zum Fraß vor.«

»Wie ging das zu?« fragte Napoleon. »Wie habt ihr das gemacht?«

»Poch hat sie gefunden«, sagte Chaline mit strahlenden Augen. »In dem Haus, das wir ausgeräumt haben, und Adolf hat die Murmeln entdeckt. Es sind nur fünf, aber die reichen.« Sie wurde rot und fügte hinzu: »Poch hat's uns auf dem Heimweg im Karren erzählt.« Dann lächelte sie Poch zu und entschuldigte sich damit sozusagen, daß sie seine Geschichte erzählt hatte, aber zeigte ihm auch, daß sie stolz auf ihn war.

»So war's«, sagte Poch, und warf sich ein wenig in die Brust. »Es war einfach. Hört mal, morgen seid ihr dran mit dem Rausgehn. Wenn ihr zurückkommt, dann halten Adolf und ich die Schleudern bereit. Wir sind aus der Übung, aber es sollte trotzdem klappen, und wir haben fünf gute schwere Murmeln. Und so machen wir's: Wenn ihr in der Reihe steht und Herbie drauf wartet, daß sein Alter kommt und die Durchsuchung kontrolliert, dann schlagen wir zu. Wir schießen, um zu töten«, sagte Poch und schaute ernst zu Adolf hin, der bloß grinste und seine Blauaugen aufleuchten ließ. »Nachdem, was wir hier durchgemacht haben, geht es nur so.« Die Abenteurer murmelten ihre Zustimmung. »Wir müssen Tautröpfchen schnappen, er hat die Schlüssel. Ihr anderen schließt dann den Käfig auf. Dann gehen wir alle in den Hof, nehmen das Pferd und den Karren und was wir sonst wollen. Einverstanden?« Alle nickten. Zum ersten Mal seit Wochen waren sie glücklich und voll Hoffnung.

Der nächste Tag war ein langer Tag, und ihm folgte ein noch längerer Abend, als Poch und Adolf auf Tautröpfchens Rückkehr warteten. Zwei Schleudern und fünf Murmeln, das war alles, was sie hatten, um ihnen zur Rückkehr in die Freiheit zu verhelfen. Poch ging im Käfig auf und ab und erprobte seine Muskeln, beobachtet von den Gefährten.

»Sie kommen sicher bald«, sagte Chaline, um ihn zu beruhigen. »Wirst schon sehen, es klappt.«

»Adolf«, sagte Poch schließlich, »du hast mehr Abenteuer hinter dir als ich. Wir haben nur fünf Steine; nimm du drei, ich nehm zwei. Du zielst auf Tautröpfchen, ich übernehme Herbie. Wir schießen, ohne was zu sagen, sobald Tautröpfchen in den Keller kommt.«

Adolf sagte: »Du erweist mir große Ehre, Freund Poch, denn du schießt gut mit der Schleuder.«

»Ich hab gesehen, wie du auf die Polizisten geschossen hast«, sagte Poch. »Das hast du gut gemacht.«

»Horcht«, sagte Bingo flüsternd, »da kommen sie.«

Und in der Tat: Oben tönten Schritte, und Herbie schob sich seitwärts in den Keller wie ein bleicher Krebs. Er glitt zum Käfig hinüber und stieß ein paar Mal mit einem spitzen Stecken durch die Stäbe. Die Borribles zogen sich, so weit es ging, vor dem Idioten zurück.

»Besorg dir lieber schon mal ein Aspirin, Sohnemann«, murmelte Bingo, »weil du bald bedeutende Kopfschmerzen haben wirst. Du glaubst, du bist jetzt schön blöd, aber warte nur, bis du ein bißchen was auf den Kopf bekommst.«

Oben schlugen Türen zu und dumpfe Geräusche zeigten, daß die Borribles hereingekommen waren und ihre Beutesäcke auf den Boden hatten fallenlassen. Dann schob Tautröpfchen sie nach unten; man hörte ihn schimpfen, weil der Ertrag der Diebesnacht mäßig gewesen war.

Die Kellertür stand offen, und die Borribles stolperten herein.

»Weiter, ihr faulen kleinen Schwachköpfe«, schrie Tautröpfchen. »Nichts, nichts habt ihr mir gebracht. Wie soll ich da mein Leben fristen? Ungeheuer, undankbare kleine Monster, wenn's so weitergeht, muß ich weiterarbeiten, bis ich ein altersschwacher Greis bin, kann nie auf Rente gehen.«

Er kam in den Keller gerannt und sah sich um. Sein Gesicht war zorngerötet, beinahe purpurn war die gespannte Haut um seine Mundwinkel. »Keiner von euch soll heute essen, keiner von euch«, knurrte er wütend.

Adolf und Poch kauerten mit dem Rücken zur Türe im Käfig, die Schleudern fest umklammert, die Ersatzmurmeln lagen in der Hand eines Genossen bereit. Sie sahen sich an, nickten sich zu und wandten sich langsam um, die Schleudern so weit wie möglich spannend, zu mörderischer Länge, und dann schossen sie, jeder auf sein Ziel.

Pochs Murmel schlug hart auf Herbies linker Schläfe auf. Herbie schwankte, sein Lächeln versteinerte; steif wie ein gestürzter Pudding fiel er jedoch nicht um, irgendeine absonderliche Balance hielt ihn bewußtlos aufrecht.

Adolf hatte nicht soviel Glück. Als er das Gummi der Schleuder fahren ließ, bewegte Tautröpfchen sich vorwärts, um die Borribles in seiner schlimmen Laune zu verprügeln, und die Murmel knallte nur gegen seinen Hinterkopf, was seine Wut und seine Wachsamkeit nur verstärkte.

Er schaute in den Käfig und griff nach dem Gummiknüppel, der stets hinter der Kellertür bereitstand; die Feuchtigkeit am Ende seiner Nase glühte blau, grün und mauve.

»Steine schmeißen, hmm?« brüllte er, dann sah er die Schleuder und erschrak.

»Herbie, wir müssen diese Gossenratten hinter der Kellertür einschließen, bis sie zur Vernunft kommen.«

Doch es war zu spät. Napoleon kickte den Knüppel außer Reichweite. Adolf lud wieder und fehlte kein zweites Mal. Das Geschoß krachte splitternd mitten auf die Stirn des Lumpensammlers, und er taumelte gegen die Mauer zurück, schwer verletzt, und der Tautropfen, jenes vielfarbige Schleimkügelchen, löste endlich seine leidenschaftliche Verbindung mit der Nase und fiel zu Boden.

»O Herbie«, rief Tautröpfchen mitleiderregend. »O Herbie, hilf mir, mein Junge, meine Freude, mein Sohn.«

Aber der arme Herbie war nicht in der Lage, irgend jemand zu helfen. Chaline hatte eine zweite Murmel in Pochs Hand gestoßen, sobald er die erste verschossen hatte. Er lud wieder und schoß auf Tautröpfchens verrückten Sohn, der immer noch auf seinen Füßen hin- und herschwankte. Das schwere Glasgeschoß versetzte Herbie einen tödlichen Schlag oberhalb des Herzens, und er fiel rückwärts, demoliert, wie ein alter Fabrikschornstein.

Tautröpfchen konnte nicht glauben, was er sah. Er fuhr mit verstörter Hand zu seiner blutenden Stirn, das Blut tropfte ihm in die Augen und verwirrte ihn. Napoleon hob den Gummiknüppel und stand bereit, aber er wartete, bis Adolf seinen letzten Schuß abgeben würde.

Der Deutsche, Veteran vieler Kämpfe und Überlebender aus vielen schier ausweglosen Lagen, ließ sich Zeit.

»O mein Sohn, mein armer kleiner Herbie, was haben sie dir getan, mein kleiner Liebling, der keiner Fliege was zuleide tun würde? O was für eine grausame Welt, mein Junge. Herbie, sag doch was, sprich doch ein bißchen mit deinem Vater.«

Adolfs dritte Murmel flog pfeilgerade und so tödlich wie ein Pfeil gegen die Schläfe des Borribleräubers. Er schwankte und preßte beide Hände gegen seinen Kopf, dann, selbst leblos, fiel er mit gewaltigem Krachen vorwärts über den leblosen Körper seines Sohnes.

»So mögen alle Borribleräuber enden!« sagte Poch großartig, und die anderen sahen sich mit wildem Entzücken an. Sie waren frei.

Es war das Werk weniger Augenblicke, die Schlüssel zu finden, und die Tür des Käfigs zu öffnen. Sie entdeckten ihre Rucksäcke im nächsten Keller, wo sie vor so vielen Wochen in das Haus von Bunyan und Sohn gekommen waren; auch ihre Schleudern und Munitionsgurte lagen dort. Bald waren die Abenteurer wieder ausgerüstet und marschbereit. Sie fanden oben in der gut ausgestatteten Küche Lebensmittel und aßen, wie sie schon seit vielen Tagen nicht mehr gegessen hatten. Dann, lachend und vor Glück beinahe weinend, gingen sie hinaus in den Hof.

Poch ging zum Karren und warf seinen Rucksack hinein; Napoleon, der sich dicht hinter ihm hielt, tat dasselbe.

Die anderen zögerten einen Moment und stellten dann ihre Rucksäcke auf dem Boden ab.

»Wohin«, fragte Sydney, »wollt ihr mit dem Karren?«

»Was soll das heißen?« fragte Poch mit großen Augen, völlig überrascht. »Zu den Rumbels, natürlich.«

»Wir denken«, sagte Chaline, »daß es bereits ein Abenteuer ist, einem Borribleräuber zu entkommen, und schon gar einen zu töten. Wir haben unsere Namen verdient.«

»Aber deshalb sind wir doch nicht ausgezogen!« Poch sah sich im Kreis der ihn umgebenden Gesichter um und suchte nach Unterstützung. Und die kam auch sofort, von unerwarteter Seite.

»Nein«, sagte Napoleon und trat vor, »deshalb sind wir nicht ausgezogen. Ich bin auf der Seite von Poch.«

»Ich glaube, meinen englischen Namen hab ich mir verdient«, sagte Adolf. »Ich versteh Chaline, sie hat recht, wir haben genügend getan, aber ich geh mit Poch. Das kommt, weil ich leicht verrückt bin, ich hab's nun mal mit den Abenteuern.«

»Wir wollen eigentlich alle mitkommen«, sagte Bingo, der auf seinem Rucksack saß, »aber... ich meine... der Herbie hat uns dermaßen im Viereck herumgeschlagen, und wir haben seit ewigen Zeiten nicht richtig gegessen.«

»Wir sind jetzt einfach nicht in der Verfassung für unseren Job«, sagte Torricanyon. »Vielleicht sollten wir uns ein bißchen ausruhn, hm?«

»Was meinst du denn damit?« fuhr Napoleon ihn an. »Wir können doch jetzt nicht zurück, wie würde das aussehen?«

Sieben Borribles schauten verlegen drein und traten von einem Bein aufs andere.

»Wie schlecht wir uns jetzt auch fühlen«, sagte Poch mit Betonung, »wir müssen weiter. Wir sind jetzt wieder frei, das ist schon an sich eine Erholung. So oder so, ihr könnt's halten, wie ihr wollt, wir drei gehen. Hol das Pferd, Nap.«

Chaline sagte: »Wenn Poch und Nap sich wundersamerweise einmal einig sind, dann steckt etwas höchst Merkwürdiges dahinter, also müssen wir einfach schon deshalb mit, um zu sehen, was die beiden da auskochen«, und sie richtete einen langen durchdringenden Blick auf Poch und Napoleon.

Bingo zuckte die Schultern, warf seinen Rucksack in

den Karren und zitierte, zu niemand im besonderen gewandt, ein Sprichwort: »Freunde unter einer Decke folgen einem um die Ecke.«

Die anderen machten es ebenso und tauschten ein grimmiges Lächeln mit Poch. Das Pferd wurde aus dem Stall herausgeführt, und Sydney ging zu ihm und sprach liebevoll zu ihm.

»Also gehen wir jetzt alle ins Rumbelreich, Sam, trotz allem, und du gehst mit. Rumbels mögen keine Pferde, aber wir, du wirst unser Kumpel und unser Maskottchen, und wir werden dich beschützen.« Und alle streichelten das Pferd und gaben ihm Würfelzukker, den sie aus dem Haus mitgebracht hatten, und sie spannten ihn ein und bereiteten die Abfahrt vor. Sie holten sich auch einen langen Regenmantel aus dem Haus, ein gutes Stück, das Tautröpfchen immer in Regennächten getragen hatte, und Bingo, der Leichteste, setzte sich auf Stonkus' Schultern, der der Kräftigste war, und Stonkus hockte sich auf den Fahrersitz des Karrens, und sie legten Bingo den Regenmantel um die Schultern – und es sah ganz genauso aus, als würde ein Erwachsener den Karren fahren. Der Rest der Abenteurer versteckte sich unter der Plane hinten, und mit einem Peitschenklatschen und einem »Hüüh, Sam, mein alter Liebling, hmm?« lenkte Bingo den Karren aus dem Hof, und sie begannen den letzten Abschnitt ihrer Reise zu den Grenzen des Rumbelreichs, London, S.W. 19.

»Eines ist nicht schlecht«, sagte Poch, als sie alle warm und zufrieden unter der Plane saßen, »wir waren so lang in der Engadine Street, daß die Rumbels wahrscheinlich glauben, wir sind tot. Und wenn sie keine Pferde mögen, um so besser. Sam kann uns direkt an die Haustür fahren und sie eintreten.«

7

Es war dunkel.

Die Nacht war gerade am dunkelsten, aber Sam kannte den Weg ins Rumbelreich und zog seinen Karren voll Borribles freudig, da ihm irgendwie klar war, daß er nicht mehr geschlagen und beschimpft werden würde. Er zog sie fort von den hassenswerten Erinnerungen der Engadine Street, und Bingo, auf Stonkus' Schultern, sang ein martialisches Borriblelied vor sich hin, ein Lied, das von vergangenen und zukünftigen Gefahren erzählte:

»Alle Gefahren sind uns gleich,
Wir fahren, wir fahren ins Rumbelreich.
Mit Tautröpfchen und mit Herbie ist Schluß,
Wir tun jetzt, was getan werden muß.
Auf zu den Rumbels! Besorgt es ihnen!
Wir wollen uns unsere Namen verdienen!
Mit Trara und Rumbum, Fanfaren! Zuu-gleich!
Wir fahren, wir fahren ins Rumbelreich!

Vielleicht, Kameraden, gelingt unser Streich!
Wir fahren, wir fahren ins Rumbelreich!
Die Sache wird sicherlich kein Genuß,
Wir tun jetzt, was getan werden muß.
Uns erwartet der Kampf und vielleicht der Tod,
Na schön, wir fahren, was uns auch droht.
Na, Rumbels, werdet ihr nicht schon bleich?
Wir fahren, wir fahren ins Rumbelreich!

Rumbels! Paßt auf hinter eurem Deich!
Wir fahren, wir fahren ins Rumbelreich!
Und gibt uns der dämliche Tod seinen Kuß,

Wir tun jetzt, was getan werden muß.
Peckham, Stepney, Tooting, voran!
Wandsworth, Whitechapel! Drauf und dran!
Neasden! Von uns wird keiner weich!
Wir fahren, wir fahren ins Rumbelreich!«

Bingos Gefährten fielen ein in das Lied, ihre Herzen voll einer göttlichen Aufregung, eines Gefühls, das sich seltsam mit der heiteren Freude verband, daß sie Borribles waren, daß sie am Leben waren und zusammen auf ihr Abenteuer ausgingen, auf ein Abenteuer, von dem noch nach Jahren wieder und wieder gesungen werden würde.

Sam führte sie durch viele verlassene Fahrwege und Gärten und seltsame stille Straßen; er zog beharrlich den alten Karren die steilen Hügel hinauf, die die Grenzen des Rumbelreiches bewachten. Zielbewußt schritt das Pferd aus, den Kopf gesenkt und die Beine energisch voreinandersetzend, und sein Fell wechselte zwischen tiefem Purpur und Gold, wie es die ruhigen Lichtteiche betrat und verließ, die sanft aus den Schwanenhälsen der Straßenlampen auf ihren Betonsockeln fielen. Sam zog sie von der Brookwood Road über die Elsenham Street in die Augustus Road, wo der steile Anstieg nun im Ernst begann. Den Albert Drive hinauf und durch Albyn Road, durch Thursley Gardens hindurch, die Seymour Road und die Bathgate Road entlang, endlich die Somerset Road hinauf, und die Steigung flachte ab, und der Himmel wurde heller und fleckig wie das Porridge von gestern, und ein kalter dunkler Wind drang aus einem grenzenlos offenen Raum auf sie ein und lähmte die Unternehmungslust der Abenteurer, die unter ihrer warmen Segeltuchplane hervorspähten. Die scharfe Luft schlug ihnen die Lungen mit Eis aus, und die Kälte drang durch ihr Blut bis ins Herz. Sam zögerte. Noch eine letzte Straße war zu überqueren – die Parkside Road. Er schüttelte den Kopf, wieherte mutig und schritt hinein in das grüne und schwarze Schweigen des Rumbelreiches.

Bingo lenkte das Pferd und den Karren zu einer großen Baumgruppe, die noch am Rande der Wildnis stand. Das morgendliche Winterlicht schien unfreundlich auf eine Wasserfläche in der Nähe. »Bluegate-Kiesgrube (aufgelassen)« sagte die Karte.

»Wir lagern am Ufer dort«, sagte Poch zu Bingo, »dann können wir wenigstens nicht von hinten angegriffen werden, und wir können Posten bei diesen Bäumen aufstellen.«

»Niemand in der Nähe«, sagte Bingo, »es sieht so aus, als hätte man uns nicht entdeckt. Wenn wir's zu den Bäumen rüber schaffen, sind wir in Sicherheit.«

Sam zog sie zu dem Wäldchen. Der Karren schwankte und hüpfte, und die Borribles, die nun standen, mußten sich mit aller Kraft festhalten, um nicht abgeworfen zu werden und unter die Räder zu fallen. Sie spähten scharf in alle Richtungen, ob sich irgendwo ein Zeichen ihres Feindes erkennen ließ, aber nicht einmal ein Vogel flog über ihnen, kein Hund schnupperte durch die Grasbüschel, nicht einmal am Horizont regte sich etwas, wo jetzt der graue Himmel sich aufhellte.

»Komm, Sam, mein alter Liebling«, rief Bingo müde, »sind gleich da, hmm? Dann ruhen wir uns aus und essen was, den ganzen Tag, mein kleiner Süßer.«

Sam zog den Karren tief in das Wäldchen hinein und hielt an. Sein Fell dampfte, und seine Beine zitterten nach der langen Flucht von der Engadine Street hinauf. Bingo zog die Bremse fest, und die Abenteurer sprangen vom Karren. Sie verteilten sich in alle Richtungen und durchsuchten das Unterholz, um sicherzugehen, daß keine Rumbels sich versteckten und daß – was noch gefährlicher wäre – kein Eingang zu einem Bau hier lag, einem jener großen unterirdischen Höhlensysteme, wo die Rumbels sicher und komfortabel wohnen.

Sie fanden keine Spur des Feindes, und so hoben Napoleon und Vulgo Bingo von Stonkus' Schultern und stellten ihn auf den Boden. Bingo reckte sich und rieb sich die Beine. »Was für eine leere und unbehagliche und langweilige Gegend, dieses Rumbelreich«, sagte er. »Was liegt denn auf der anderen Seite?«

»Nichts Besonderes«, sagte Poch. »Da gibt's kein London mehr, nur noch Land, einzelne Häuser, ziemlich komisch.«

»Und die leben unten«, flüsterte Vulgo, »grade unter unseren Füßen, was?«

»Richtig«, sagte Orococco, »die sitzen da unten in ihrem Bau, und wir stehen über ihren Köpfen hier droben. Noch.«

»He, Leute«, rief Napoleon, »kommt mal her und helft mir mit dem armen alten Stonkus. Der ist total steif, nachdem er Bingo die ganze Zeit getragen hat. Krampf in allen Muskeln. Das arme Schwein kann sich nicht mehr regen.«

Die Borribles versammelten sich und blickten im Kreis prüfend auf ihren im Krampf erstarrten Gefährten.

»Nicht schlimm«, sagte er und konnte kaum den Mund bewegen. »Alles klar, ehrlich. Haltet lieber Ausschau, anstatt hier wegen mir rumzuglucken; die könnten sich anschleichen.«

»Chaline und ich gehen auf Wache«, sagte Sydney und die beiden Mädchen gingen zum Rand des Wäldchens und starrten hinaus über die weite, hügelige Grasfläche.

Die anderen hoben Stonkus vorsichtig vom Karren. Er ließ sich steif wie ein Küchenstuhl vom Fahrersitz heben. Sie legten ihn auf die Seite ins Gras, aber sein Körper blieb in der sitzenden Haltung.

»Braucht mich bloß 'n bißchen massieren.« Er versuchte zu lachen. »Ich bin bald so gut wie neu.«

Sie wechselten sich ab, Stonkus' Beine, Arme und Rücken fest zu massieren, und als seine Muskeln sich ein wenig gelockert hatten, deckten sie ihn mit Schlafsäcken zu, um ihn warmzuhalten. Dann setzten sie sich zu einem Kriegsrat.

Kein Laut drang aus der Leere des Rumbelreiches herüber, aber von der Parkside Road her winselte der Straßenverkehr, nun, wo die Leute langsam zur Arbeit zu gehen begannen. Nur eines bewegte sich in der öden Landschaft in ihrer Nähe, der kühle schwarze Dunst, der von der Wasseroberfläche der alten Kiesgrube aufstieg.

Es war leicht zu entscheiden, was sie jetzt brauchten – Nahrung und Ruhe. Sie öffneten ihre Rucksäcke und hielten ein Festmahl mit den Lebensmitteln, die sie aus Tautröpfchens Haus mitgebracht hatten. Es gab Bohnenkonserven, Brotschnitten, Kekspackungen, Dosen mit Steak-and-Kidney-Pie, Reispudding, Schokoladenriegel (Milch, Bitter, Trauben-Nuß). Es gab Käse und Leberwurst und Flaschen mit dunklem Guinness und Dosen mit hellem Bier. Tautröpfchen und Herbie hatten nicht schlecht gelebt, und nach den Wochen der Entbehrungen im Keller in der Engadine Street war dies ein Bankett.

Dann, während immer zwei Wache hielten, schliefen sie den ganzen Morgen. Den Nachmittag lang dösten sie vor sich hin oder saßen einfach herum und unterhielten sich müßig, beim Gespräch ihre Schleudern an der Wasserfläche erprobend. Immer wieder schliefen einige ein, wachten wieder auf und beteiligten sich an der Unterhaltung. Sie redeten über die Rumbels, über ihre bis jetzt bestandenen Abenteuer, und über das Training, das Poch und Hakenschlag mit ihnen durchgezogen hatten. Und darüber, ob sie je alle heil und gesund nach Hause kommen würden.

»Sie bleiben gerne im Warmen«, sagte Poch von den Rumbels. »Jetzt hat der Winter schon richtig angefangen, also werden sie die meiste Zeit in ihren Höhlen verbringen. Wir haben so lang gebraucht, um hierher zu kommen, daß sie uns wahrscheinlich vergessen haben und nicht besonders viele Patrouillen ausgeschickt haben, die nach uns suchen sollen. Andererseits, doof sind die auch nicht; sie sind schlau. Vielleicht haben sie uns schon gesehen. Möglicherweise sind sie hinter dem Horizont und ziehn ihre Kräfte zusammen.«

»Hat je schon jemand, von den Rumbels abgesehen meine ich, das Innere eines Baues gesehen?« fragte Chaline.

»Nein«, sagte Poch, »aber wenn man Zoff zuhört, der mehr über sie weiß als irgendein Borrible, dann kannst du die Vorstellung vergessen, daß es ein gemütlicher kleiner Bau ist, in Wirklichkeit ist das wie ein Bunker, ein Gefechtsstand, allerdings ganz luxuriös, Teppichboden, Bilder an der Wand, Einzelzimmer, Betten, Decken und Badezimmer, mit Zentralheizung natürlich, Werkstätten. Denen fehlt nichts, und sie essen gut, obwohl du das nicht essen könntest, was die essen, merkwürdiges Zeug, wird dir übel von. Die Bunker sind kompliziert, angelegt wie ein Spinnennetz, solide gebaut, Haufen Beton. Die Rumbels kennen jeden Zentimeter. Von euch werden sich welche verlaufen, werden in einer Sackgasse angegriffen werden. Aber denkt daran, es gibt einen Ort in der Mitte, wo alle Tunnel hinführen, die Zentrale. Wenn ihr in den Bunker kommt, seid ihr auf euch selbst angewiesen, jeder von euch schaut nach seinem Namensvetter, erledigt ihn und ab. Ihr wißt, wie sie aussehen, haben wir in der Ausbildung durchgenommen.«

»Rein, Zielperson erledigen, wieder raus«, sagte Sydney.

»Richtig«, antwortete Poch. »Hier treffen wir uns wieder. Wenn jemand gefangen wird, oder verwundet, oder getötet, warten die anderen nicht. Die Überlebenden nehmen Pferd und Wagen und hauen ab, bei Tag oder bei Nacht. Es können Tausende von Rumbels hinter uns her sein, und kämpfen können die auch. Könnten uns leicht überrennen und uns allein durch ihre Überzahl vernichten.«

»Wüßte gern, was die vorhaben«, sagte Vulgo; er stand auf und schoß mit seiner Schleuder auf einen Plastik-Eisbecher, der auf dem Wasser schwamm. Der erste Schuß versenkte ihn. »Es ist zu verdammt ruhig!«

In diesem Moment schob Orococco seinen Kopf durch die Zweige. »Da kommt ein hübscher kleiner Rumbel anmarschiert, schnüffelt mit seiner Schnauze und stochert mit dem Nagel am Ende von einem langen, langen Stock im Gras herum! Ich könnte den kleinen Ungut aus fünfzig Metern umnieten.«

»Junge, Junge«, sagte Vulgo und schob sich den Munitionsgurt über die Schulter, »wenn er allein ist, dann kassieren wir ihn und fragen ihn mal ein paar Sachen, was seine Kumpel so vorhaben.«

Napoleon, der geschlafen hatte, rollte sich auf die Seite und sagte faul: »Ja, geh mal einer und bring den Kleinen her.«

»Tu ihm nichts«, sagte Poch zu Orococco. »Wir brauchen ihn lebend. Denk dran, mit Kindern reden sie. Wenn er nicht draufkommt, daß du ein Borrible bist, dann sag ihm, er soll sich hier mal was ansehn, unter den Bäumen.«

»Da kriegt er's vielleicht mit der Angst und rennt meilenweit davon«, sagte Orococco augenzwinkernd und ließ seine Zähne blitzen.

»In dem Fall gib ihm eine übern Kopf und zieh ihn an den Füßen hier rüber«, sagte Napoleon und schlief wieder ein.

Die, die wach waren, sprangen auf und rannten durchs Gebüsch, bis an den äußeren Rand des Wäldchens. Über das im Wind wehende Gras hinweg erblickten sie den Rumbel, der sich langsam einen Weg durch den Ginster bahnte. Er schnüffelte vorsichtig umher, und häufig schossen seine Augen zur Seite, als fürchte er einen Angriff oder das Entdecktwerden. Orococco war bereits in einiger Entfernung und hüpfte herum, zielloses Kindervergnügen mimend.

»Tut so wie ein Normaler«, sagte Poch, und alle sahen zu.

Orococco ließ so lange wie möglich die Ginsterbüsche zwischen sich und dem Rumbel, aber schließlich bemerkte ihn dieser. Der Rumbel hielt an und schaute sich mit nervösen Drehungen seines Kopfes um. Aber er sah niemand, nur Orococco, der vergnügt herumsprang wie ein Kind, das die Schule schwänzt.

Der Rumbel sank hinter einen niedrigen Ginsterstrauch, bis nur noch die Schnauzenspitze sichtbar war. Orococco tat, als hätte er nichts gesehen, und schien schon vorbeizuhüpfen, aber da hielt er inne, und die Beobachter sahen, wie er dem Rumbel zuwinkte, der zögernd hinter den Büschen hervorkam und zu dem schwarzen Borrible ging.

Orococco klatschte in die Hände und redete eine Weile mit ihm; er deutete auf das Wäldchen, wo seine Gefährten versteckt lagen, dann winkte er wieder dem Rumbel zu und sprang davon.

»Ob's funktioniert?« sagte Vulgo.

»Kommt drauf an, was er ihm erzählt hat«, sagte Chaline.

Der Rumbel stand minutenlang an seinem Platz und wartete, bis Orococco am Horizont verschwunden war. Sobald er glaubte, allein zu sein, drehte er sich um und lief auf die Borribles zu.

»*Verdammt*, es hat geklappt«, rief Adolf und rieb sich die Hände.

»Verteilt euch«, sagte Poch. »Hinter einen Baum oder was, und wenn der kleine Ganove vorbeikommt, auf ihn.«

Aus ihren Verstecken heraus beobachteten die Borribles, wie der Rumbel näherkam. Die Schnauze des Tiers pulsierte mißtrauisch, die kleinen roten Augen schnellten von einer Seite zur anderen, bohrend, spähend, was hinter den Bäumen liegen mochte. Es hob seinen Rumbelspeer, es konnte riechen, daß etwas nicht stimmte, aber seine Gier war durch Orococcos Geschichte gereizt worden. Die weichen Pfoten brachten es näher und näher. Am Rand des kleinen Wäldchens blieb der Rumbel stehen und wandte sich um, über das wilde Hügelland hinzublicken. Nichts bewegte sich in der Landschaft. Der Rumbel schob die Tragtasche zurecht, die er über die Schulter geworfen hatte, holte tief Atem mit seiner langen Schnauze und drang in den Wald ein. Nicht besonders weit. Als er zwischen zwei Bäumen hindurchging, wuchsen Vulgo und Torricanyon wie zwei schnell aufblühende fleischfressende Pflanzen vor ihm und hinter ihm aus dem Boden.

»Aaaaaa«, quiekte er überrascht; der Laut begann kräftig, verging dann aber zu einem schwachen und zusammenhanglosen Wimmern.

»Aaaaa«, machte Vulgo ihn nach. Dann schnappte er den Rumbel beim Kragen und schüttelte ihn, als wollte er alle Knochen durcheinanderwirbeln. »Du schimmliges altes Federbett, wir haben einen langen Weg zurückgelegt, um uns mit dir zu unterhalten. Namenlosen Gefahren haben wir ins Auge gesehen, um einen fruchtbaren Gedankenaustausch einzuleiten, und du kannst bloß ›Aaaaaa‹ sagen.«

»Jawoll«, fiel Torricanyon ein und gab dem Tier einen leichten Schlag auf die Schnauze. »Du Ratte du.« Er besaß nicht den phantasievollen Wortschatz, über den Vulgo verfügte.

Das Tier richtete sich auf. »Ich bihn keine Rahtte«, sagte es. »Ich bihn ein Rumbel.«

»Und ich bihn Tohrricanyon, ein ganz bedrohlicher Borrihble«, sagte Torricanyon und ergriff den Rumbelspeer. »Schau dir das an«, sagte er zu Vulgo. »Ein höchst peinvolles Gerät.«

»Jawohlja«, stimmte der Borrible aus Stepney bei, »und da drunten sitzen Tausende von Rumbels, und alle haben sie so was. Komm, zurück zur Lichtung.«

Sie faßten den Gefangenen bei den Armen und zerrten ihn in die Mitte des Wäldchens, wo die anderen sich versammelt hatten. Der Rumbel wurde vor den Karren gesetzt und an eines der Räder gefesselt.

»Ach du meine Gühte«, sagte der Rumbel und sah sich nervös um, »ich kann tatsächlich ein Pfehrd riechen! Ihr könnt euch nicht vohrstellen, wie entsetzlich Pfehrde sind.«

»Ist das nicht erstaunlich, wie die nicht vernünftig reden können?« sagte Vulgo und zog fest an den Fesseln, um sicher zu sein, daß der Gefangene nicht entkommen konnte.

Die Borribles saßen im Halbkreis um den Gefangenen, und selbst die, die noch ein Schläfchen gemacht hatten, erwachten und kamen zum Karren, um den Gefangenen zu begutachten.

»Also dann«, sagte Bingo fröhlich zu dem Rumbel, »wir werden dir jetzt ein paar höchst interessante Fragen stellen, und du wirst uns ein paar höchst interessante Antworten geben. Wenn du uns nicht bei Laune hältst, wenn wir auch nur ein klitzekleines bißchen Langeweile bekommen, dann verfüttere ich dich an Sam. Der mag Heu.«

»Sam ist das Pferd«, sagte Chaline mit bedrohlicher Freundlichkeit.

»Aaaaaaach«, stöhnte der Rumbel schwach.

»Na, das ist ja schon mal unerhört langweilig für den Anfang«, sagte Vulgo. »Wenn der die ganze Zeit nichts anderes als ›Aaaach‹ sagt, können wir ihn gleich an Sam weitergeben.«

Sam, das Pferd, kam nun, da sein Name so häufig gefallen war, langsam zu der Gruppe Borribles herübergelaufen und stellte sich, zufrieden über ihre Schultern schauend, mampfend auf. Er sah sich die Pelzkreatur mit einem gewissen Appetit an, denn es ist tatsächlich so, daß Pferde gerne gelegentlich einen

Rumbel verspeisen – da er wie gut abgelagertes Heu schmeckt, würzig und nahrhaft. Der gefesselte Rumbel schrak zurück. Obwohl er für gewöhnlich durchaus Mut hatte, konnten verständlicherweise weder er noch sonst jemand seiner Art Anblick oder Geruch eines Pferdes ertragen.

»Laßt ihn nicht an mich heran«, schrie er, »ich werde reden, ich werde euch ahlles erzählen, aber laßt ihn nicht zu mir.«

Vulgo sah sich im Halbkreis seiner Freunde um. »Na«, sagte er, »wenigstens besser als ›Aaaach‹.«

»Wie viele Rumbels sind in eurem Bunker?« fragte Torricanyon.

Eine dünne gelbe Zunge tauchte einen Augenblick auf und fuhr den Spalt in der Rumbelschnauze entlang. »Huhnderte, sicherlich, vielleicht mehr, aber wihr sind nur ein Bunker, auch davohn gibt es Huhnderte, alle verbunden miteinander.«

»Und der Generalstab, die obersten Acht, wo sitzen die?« fragte Sydney mit kühler Stimme.

»Ihr wißt vohn den Acht?« fragte der Rumbel, sie mit wachsender Angst anblickend. »Dann seid ihr keine gewöhnlichen Kinder, ihr seid …«

»Gahnz richtig, ahlter Freund«, sagte Vulgo spöttisch, »wir sind die gefürchteten Bohhhribbles. Hör doch zu, wenn man dir was erzählt.«

Das Verhör setzte sich den ganzen Nachmittag lang fort, wobei dem Rumbel nach und nach klar wurde, daß dies die prophezeite große Rumbeljagd war.

Die Borribles fanden vieles heraus. Der Rumbel, den Poch und Grabscher vor langer Zeit gefangen hatten, war lebend ins Rumbelreich zurückgekehrt. Seine Geschichte hatte die Herzen aller Rumbels mit Furcht und Entsetzen erfüllt – alt und jung, männlich und weiblich. Doch die Furcht war zum Zorn geworden, und aus dem Entsetzen war Entschlossenheit hervorgegangen, und die Rumbels hatten sich bereitgemacht.

Zuerst hatte der Generalstab, wie es der allgemeinen Stimmung entsprach, in einer übertriebenen Reaktion alle tauglichen Tiere zur Truppe der Krieger eingezogen. Man hatte intensiv trainiert, und Rumbelspäher waren regelmäßig bis nach Southfields und sogar bis zum Wandsworth Common ausgeschickt worden. Einige waren in ununterbrochener Reihe entlang der Eisenbahnlinie aufgestellt worden, welche, wie man glaubte, die Borriblearmee überschreiten mußte, denn die Rumbels hatten eine Masseninvasion erwartet. Diesen Eindruck hatten die Erzählungen Timbucktus hervorgerufen, des Rumbels, den Poch im Battersea Park so grob behandelt hatte. Er brachte seine Mitbürger zu der Annahme, daß eine riesige Horde Borribles im Anmarsch wäre und daß sich alle Borribles Londons im Kriegszustand befänden.

Aber die Wochen waren vergangen, und vom Feind war nichts zu sehen gewesen. Die Borribledrohung trat im Bewußtsein des durchschnittlichen Rumbels zurück. Die Späher verließen ihre Posten und nahmen wieder ihr allzugewohntes Leben der problemlosen Bequemlichkeit auf. Patrouillen zogen immer noch nach Southfields und so weiter, aber Rumbels mögen die Straßen ebensowenig wie die Borribles das freie Feld, und so waren die Patrouillen weniger regelmäßig und aufmerksam geworden. Die meisten Rumbels vergaßen die Gefahr der großen Rumbeljagd vollständig, andere vertraten die Ansicht, daß es sich um eine leere, im Zorn ausgestoßene Drohung handelte, eine, die die Borribles niemals einlösen könnten. Und jedenfalls, dachte der gewöhnliche Rumbel, wenn er überhaupt daran dachte, diese Borribles sind drekkige kleine ärmliche Rotzfiguren, die würden nie die lange und gefährliche Strecke zum Rumbelreich zurücklegen können, denen fehlen die Mittel, das Wissen, der Verstand. Eine solche Expedition auszurüsten, steht einfach nicht in ihrem Vermögen. Die leben in schmutzigen Seitenstraßen und kratzen kaum ihren kümmerlichen Lebensunterhalt zusammen. Sind vollauf damit beschäftigt, zu überleben. Nein, dachte man, das große Reich der Rumbels oben auf dem großen Hügel, beinahe der Gipfel der Welt – das ist nicht in Gefahr.

Der Generalstab der Rumbels sah dieses Problem jedoch nicht in ganz derselben Weise. Sie waren bedroht worden, und obwohl diese Drohung vielleicht erst eine Idee war, war es doch eine Idee, die ihren Untergang zum Gegenstand hatte, und es lauerte darin eine große Gefahr. Wenn nichts getan würde, konnte diese Vorstellung nur zu einer Katastrophe führen. Im übrigen, dachten sie sich, hatten sie das völlig unbestreitbare Recht, hinzugehen, wo sie wollten, waren niemand verpflichtet – und dieses Recht galt es zu verteidigen.

So arbeitete der Generalstab einen Plan aus, der in der Hauptsache vom Oberhaupt und Diktator der Rumbels stammte, von Vulgarianus. Sie mußten zuschlagen, bevor der Schlag gegen sie geführt werden würde; sie mußten die Borribles von Battersea zerstören, bevor deren Idee sich einwurzeln und verbreiten konnte. Eine große Rumbeltruppe aus Eliteeinheiten würde für einen Nachtangriff auf die Battersea High Street ausgerüstet werden, um alle Borribles aufzuspüren und zu vernichten, die sie finden konnten, und um die Kriegsmaschinerie zu zerstören, die dort nach den Versicherungen von Timbucktu entstand.

Krieger bereiteten sich in speziellen Trainingseinheiten vor und waren für die lange Reise gerüstet. Sie hatten keinesfalls die Absicht, diese vielen Meilen zu Fuß zurückzulegen; es stand bereits ein Auto bereit, und man wartete nur noch auf die Lieferung weiterer Wagen, bevor man aufbrechen würde. Sie beabsichtigten, mit großer Geschwindigkeit und gleichzeitig an mehreren Stellen zuzuschlagen, und die größtmögliche Panik und Zerstörung unter der Borrible-Bevölkerung hervorzurufen.

Zusätzlich zu diesen Angriffsmaßnahmen hatten die Rumbels ihre eigene Verteidigung in allen Einzelheiten noch einmal überprüft. Es gab nur zwei Eingänge in den zentralen Bunker, und beide wurden Tag und Nacht bewacht. Rumbels, sagte man, ließen nie wieder etwas los, was in ihrem Besitz war – und das Rumbelreich würden sie verteidigen bis zuletzt. Ein Gedanke, auf den sie nie gekommen waren, war die Möglichkeit, daß eine kleine, auserwählte Borrible-Streitmacht ihr Territorium infiltrieren könnte und versuchen würde, den Generalstab zu ermorden und so die Rumbels führungslos und ohnmächtig zu machen. So entdeckten die Abenteurer, daß das Überraschungsmoment auf ihrer Seite war: Niemand rechnete mit ihrer Ankunft. Das war die gute Nachricht. Die schlechte kannten sie schon: Sie waren hoffnungslos in der Minderzahl, und ein Rückzug würde, selbst wenn ihnen ihr Vorhaben gelänge, unmöglich sein.

Als die Borribles schließlich das Verhör zu ihrer

Zufriedenheit beendet hatten, entfernten sie sich ein Stück von ihrem Gefangenen, um ungestört reden zu können. Sie standen, prüfende Blicke auf den Horizont werfend, an die Bäume gelehnt und besprachen die Lage.

»Also –«, fragte Bingo, »wie legen wir das Spielchen an?«

»Was unser Freund zu erwähnen vergessen hat«, sagte Poch, »ist, daß es zwar nur zwei Eingänge in den Bunker gibt, aber daß da außerdem noch ein Lüftungsschacht über den Küchenräumen rauskommt. Steht in einem von den Büchern. Ich glaube, das ist der Weg, den wir – ich meine ihr – nehmen solltet.«

»Einen Moment mal«, unterbrach Stonkus. »Mein Ziel ist der Pförtner. Ich muß durch die Tür rein, sonst find ich ihn vielleicht nie.«

»Ich hab eine Idee«, rief Torricanyon. »Wir können einen Ablenkungsangriff auf beide Türen machen, nur ein paar von uns, und die anderen, die Hauptstreitmacht, geht durch den Luftschacht runter.«

»Da kommt 'Rococco«, sagte Stonkus, »der rennt ja förmlich.«

»Kann der laufen!« sagte Sydney. »Hoffentlich keine schlechten Nachrichten.«

Orococco hielt ein paar Meter vor dem Wäldchen an, sah sich um, ob ihn niemand beobachtete, und glitt dann zwischen die Bäume.

»Hallo«, keuchte er. »Alles in Ordnung?«

»Wir besprechen gerade, wie wir angreifen sollen«, sagte Napoleon. »Stimmt was nicht?«

»Keine Probleme«, antwortete der Borrible aus Tooting. »Bin nur mal kurz durch die Gegend gekurvt, mal schaun, was es zu sehen gibt ... Habt ihr den Rumbel, den ich euch geschickt hab?«

»O ja«, sagte der Wendel. »Was hast du rausgefunden?«

»Na, ich glaube nicht, daß sie wissen, daß wir hier sind«, sagte Orococco. »Ich hab einige von ihnen mit diesen komischen Speeren, die sie haben, rumwandern sehen, aber die sahen nicht irgendwie besorgt aus, haben halt pro forma ihre Runde gedreht. Ich hab die beiden Eingänge gefunden, und hab mir gemerkt, wo die Lüftung rauskommt, oben auf einem Hügel. Klare Sache.«

Napoleon, der dem Totter zugehört hatte, drehte sich jetzt mißtrauisch zu Poch. »Und was machst du während des Angriffs?«

»Adolf und ich, wir helfen, indem wir soviel Verwirrung stiften wie möglich«, sagte Poch, ohne den Wendel anzusehen.

»Da kannst du Gift drauf nehmen, *verdammt*«, stimmte der Deutsche ihm zu.

Nach einer kurzen Fortsetzung der Diskussion wurde Torricanyons Plan einstimmig angenommen, und die Abenteurer gingen zur Lichtung zurück. Dort erwartete sie eine Überraschung. Der Rumbel war verschwunden, sogar die Stricke, mit denen er gefesselt gewesen war, waren weg.

»Wer hat ihn festgebunden?« Napoleon brüllte Vulgo an; sein Gesicht war zornig verzerrt.

Vulgo sah schuldbewußt drein. »Ich hab mich vergewissert, daß er sich nicht losmachen konnte.« Er sah zu den anderen. »Echt.«

»Sieht ja ganz danach aus!« sagte Napoleon. »Wenn der seinen Bunker erreicht, sind wir geliefert.«

»Keine Panik«, lachte Sydney. »Schaut euch Sam an.«

Das Pferd lag am Rand der Lichtung, einen Ausdruck törichter Zufriedenheit auf dem langen

Gesicht. Aus dem Maul baumelte ein kleines, fransiges Endchen Strick, das mit der Bewegung der kauenden Kiefer hin und her schwang.

»Jetzt will ich doch gleich doppelt verdammt sein«, rief Adolf, »Sam hat ihn verspeist!« Und er ließ sein Spottlachen hören.

»Ist es die Möglichkeit?« sagte Stonkus ungläubig. »Hat er wirklich, schaut's euch an, dieses raffinierte Unschuldslämmchen.«

»Ein Rumbel weniger«, sagte Napoleon praktisch. »Ich hab mir schon den Kopf zerbrochen, was wir mit ihm machen sollen.«

Sam wieherte befriedigt, rollte sich auf die Seite, streckte die Füße von sich und versank prompt in einen tiefen Schlaf.

»Genau das mach ich jetzt auch, Mann«, sagte Orococco, »besorg mir was zu essen, und dann schlaf ich ausgiebig. Schließlich ist heute ja die Nacht der Nächte, was?«

Das schien allen die beste Idee; nach einem leichten Imbiß rollten sie sich in ihren Schlafsäcken zusammen. Poch, Adolf und Chaline übernahmen die erste zweistündige Wache; zwei Stunden lang über die kalte grüngraue Weite des ungastlichen Rumbelreiches hinaussehen.

Es war nun mitten im Winter, und hoch oben auf diesem Hügel war die Luft scharf und schneidend. Kein Wunder, daß diese Rumbels Pelzmäntel haben, dachte Poch, als er schaudernd Wache hielt. Nichts bewegte sich draußen in der öden Weite, nichts außer ein paar Erwachsenen, die ihre Hunde ausführten, oder Kindern, die auf Fahrrädern dahinsausten. Es war seltsam, dachte er bei sich, wie diese Schlacht nun geschlagen werden würde, und kein Erwachsener, kein Polizist würde je etwas davon wissen – aber schließlich gab es eine ganze Menge, was die nicht wußten und auch nicht wissen sollten.

Chaline kam herüber und lehnte sich an einen Baum. Sie sah Poch zuerst nicht an, sondern schaute über das grüne Land hinaus, wo der vorrückende Nebel der Abenddämmerung es schwierig machte, zwischen Bäumen und Ginstersträuchen, Wegen und Gras zu unterscheiden.

»Es wird gefährlich, nicht wahr«, sagte sie. Es war keine Frage.

»Wir haben immer gewußt, daß welche von uns es nicht überleben«, antwortete Poch.

»Manchmal denke ich«, sagte Chaline, »daß so ein Abenteuer gar nicht das Richtige für uns ist. Es wäre schön, jetzt einfach wieder ein Borrible zu sein und in unseren Abbruchhäusern zu leben. Du weißt doch: ›Obst vom Karren, das reicht dem Borrible‹? Ich meine, dieses Abenteuer ist doch am Ende etwas, was weit über das hinausgeht, was wir sonst machen, es ist Selbstmord.«

»Moment mal«, protestierte Poch überrascht, »das ist das größte Abenteuer, auf dem wir je sein werden oder von dem wir auch nur hören werden.«

»Hmmm.« Es klang, als wäre Chaline nicht überzeugt. »Du solltest den anderen wirklich klarmachen, daß sie wahrscheinlich morgen um diese Zeit tot sind. Wer will für seinen Namen sterben? Das ist nie und nimmer borriblemäßig.«

»Obst vom Karren ist schön und gut, aber wir brauchen auch unsere Abenteuer. Schau mal, wenn du bei dem hier nicht mitgekommen wärst, hättest du nie Tautröpfchen und Herbie gesehen und erfahren, wie es uns geht, wenn wir gefangen werden. Wir hätten davon gehört, aber jetzt haben wir's gesehen, wir wissen es.«

»Ja, aber nimm mal an, Zoff hat sich da total geirrt, nimm an, diese Rumbels haben sich einfach mal umgesehen, sind einfach mal runter in den Park gekommen. Nicht um ganz Battersea zu erobern, wie er gesagt hat. Was dann? Das wäre dann schön blöd, wir haben Angst vor denen und sie vor uns.«

»Ach, das ist doch Unsinn«, sagte Poch und lachte kalt. »Der alte Zoff macht keine solchen Fehler, dem passiert so was einfach nicht. Er hat die Rumbels seit Jahren studiert, er kennt sie durch und durch. Ich meine, glaubst du, die Wendels wissen nicht, womit sie's zu tun haben? Eisenkopf ist Eisenkopf, weil es die Rumbels gibt, auf die geht das alles zurück... das ist doch offensichtlich!«

»Du bewunderst Zoff zu sehr«, sagte Chaline. »Je mehr ich von dieser Expedition sehe, desto mehr denk ich daran, zurückzugehen, wo wir hingehören. Ich meine, wie wichtig ist ein Name? Du hast einen, und doch machst du jetzt wegen eines zweiten bei dem Himmelfahrtskommando hier mit.« Sie schüttelte den Kopf, schaute Poch an und sprach dann aus, was sie wirklich beschäftigte: »Da ist noch was, das stimmt doch? Ein Geheimnis, das du kennst und das Zoff kennt. Normalerweise sind Expeditionen schöne Abenteuer, und man hat Spaß, aber hier werden wir wie die Wendels. Das kann doch nicht gut sein, oder? Was wir machen, sieht jetzt richtig aus, aber am Ende könnte es ganz falsch sein.«

Poch wurde streng; lange und komplizierte Argumentationen schaffte er nicht. »Du und Sydney, ihr habt wirklich euren Platz ausgefüllt, die ganze Zeit. Ich hab's am Anfang nicht glauben wollen, aber ihr wart voll da. Willst du das jetzt alles kaputtmachen und Angst kriegen?«

Chaline wurde nicht ärgerlich, sie lächelte sogar. »Ich hab dir's am Anfang gesagt, wir sind so gut wie irgend jemand sonst. Und was die Angst angeht, na, jeder hat Angst vor etwas. Du hast Angst, daß du keinen zweiten Namen bekommst, und danach wieder einen und so immer weiter.« Sie legte ganz leicht ihre Hand auf seine und nahm sie wieder weg.

Poch errötete und drehte den Kopf, um sie anzusehen, aber sie war durch die Bäume verschwunden, zurück zu ihrem Posten. Über den sonnenlosen Wiesen des Rumbelreiches lag der Nebel in großen Ballen; keine Menschenseele war zu sehen. Bald würde es dunkel sein; er wäre froh, wenn es los ging.

Die Borribles wachten und schliefen abwechselnd, den ganzen Abend jenes Tages hindurch, aber um Mitternacht fanden sie keinen Schlaf mehr und standen auf, um ein letztes Mal gemeinsam zu essen. Sie drängten sich unter dem Karren zusammen und hielten ihr Festmahl im Licht von Taschenlampen, die sie an die Speichen der Räder gebunden hatten. Sie waren ziemlich still, aber dann erzählte Adolf ihnen von seinen Reisen, und wie er sich seine Namen geholt hatte, wie das hier das beste Abenteuer war, das er je gehabt hatte, und wie glücklich und froh er war, mit einer solchen Bande zusammen loszuziehen. Er schlug Napoleon auf die Schulter und sagte, er sei »gar nicht so übel für einen Wendel«, und selbst Napoleon mußte lachen und gab dem Deutschen noch eine Dose von Tautröpfchens Guinness.

In der schwärzesten Stunde der Nacht begannen sie ihre Vorbereitungen. Sie bestückten ihre doppelten Munitionsgurte mit sorgfältig ausgewählten Steinen und tauschten die abgenutzten Gummis ihrer Schleudern aus. Adolf und Poch nahmen sogar als Reserve die Schleudern mit, die sie bei ihrer Flucht aus Tautröpfchens Haus eingesetzt hatten. Sie entfernten alle glänzenden Teile von ihren Jacken, stopften die Hosenbeine in die Socken und schnürten ihre Stiefel fest, ohne baumelnde Schnürsenkel, damit sich nichts an Nägeln oder Türkanten oder sonst irgendwo verfangen konnte. Sie führten Sam ins Geschirr und luden ihre Rucksäcke auf den Karren, um zur Flucht bereit zu sein, falls sie je wieder aus dem Bunker herausfinden würden. Als alles getan war, schaufelten sie einen großen Haufen Steine von dem kiesbedeckten Ufer der Grube zusammen, und warfen auch die in den Karren. Wenn sie ihren raschen Rückzug verteidigen müßten, würde es von Vorteil sein, wenn sie einen guten Munitionsvorrat dabeihätten. Ganz zum Schluß nahm Poch eine Dose aus der Tasche, öffnete sie und fing an, sein Gesicht mit dem Inhalt einzureiben. Es war schwarze Schminke, die seine weiße Haut im frostigen Sternenlicht vor dem Feind verbergen sollte. Orococco lachte, als die anderen es ihm nachtaten.

»Mann o Mann, jetzt hab ich aber wirklich alles gesehen. Wenn wir mal bei Tag angreifen, sorgt ihr dann dafür, daß wir ein bißchen weiße Farbe für mich dabeihaben, damit mein Gesicht nicht so peinlich auffällt?«

Seine Freunde, die sich ein wenig blöd vorkamen, sagten, er sollte 's Maul halten, aber er lachte weiter, und immer wieder im Verlauf der Nacht lachte er leise vor sich hin, wenn er die anderen mit ihren schwarzen Gesichtern sah.

Als sie bereit zum Aufbruch waren, standen sie in

einer Gruppe zusammen und sahen sehr angriffslustig und entschlossen aus. Einer nach dem anderen gingen sie zu dem Pferd hinüber, streichelten Sam und baten ihn, geduldig zu sein und im Geschirr zu warten, und Sam wieherte wie ein Schlachtroß und stampfte mit dem Huf. Sie verglichen ihre Uhren, peilten den Kompaß auf das Wäldchen und marschierten dann, ohne ein Licht, hintereinander davon. Orococco führte sie, denn, wie er sagte, er kannte nicht nur den Weg, sondern war nach wie vor der Schwärzeste von allen.

8

Es war eine kalte und klare Nacht; der Reif ließ ihre Tritte knirschen, als sie über das starre weiße Gras dahingingen. Sie sprachen nicht, aber es war keiner unter ihnen, der sich nicht in diesem Augenblick nach dem freundlichen Gedränge seiner Heimatstraßen sehnte. Nach etwa einer Meile hielt Orococco an, und die Abenteurer bildeten einen Kreis. Der Borrible aus Tooting konnte selbst jetzt der Situationskomik nicht widerstehen. »Freunde«, lachte er, »ihr schaut mich an, als wären wir die zehn kleinen Negerlein.«

»Mach schon, mach schon«, sagte Stonkus ungeduldig, der wie alle anderen angespannt und begierig war, zu beginnen.

»Na gut, du Sarottimohr«, sagte Orococco. »Seht ihr die Erhebung, die da drüben langsam gegen den Himmel anwächst? Das ist der Bunker, sieht nur wie ein Hügel aus. Rechts stehn ein paar junge Bäumchen und Sträucher, die verdecken das Große Tor. Wenn wir den Hügel raufklettern und in gerader Linie drübergehn, kommen wir zum Abzug des Lüftungssystems, und in gerader Linie davon weiter, etwa eine halbe Meile, kommt die Hintertür – kleiner und nicht so gut gebaut. Und stampft nicht mit dem Fuß auf, wenn ihr auf dem Hügel seid, oder ihr weckt alle Ratten im Rumbelreich.«

»Also!« sagte Stonkus. »Ich steig hier aus. Mein Ziel ist grade auf der anderen Seite von der Tür da.«

»Mit hunderttausend Freunden«, fügte Napoleon sarkastisch hinzu.

»Das Risikoverhältnis ist für einen Borrible grade richtig, da schlaf ich nicht ein dabei«, antwortete Stonkus, der auch eine freundschaftliche Spitze nicht kommentarlos vorbeiließ... und bei einem Wendel wußte man ohnehin nie so genau.

»Wer soll dich begleiten?« fragte Poch. »Wir müssen weiter, wir müssen bei Morgengrauen wieder draußen sein.«

»Torricanyon, wenn der mitkommt«, sagte Stonkus und drehte sich nach seinem Freund um.

»Klar doch komm ich mit«, antwortete Torricanyon und setzte sich leise vom Rest der Gruppe ab. »Wir geben euch zehn Minuten, dann gehen wir rein.«

Der Rest ging weiter. Sie liefen in leisem Trab die Seite des Hügels hinauf, der sich über dem Bunker wölbte. Und tatsächlich: oben auf der Anhöhe, von dichtem Ginster verborgen, öffnete sich der Hauptschacht des Belüftungssystems der Bunkerstadt. Die Öffnung war mit einem schweren, soliden Eisengitter bedeckt, zur Tarnung grün bemalt. Orococco sagte: »Da habt ihr's. Und nun, wer kommt mit mir zur anderen Tür? Kann ich sehr empfehlen, ziemlich schwächlich und nur von fünfhundertfünfzig Rumbels bewacht. Wer bietet?«

Bingo sprang auf. »Battersea und Tooting zusammen!« rief er. »Was für ein Team! Ich schnapp dich an den Beinen, du alter Totter, und hau sie mit deinem Dickschädel zu Klump.«

Orococco wandte sich zu Poch. »Gebt uns fünf Minuten«, sagte er, »und wenn ihr dann Teewasser aufgesetzt habt, sind wir bei euch drin.« Und er und Bingo rannten davon.

Nun waren noch sechs von ihnen um den Ventilationsschacht versammelt: Chaline, Sydney, Adolf, Napoleon, Vulgo und Poch. Sie hockten sich hin und warteten.

»Freunde«, sagte Vulgo nach einer Weile, »die fünf Minuten sind in die Ewigkeit gegangen. Sollen wir den Tanz beginnen?«

Napoleon zwängte sein Messer unter die Kante des Lüftungsgitters und schob die Klinge hinein, soweit es ging. Dann versuchte er mit allen seinen Kräften, das Gitter hochzuhebeln und zu drehen; es verschob sich ganz leicht in seiner Halterung.

»Es geht«, sagte Sydney und schob einen Stein in den Spalt, so daß das Gitter nicht gänzlich zurückfallen konnte. Adolf und Poch ergriffen die Kante und zogen zusammen, und das schwere Eisenquadrat stand einen Moment aufrecht, bevor sie es zu Boden gleiten ließen. Chaline beugte sich über die dunkle Öffnung und spähte hinunter. »Sieht so aus, als ob es eine schöne Strecke abwärts geht«, sagte sie.

Napoleon riskierte einen raschen Lichtstrahl seiner Taschenlampe: Der Luftschacht fiel zehn Fuß vertikal ab und bog dann rechtwinklig zur Seite.

»Es gibt nur einen Weg herauszufinden, wo der hinführt«, sagte Vulgo, »und zwar reingehen.«

Sie hatten jeder ein starkes Seil mitgebracht, das sie um die Hüften gewickelt trugen; Vulgo nahm seines und band es an einem nahen Ginsterstrauch fest.

»Ich geh zuerst«, sagte er. »Ich pfeif euch dann, wenn alles in Ordnung ist.« Er prüfte das Seil und sah noch einmal in die Gesichter seiner Abenteuergefährten. »Los geht's – und lassen wir uns nicht erwischen.«

Und er glitt über den Rand des Schachtes und war verschwunden. Im einen Augenblick war er noch dagewesen, lächelnd und den Kopf wiegend, und nun war nur noch ein Abschnitt des straffgespannten Seils zu sehen. Einen Augenblick später wurde das Seil lokker, und sie hörten den vertrauten Borriblepfiff.

»Ich geh als nächste«, rief Chaline, und sie packte das Seil, trat rückwärts in die Leere und stieg gelassen die Wand des Schachtes hinab.

»*Verdammt*«, sagte Adolf und stieß Poch an, »das Mädchen ist nicht schlecht.«

Napoleon entschied, daß Sydney Chaline folgen sollte; dann würde er selbst gehen. Zu Poch und Adolf sagte er nur: »Ihr beide kommt hinterher, und denkt daran, das Abenteuer ist jetzt wirklich auf seinem Höhepunkt. Ihr mischt euch bei keinem von uns ein, nur wenn wir euch auffordern. Das ist unser Abenteuer. Klar?«

Adolf beobachtete, wie der Wendel das Seil hinabglitt und ihn und Poch allein auf dem Hügel zurückließ, wo der Wind pfiff. »Er kann dich nicht allzusehr leiden, mein Lieber«, sagte er zu Poch. »Er glaubt, du hast etwas vor.«

Poch grinste und flüsterte dem Deutschen zu: »Und ich hab auch was vor, Sportsfreund, und du wirst dir's mit mir zusammen vornehmen. Was Napoleon betrifft, der ist einfach von Natur aus mißtrauisch, sind die Wendels immer.«

»Oho!« machte Adolf. »Laß mal gut sein. Wenn ich wo was gerne habe, dann vor mir. Los, Beeilung.«

Stonkus und Torricanyon robbten vorsichtig durch die Ginsterbüsche und näherten sich langsam der Großen Tür. Ein vorzeitiger Alarm würde die Verteidiger warnen und die Lage der Borribles nicht nur schwierig, sondern unmöglich machen. Gras und Gestrüpp waren schon feucht; der Morgentau kündigte sich an, und bald waren die beiden Angreifer und ihre Kleider durchnäßt.

»Wir sind gleich wieder trocken, wenn wir mal drin

sind«, sagte Torricanyon. »Ich nehm meinen Rumbel als Badetuch.«

»Irgendwie komisch, was?« sagte Stonkus. Er kroch nicht mehr weiter und sah seinen Gefährten an. »Ich meine, hinter einem Typ mit demselben Namen her sein. Wie wenn man hinter sich selbst her ist. Die Namen, die wir haben, sind nicht wirklich unsere, sind eigentlich die von denen, und wenn wir sie ausgelöscht haben – dann sind die Namen für immer unsere, und das Abenteuer, auch wenn wir getötet werden, das können sie uns nicht nehmen.«

»Das nimmt man uns, wenn wir alle sterben und keiner zurückkommt, um die Geschichte zu erzählen. Wenn es nie aufgeschrieben wird, ist es für immer weg, hast du da schon mal dran gedacht?«

»Ja. Vielleicht hätte Poch nicht so weit mitkommen sollen. Er kann kein Chronist sein, wenn er gefangen oder getötet wird.«

Torricanyon hielt Stonkus' Arm einen Moment fest. »Ja!« sagte er, »aber wenn er nicht bis hierher mitgekommen wäre, hätte er keine Geschichte zu erzählen.«

Etwa zehn Meter vor dem Tor hielten sie an und kontrollierten ihre Uhren.

»Noch mal fünf Minuten.«

»Schau dir die Tür an«, sagte Stonkus respektvoll, »absolut un-ein-nehm-bar, verdammt noch mal.« Es stimmte. Obwohl nicht sehr groß (denn Rumbels haben etwa dieselbe Größe wie Borribles), war sie aus massiver, harter Eiche und mit Eisenstäben verstärkt. Die schweren, soliden Türangeln waren so gefertigt, daß sie den Rammstößen eines Angreifers lange Widerstand leisten konnten. Bis man diese Tür zu Fall brachte, hatten wahrscheinlich schon alle Rumbels des Rumbelreiches hinter ihr Aufstellung genommen.

»Hier kommt man nur mit List weiter«, sagte Torricanyon weise, »aber mit welcher List, das ist mir unklar.«

Stonkus sah auf die Uhr. »Komm«, sagte er. »Ich hab eine Idee. Wickeln wir unsere Seile ab.«

Stonkus band die beiden Seile aneinander und lief dann gebückt zu den Bäumen, die ein wenig entfernt von der Bunkertür wuchsen. Torricanyon folgte ihm. Am Fuß eines kräftigen jungen Baumes sagte Stonkus: »Du kletterst jetzt mal hier rauf, damit sich das Bäumchen unter deinem Gewicht beugt. Hier ist das Seil, in der Mitte um den Baumwipfel binden und die Enden runterfallen lassen. Kapiert?«

»Ja doch«, sagte Torricanyon, »klar hab ich kapiert.« Und er hangelte sich den Baum hoch, der sich weiter und weiter unter ihm neigte, je höher er stieg.

Der Baum schwankte und vibrierte, als Torricanyon das Seil um den schmalen Stamm band und die losen Enden Stonkus zuwarf, dessen Umrisse er nur schwach in der Dunkelheit unten ausmachen konnte. Dann spürte Torricanyon, wie er näher und näher an den Boden hinabgezogen wurde, als der stärkste der Borribles an dem Seil zerrte, bis die obersten Zweige die Grasspitzen berührten.

»Bleib, wo du bist, Torri«, sagte Stonkus atemlos. »Halt dein Gewicht drauf, bis ich das Ganze hier an der Wurzel festgebunden hab.«

In einem Augenblick hatte Stonkus den jungen Baum sicher festgebunden, und als er fertig war, durfte Torricanyon von seinem Hochsitz herabsteigen.

»Was immer du tun willst, mein bester Stonkus, tust

du besser jetzt, weil die anderen genau in diesem Moment einmarschieren.«

Wie Torricanyon das sagte, gab es ein Geräusch hinter der Großen Tür. Stonkus blinzelte seinem Gefährten zu und ergriff das andere, das freie Ende des Seils, das von dem Baumwipfel herabhing. Er trat vor die Große Tür, klopfte und sagte dann nachdrücklich in einer Rumbelstimme: »Tuht mir leid, dich zu stöhren, ahlter Junge, aber ich habe hier etwas gahnz ungewöhnlich Hervorragendes, und ich dachte, du bist vielleicht interessiert, ich meine, man wührde dich allgemein bewundern. Mach zuh, Stonkus, mach die Tür auf, es lohnt sich wirklich.«

Einen Augenblick zögerte man auf der anderen Seite der Tür, und dann hörten Stonkus und Torricanyon, wie die Riegel zurückgeschoben wurden und wie sich der Schlüssel in dem großen Schloß drehte.

»Torri«, flüsterte Stonkus, »wenn ich dir das Zeichen gebe, besorg's dem Seil da«, und Stonkus machte eine Geste mit der Hand.

Torricanyon kauerte sich hin, und Stonkus stand hinter der Tür, die sich nun langsam öffnete.

Dann sprach Stonkus, der Borrible, zu Stonkus, dem Rumbel; beide die stärksten ihres Stammes.

»Es ist mir klahr, mein guter Stonkus, daß du überaus stahrk bist, aber ich möchte wetten, das kannst du nicht halten.« Und der Borrible schob das Seilende um die Tür und drückte es in die gierige Hand des Rumbels. »Festhalten«, sagte der Borrible, »denk darahn: Wir Rumbels lassen nie wieder etwas lohs!«, und er gab Torricanyon das Zeichen, der das andere, hemmende Seilende mit einem Schwung seines Messers durchtrennte. Der Baum wurde frei und sprang mit enormer, schneller Kraft nach oben, das kurze

Seilende mit sich reißend. Der Pförtner der Rumbels, am Ende des Seils, hielt fest, seiner Erziehung treu, und schoß wie die erste Rumbelrakete zum Mond durch die Türöffnung; die Große Tür wurde mit solcher Wucht aufgeschleudert, daß sie Stonkus getötet hätte, wäre er nicht zur Seite gesprungen.

Der Rumbel schoß mit bedeutender Geschwindigkeit über den Kopf des Borribles hinweg und schwang in weitem Bogen davon. Er hielt sich immer noch fest, und wenn er weiter so festgehalten hätte, hätte er vielleicht noch ewig gelebt – aber so änderte der Baum, als er den Scheitelpunkt seiner Bewegung erreicht hatte, plötzlich tückisch die Richtung, und es kam ein Augenblick, als der Rumbel sich mit einer bedenklichen Geschwindigkeit von der Türe entfernte, der Wipfel des Baumes sich jedoch mit derselben Geschwindigkeit zur Tür zurückbewegte. Das Seil spannte sich, und selbst die große Stärke des Rumbels Stonkus konnte es nicht halten: Es wurde seinem Griff entrissen. Er verschwand in die dunkle Nacht, eine sich rasch bewegende Silhouette gegen den sternübersäten Himmel.

»Beim Wiedereintritt in die Atmosphäre verschmort«, sagte Stonkus und spuckte erleichtert aus. Sie warteten längere Zeit schweigend.

»Der läßt sich ja wirklich Zeit da oben«, sagte Torricanyon irritiert.

In diesem Augenblick hörte man einen Schrei und das Krachen von Ästen, etwa dreihundert Meter entfernt. Dann ein dumpfer Schlag, und der Boden, wo die Borribles standen, zitterte und dröhnte.

»Ah, das hört sich nach einer befriedigenden Landung an«, sagte Torricanyon, der sich aus der Hocke erhob und endlich sein Messer in die Scheide schob.

Er ging hinüber zu Stonkus und nahm seine Hand; er schüttelte sie.

»Ich möchte als erster«, sagte er, »dir zu deinem Namen gratulieren – den du als erster von uns verdient hast. Gut gemacht, Stonkus … keiner außer dir trägt jetzt den Namen.«

Die Große Tür zum Bunker stand nun unbewaffnet offen. Die zwei Borribles gingen auf Zehenspitzen hin und spähten hinein. Im Schein elektrischen Lichts sahen sie einen Flur, mit einem bequemen Sessel für den Wachhabenden. Ein paar Decken lagen bereit, und daneben stand ein Tischchen mit Essen und Büchern, für die lange Nacht des Wachtpostens. Auf der anderen Seite des Flurs führte ein hellerleuchteter Tunnel ins Herz des Baus. Flur und Tunnel waren aus Ziegeln gemauert, auf dem Boden lag ein Teppich, an der Wand hingen Bilder. Es sah schön warm und behaglich aus, heimelig.

»Niemand da«, sagte Stonkus, und sie betraten den Flur und zogen die dicke Tür hinter sich zu.

»Tolle Einrichtung hier«, sagte Torricanyon. »Lassen sich nichts abgehen, was?«

»Das brauchen die auch nicht, Kumpel, die nicht«, sagte Stonkus, schob die Riegel zu und drehte den Schlüssel. »Hör mal«, sagte er dann, »ich hab meinen Typ erledigt, ich bleibe hier und bewach den Ausgang, so haben wir eine Rückzugslinie.« Er hob einen Rumbelspeer auf, der dem Wachtposten gehört hatte, welcher so übereilt von seinem Posten gewichen war; prüfend wog er ihn in der Hand. »Jeder Rumbel, der mir hier an die Tür will, kriegt vier Zoll Nagel unter den Pelz. Sag's den anderen, wenn du sie siehst. Ich schlag auch ein paar Backsteine aus der Wand und bau Barrikaden quer durch den Tunnel. Wenn ihr diesen Weg zurückkommt, müßt ihr pfeifen, und ich laß euch durch.«

»Gute Idee«, sagte Torricanyon. »Ich sag's allen, die mir über den Weg laufen.« Dann: »Ich geh jetzt besser. Lebwohl, Stonkus – und laß dich nicht erwischen, hm?« Seine Stimme schwankte ein wenig.

Stonkus zog seinen Freund zu sich und umarmte ihn. »Paß auf dich auf, mein Alter. Verdien dir deinen Namen gut. Laß dich nicht erwischen, du würdest mir fehlen.«

Und Torricanyon drehte sich rasch um, Tränen in den Augen, und rannte so schnell, wie er konnte, den hellen, sich windenden, gefährlichen Tunnel hinab, begierig, seinen Namen zu holen.

Orococco und Bingo, halb sitzend, halb gleitend, schlitterten über das triefende Gras den unebenen Hang hinunter, fielen, da der Abhang abrupt endete, ein Stück durch die Luft und landeten in einem Knäuel auf der freien Fläche am Fuß des Hügels.

»Still, Bingo«, flüsterte Orococco, »wir sind direkt auf ihrer Türschwelle gelandet.«

»Spart uns die Lauferei«, sagte der Abgesandte von Battersea.

Sie krochen auf allen vieren weiter, bis zu der Kleinen Tür. Wie der Name sagte, war sie weniger wichtig als die Große Tür auf der anderen Seite des Hügels; selbst ein Borrible mußte durch diese hier hindurchkriechen. In der Tür war ein Spion angebracht, so daß der Wachtposten, ohne zu öffnen, nach draußen sehen konnte. Immer noch auf den Knien schauten sich die beiden Borribles an und zurück zum Guckloch.

»Da hilft nur List«, sagte Bingo.

»Das ist alles, was wir haben, Mann«, sagte Orococco. Er klopfte an die Tür; es kam keine Antwort.

»Der pennt«, sagte Bingo und klopfte, diesmal mit dem Griff seiner Schleuder, was großen Lärm machte.

Hinter der Tür erklang ein gedämpftes Schnarchen, das plötzlich abrupt, wie beim Erwachen, abbrach. Orococco schüttelte den Kopf. »Unglaublich, schläft im Dienst, den werd ich zur Rede stellen.« Er schob sein Gesicht nahe an den Spion. Es war sehr dunkel hier am Fuße des Abhangs, wo die Tür versteckt war.

Das kleine Fenster in der Türe flog auf, und eine schläfrige Stimme sagte: »Wer da, Rumbel oder Feind?«

»Ein ehchter Rumbel«, sagte Orococco, und seine Zähne blitzten auf.

»Ehs gibt keine schwahrzen Rumbels«, sagte der Posten, und seine Schnauze schob sich dicht an die Öffnung und zitterte mißtrauisch. »Wie heißt du?«

»Mein Name ist Orococco«, sagte Orococco und blinzelte Bingo zu, der dicht vor der Tür stand, aber von innen nicht zu sehen war.

Ein schockiertes Schweigen folgte, dann sagte der Rumbel: »Eihnen Mohment, das kann nicht dein Nahme sein, es ist meiner.«

»Tuht mir fuhrchtbar leid«, sagte Orococco, »da mußt duh dich irren, alter Junge. Orococco ist mein Nahme, ahber ahbsolut, immer gewehsen.«

»Ich möchte keihnesfalls unhöflich sein«, sagte die Stimme hinter der Tür, »ahber ich sollte schließlich meinen eigenen Nahmen kennen. Tuht mir schrecklich leid, aber ich bihn Orococco.« Und die Schnauze kam näher an die kleine Öffnung und schnüffelte und schnüffelte. »Du riechst nicht einmal wie ein Rumbel«, sagte die Schnauze.

»Nun«, sagte der Totter von Tooting, »ich kann nur sahgen, mach die Tür auf und schau mich an, und duh wirst in mihr auf jehden Fall einen von den echten erkennen.«

»Das kann ich nicht«, sagte der Wächter. »Das ihst gegen die Regeln, und nach meiner Lihste sind heute nacht alle drinnen.«

»Nun guht!« sagte der schwarze Borrible. »Streck deine Nahse mal richtig raus und schnüffel mal ohrdentlich, daß du mich erkennst, und dann laß mich rein. Ich bin mühde, und ich habe wichtige Nachrichten für den Generalstab.«

»Ich gehöhre zum Generalstab«, sagte der Rumbel mit plötzlichem Interesse, »duh kannst mir alles erzählen.«

»Ich erzähle nichts, wenn duh mich nicht hineinläßt«, sagte Orococco eigensinnig. Die Schnauze schob sich weiter vor und versuchte, das Gesicht des Borribles zu beriechen, aber der trat einen halben Schritt zurück, und die Schnauze war gezwungen, sich noch ein wenig weiter vorzuschieben, und wieder ein bißchen weiter, immer noch schnüffelnd und vibrierend. In diesem Moment sprang Bingo hoch und ergriff die Schnauze mit beiden Händen und hielt sie mit aller Kraft fest. Orococco wickelte das starke Seil von seinem Leib ab und schnürte es mehrere Male um die Schnauze; das freie Ende band er sehr fest an die Wurzel eines kräftigen Busches. Der Rumbel konnte kaum atmen, aber Bingo ließ nicht los, und das Seil gab nicht nach, so sehr das Tier hinter der Tür sich auch abkämpfte. Orococco kam nahe an die Schnauze heran. »Sei jetzt still«, flüsterte er, »wenn du nicht mit dem Gezappel aufhörst, schlag ich dir eins auf die Nase, daß sie wie ein alter Socken herunterbaumelt.«

Die Bewegungen wurden schwächer, dann hörten sie auf.

»Und nun hör zu«, fuhr der schwarze Totter fort. »Du kannst an die Riegel, und du kannst an das Schloß. Aufmachen. Wir haben ein Ultimatum für deine Kollegen, und die bekommen's jetzt, so oder so, ob du deine Schnauze behältst oder nicht.«

Orococco Rumbel zögerte, eine kleine Weile hörte man wieder das Stampfen der pelzigen Füße, das Hin- und Herfliegen der Arme, aber die gefangene Schnauze rührte sich nicht. Dann hörten die Borribles die Riegel zurückgleiten, hörten den Schlüssel im Schloß knirschen, und Orococco warf sich mit solcher Wucht gegen die Tür, daß das Seil, welches die Schnauze hielt, mit lautem, schnarrendem Klingen riß und beinahe den Kopf des Rumbels durch die kleine Öffnung gezerrt hätte. Dieser wilde Angriff schleuderte den Körper des Wächters gegen die Korridorwand – ein unangenehm dumpfer Aufschlag.

Bingo sprang in den Korridor, ließ sich abrollen und kam mit schußbereiter Schleuder wieder auf die Füße, aber er schoß nicht: Dies war Orococcos Jagd. Orococco ergriff den Rumbelspeer, der neben dem Eingang lehnte, und warf die Tür mit seiner Spitze zu. Der Totter holte aus, bereit, den tödlichen Stachel in die haarige Brust seines Namenspartners zu stoßen, aber ehe seine Muskeln noch reagierten, fiel der Rumbel vornüber zu Boden, und das Gewicht seines Körpers ließ die Kleine Tür ins Schloß schnappen.

Bingo sprang auf und drehte den Leichnam um. »Meine Güte«, sagte er, »du mußt ihm das Genick gebrochen haben, als du die Tür aufgestoßen hast.«

»Stell dich nie hinter eine Tür, wenn jemand von der anderen Seite kommt«, sagte Orococco. »Altes Sprichwort aus Tooting, zwar nicht im Buch, sollte aber eigentlich drin sein.«

»He!« sagte Bingo und kam herbei und stellte sich vor seinem Kameraden auf, »du hast deinen Namen schon. Toll. Ich gratuliere«, und er schlug dem Totter auf die Schulter.

»Danke, Mann«, sagte Orococco, »jetzt schaun wir mal besser nach deinem.« Und er drehte sich um und verschloß und verriegelte die Tür, bevor er den Schlüssel in seine Tasche schob. »Denk dran, Bingo, ich hab den Schlüssel, erinnere dich, falls ich's nicht schaffe. Und jetzt schaun wir doch mal, ob die anderen schon den Teekessel aufgesetzt haben.« Den Speer quer vor sich haltend, rannte er, so rasch er konnte, den Tunnel hinab, und Bingo lief dicht hinter ihm.

Vulgo lag lang ausgestreckt in dem schmalen Lüftungsschacht und schob sich Zoll um Zoll mit den Ellenbogen vorwärts. Die Decke des Tunnels kratzte seinen Rücken entlang. Hinter sich hörte er das angestrengte Atmen der anderen, die ihm folgten. Nach einigen Metern, die ihm wie Meilen vorkamen, erreichte er ein fettiges Gitter, das im Boden eingelassen war. Er griff unter großer Anstrengung hinter sich und zog seine Taschenlampe aus einer Tasche seiner Jacke. Den Lichtstrahl mit der Hand abblendend, sah er, daß er am Ende des Tunnels war. Etwas stieß gegen seine Füße.

»Chaline«, hörte er sie sagen.

Er leuchtete mit seiner Taschenlampe auf das Gitter und sah, das es mit vier Schrauben befestigt war. Er griff nach seinem Messer und begann sie langsam aufzudrehen.

»Was ist los?« fragte Chaline.

Vulgo drehte den Kopf, soweit das ging. »Schachtgitter zur Küche, vier Schrauben«, flüsterte er und arbeitete dann weiter. Es dauerte lange, aber schließlich war das Gitter frei, und er schob es unter seinen Körper und steckte den Kopf nach unten, um in die Küchenräume zu sehen.

Unter ihm lag eine enorme, höchst modern ausgestattete Anlage, riesige Edelstahlflächen, Herde und endlose Arbeitsplatten, denn hier mußten die Hunderte von Rumbels versorgt werden, die im Bunker lebten, und vom glatten Funktionieren dieses Zentrums hingen ihre Gesundheit und ihr Wohlbefinden ab. Die Verwaltung und Organisation eines solchen Apparats setzte besondere Fähigkeiten voraus, und die Versorgung der Rumbels konnte nur von Mitgliedern des Generalstabs selbst kontrolliert werden.

In diesem Moment waren nur drei Rumbels von einem gewissen Rang in Vulgos Blickfeld, zwei weibliche und ein männlicher, und die waren offenbar noch nicht lange in der Küche, da sie sich die Augen rieben und gähnten. Die beiden weiblichen Rumbels fingen an, Anweisungen zu brüllen, und Mägde und Küchenjungen, etwa ein Dutzend, eilten zu ihren Pflichten. Riesige Töpfe flogen klappernd und klirrend auf die Herde, die Platten glühten rot, und Kräuter und Pflanzen wurden gewaschen und zerhackt; bald köchelte die Morgengrütze in den Töpfen.

Mit einem Zusammenzucken, das ihn beinahe verraten hätte, erkannte Vulgo den männlichen Rumbel: Es war das Oberhaupt, der Wichtigste, sein eigenstes Ziel. Vulgo zog hastig den Kopf zurück und kletterte über die Öffnung hinweg in den letzten, ausgangslosen Tunnelabschnitt, so daß Chaline etwas aufrücken konnte. Er ließ seine Taschenlampe kurz hinter Chaline leuchten und sah Sydney. Wieder steckte er den Kopf durch das Loch und wartete. Die Stabsrumbels standen in der Mitte der Küche, trieben die anderen zur Eile an, kosteten die Suppen und überwachten das Backen des Rumbelbrotes. Vulgo zog seine Schleuder hervor und schob vorsichtig einen Stein aus seinem Gurt, als der Oberrumbel, Vulgarianus selbst, zu den Frauen sprach. Er hörte sich gereizt und ungeduldig an.

»Ich wührde es begrühßen, wenn ihr zwei euch beeiltet. Wenn ich sahge: ein zeitiges Frühstück, dann meine ich auch ein zeitiges Frühstück. Ich hab das dumme Gefühl, daß etwas nicht stihmmt. Letzte Nacht ist einer unserer Rumbels nicht zurückgekohmmen, und das macht mich besohrgt ... Lohs, beeilt euch.«

»Es hat keinen Sinn«, schnappte Chaline Rumbel, »ehrst in einer halben Stuhnde kann es fertig sein.« Und sie hob mit einem kleinen Ruck ihre Schnauze etwas in die Höhe, um zu zeigen, daß die Diskussion beendet war.

»Hmm«, sagte Vulgarianus. »In diesem Fahll werde ich jetzt ehrst einmahl mein Bad nehmen. Mahn soll mir mein Frühstühck, sobald es fehrtig ist, auf einem Tablett schicken.« Und er zog seinen Morgenmantel fest um sich und stolzierte ohne ein weiteres Wort davon.

»Dieser Sklahventreiber!« sagte die Verpflegungschefin zu ihrer Kollegin. »Was glaubt der eigentlich, wehr er ist? Wir leiten diese Abteilung!«

»Achte einfahch nicht drauf, wahs er sahgt«, sagte Sydney Rumbel. »Eines Tages wihrd der schon noch eine böhse Überraschung erlehben.«

»Ja, und der Tag ist heute«, sagte Vulgo grimmig bei

sich. »Ich hab da gerade eine Chance verpaßt, verdammtnocheins.« Er zog seinen Kopf ins Dunkel des Tunnels zurück, wo Chaline wartete.

»Meiner nimmt jetzt ein Bad«, sagte Vulgo. »Aber deine ist genau unter dir, und die von Sydney auch. Braucht sie nur noch aufs Kreuz legen.«

Chaline drehte sich um und sprach mit Sydney, dann kauerte sie sich über das Loch und sah nach unten. Es waren gut zehn Fuß bis zur Platte eines breiten weißgeschrubbten Küchentisches; eine enorme Distanz für einen Borrible. Sie zog ihre Schleuder aus der hinteren Hosentasche, wickelte das Gummi sorgfältig um den Griff und klemmte sich die Waffe zwischen die Zähne. Dann ließ sie sich, mit einem Nicken zu Vulgo, fallen und verschwand. Sofort kroch Sydney hastig vor, ihre Schleuder bereits fertig verstaut, und sprang mit dem Eifer einer Katze durch die Öffnung des Schachts. Napoleon war noch in einiger Entfernung, kroch aber Stück um Stück näher. Vulgo wartete nicht auf ihn. Er saß auf der Kante der Schachtöffnung, ließ sich an den Armen herunter, bis sein Körper in voller Länge herabhing, und dann löste er seinen Griff.

Seine Füße trafen auf die hölzerne Oberfläche, und er folgte den Regeln von Hakenschlags Fallschirmjägertraining und ließ seine Beine unter sich abknicken und rollte sich ab, daß seine gerundete Schulter die Wucht des Falls abfing. Er glitt an der Tischkante ab und landete in der Hocke auf dem Küchenboden. Von da wurde er Zeuge eines Kampfes, der ihn blinzeln ließ.

Chaline und Sydney waren vielleicht zehn Sekunden vor Vulgo in der Küche angelangt, hatten aber keine Zeit verschwendet. Die beiden Rumbels des

Generalstabes waren zuerst vor Chalines unerklärlichem Auftauchen erstarrt, hatten sich aber bald gefaßt; beide ergriffen einen Rumbelspeer aus einem Gestell an der Wand und riefen den Küchenhelfern zu, sie sollten sich bewaffnen und Alarm schlagen. Aber Chaline war eine Zauberin mit ihrer Schleuder: Sie hatte zweimal geladen und geschossen, ehe die beiden Rumbels ihre Speere schleudern konnten, und sie zog sich ans andere Ende der Küche zurück, zu den heißen Öfen und dampfenden Herden. Der Laut, wie Chalines Steine durch die Luft pfiffen, machte die Rumbels unsicher, und als sie ihre Speere warfen, klapperten sie harmlos über den Kachelboden.

Nun war Sydneys Schleuder bereit: Die Rufe der Küchengehilfen und die Gefahr eines geschleuderten Rumbelspeers ignorierend, stand sie da und zog das Gummiband bis zurück an ihr Ohr – ein wohlgezielter Stein flog und traf ihre Feindin mitten gegen die Stirne. Sydney Rumbel fiel leblos zu Boden und riß einen Stapel Suppenteller um.

Chalines Gegnerin war ein eher makaberes Schicksal beschieden. Bei dem Geräusch des zerklirrenden Geschirrs bekam es das Mitglied des Rumbelstabes mit der Angst, denn sie war nun allein gegen drei; die entsetzten Gehilfen aus dem Weg stoßend und tretend, rannte sie ans andere Ende der Küche, wo riesenhafte Kessel leise auf tiefen, viereckigen Öfen kochten und die Tagesbrühe wärmten. Gegen das größte dieser Gefäße lehnte eine Trittleiter, die man aufgestellt hatte, damit man ohne Schwierigkeiten Zutaten hinzufügen konnte und damit die Chefköche die Suppe von Zeit zu Zeit abschmecken konnten. Aber jetzt wollte Chaline Rumbel nur noch fliehen. Wenn sie die Leiter erkletterte und einen Schritt über den Kessel hinweg machte, konnte sie sich in einen großen Schacht zwängen, der in einen anderen Teil des Bunkers führte, und so entkommen, Alarm schlagen und später weiterkämpfen. Chaline Borrible jedoch, deren Blut in der Erregung des Kampfes pochte, war eine rasche und gewandte Läuferin und folgte ihrer Namenspartnerin dichtauf. Als die Rumbel die oberste Sprosse erreichte, erreichte sie die unterste, packte die Leiter und stemmte sie mit aller Kraft hoch. Ein winziges Schweigen entstand, als die arme Rumbel im Leeren taumelte, einen Augenblick gewichtslos, dann zerriß ein Kreischen den Küchendampf, und das Kreischen klang laut und lange weiter bis es, aufklatschend, tief in der heißen, klumpigen Suppe unterging, doch selbst dann setzte sich das Kreischen fort, in quirlenden Blasen zur Oberfläche der Suppe getragen, wie ein Furz im Badewasser.

Vulgo rannte durch den Raum und tat einen großen, schweren Deckel auf den Kessel. »Mann o Mann«, krähte er, »jetzt sitzt sie aber tüchtig in der Soße!«

Napoleons Beine erschienen in der Öffnung der Decke; er ließ sich auf den Tisch fallen und sprang zu Boden. Dann rannte er in eine Ecke und holte sich einen Rumbelspeer. Er wog ihn in der Hand und besah sich die Gruppe der in einer Ecke kauernden Küchengehilfen.

»Na denn, ihr Kaninchen da drüben«, knurrte er, »eine Bewegung und ich reiß euch die Ohren ab.«

Sydney zog den Leichnam ihres Ziels in einen Besenschrank, schloß die Tür und drehte den Schlüssel um. »Menschenskind«, keuchte sie, »das ging irgendwie zu schnell, als ob's nicht richtig wäre.«

»Rein war einfach«, bestätigte Chaline, »raus wird schwierig.«

»Was machen wir mit der Küchenbrigade hier?« fragte Vulgo.

»Sperren wir hier in der Anrichte ein«, schlug Sydney vor, »die sind kein Problem.«

»Das macht mal«, sagte Napoleon, schon auf dem Weg zur Tür. »Ich und Vulgo, wir gehn jetzt besser, wir haben noch was vor. Bevor ihr hier abhaut, dreht die Elektroherde alle ganz auf, soll alles verdampfen, bis es qualmt und schmort und Feuer fängt. Hungrige Rumbels können nicht kämpfen.«

»Nicht schlecht.« Vulgo durchquerte die Küche, um mit Napoleon den Raum zu verlassen. »Wenn ihr fertig seid, versucht ihr am besten, euch zur Großen Tür durchzuschlagen, und schaut, ob ihr Stonkus und Torri trefft.«

»Vielleicht sehen wir uns wieder im Zentrum«, sagte Napoleon, »und vielleicht auch nicht. Wartet auf niemand. Von jetzt an folgt jeder seiner eigenen Chance.« Und damit schlüpften er und Vulgo durch die Tür und waren verschwunden.

Sydney und Chaline trieben die Küchengehilfen mit ihren scharfen Speeren in die Anrichte. Nachdem die Rumbels versorgt waren, rannten die beiden Mädchen durch die Küche und drehten alle Öfen und Herde voll auf – und dann, auf ihre Speere gelehnt, sahen sie einander an, und ein langsames Lächeln zog von ihren Augen zu den Lippen und wurde zu einem Grinsen.

»He! wir haben unsere Namen«, sagte Sydney, »stell dir das vor.«

Torricanyon lief den Haupttunnel hinab. Es war seltsam, nach so langer Zeit in der Gesellschaft der anderen allein zu sein, aber jetzt gab es kein Anhalten mehr. Irgendwo vor ihm lag das Zentrum, von dem spinnennetzartig die Korridore ausstrahlten. Der Bunker war verlassen, denn die Rumbels schliefen noch, aber in kürzester Zeit würden sie aus den Schlafräumen hervorkommen und sich in den Speisesaal begeben, um ein umfangreiches Frühstück zu sich zu nehmen.

Gelegentlich sah Torri einen Wegweiser, der, wie er annahm, den jungen Rumbels zur Orientierung diente, bis sie gelernt hatten, sich zurechtzufinden. Für seinen Geschmack hätte es ruhig mehr Wegweiser geben können; es wurde ihm klar, was für eine Aufgabe das Borribleteam sich hier vorgenommen hatte. Plötzlich erkannte er, daß er großes Glück haben mußte, um sein Ziel aufzuspüren, und noch weit größeres, um dieses Labyrinth wieder lebend zu verlassen. Fest hielt er seine Schleuder umklammert, einen Stein schußbereit, und schritt mutig aus. Am besten weiter und den Gefahren begegnen, wie sie kamen; zwecklos, sich vorzeitig Sorgen zu machen. Hinter ihm bewachte der gute alte Stonkus die große Tür, und es würde schon eine ganze Lawine von Rumbels brauchen, um ihn von seinem Posten zu vertreiben.

Torricanyon schlich an einigen Türen vorbei, die vom Korridor abgingen. An jeder hing ein Schild: »Schlafraum«; er lauschte, konnte innen aber keine Geräusche hören. So weit, so gut. Er ging weiter, an jeder Abzweigung des Korridors innehaltend und horchend, und spähte um jede Ecke, bevor er weiterging und spähte dann zurück, um sicher zu sein, daß er nicht verfolgt wurde.

»Mensch!« sagte er öfters. »Ich wünschte, ich könnte mein Ziel finden und dann wieder raus hier, das ist unheimlich so ganz allein.«

Schließlich hatte er Glück. Er wäre beinahe an einem schmalen Gang vorbeigelaufen, der links abzweigte, aber sein Fuß rutschte aus, und als er zu Boden sah, entdeckte er einen Ölfleck. Er ging in die schmale Passage und leuchtete mit seiner Taschenlampe gegen die Wände, denn hier war es dunkler. In Augenhöhe waren Wörter mit blauer Farbe hingepinselt, und obwohl sie verblaßt und schwierig zu entziffern waren, konnte man sie doch noch lesen: »Garage und Werkstätten. Kein Zutritt. Gez. Torricanyon Rumbel.«

»Junge, Junge!« sagte Torricanyon. »Ich hab's geschafft, ich hab's richtig gemacht. Ich warte in der Garage auf ihn.« Er wußte aus seiner Lektüre der Rumbelgeschichtsbücher, daß die Werkstätten ein lebenswichtiges Nervenzentrum des Untergrundsystems waren, und es gehörte zum Plan der Borribles, nach der Eliminierung ihrer Ziele soviel Verwirrung zu stiften wie möglich. Torricanyon hoffte, daß die Kontrolle über die Werkstätten es ihm ermöglichen würde, im ganzen Bunker großen Schaden anzurichten, einfach indem er den einen oder anderen Schalter umlegte. Wenn er dort einbrechen konnte, ehe die Rumbels erwachten, würde er sich in einer starken Kampfposition befinden.

Der dunkle Korridor fiel nun weiter ab, führte tief unter den Hügel des Rumbelreiches. Es war schlüpfrig und ölig unter seinen Schritten, weil so viele Maschinen diesen Weg transportiert worden waren, aber Torricanyon tastete sich mit Hilfe seiner Taschenlampe Stück um Stück vorwärts. Endlich kam er zu einer schweren Holztür, die ungefüge in ihren Angeln hing. Sie war zerkratzt und zerstoßen von den vielen Metallecken und -kanten, die gegen sie geprallt waren. Zu Torricanyons Verblüffung war die Tür offen, und innen schien ein Licht.

Er schob die Taschenlampe zurück in seine Jacke und zog prüfend am Gummi seiner Schleuder. Er war bereit. Wieviele Rumbels auch in den Werkstätten sein mochten, er würde ihnen entgegentreten und ihre Anlagen zerstören, ehe sie ihn vernichten konnten. Aber er mußte sichergehen, sein Ziel zu erwischen: Keiner aus dem Generalstab der Rumbels durfte übrigbleiben, um die Verfolgung oder einen Rachefeldzug zu organisieren. Torricanyon holte tief Luft, dachte kurz an die anderen und fragte sich, wo sie wohl waren, dann stieß er die Tür mit einem wuchtigen Tritt auf und sprang in den Raum – im Stil der Abenteuergeschichten, die er gelesen hatte, oder der Spionagefilme, die er sich angeschaut hatte, als er in den Kellern des Imperial Cinema (Clapham Junction) gewohnt hatte. Die Tür schwang zurück und knallte gegen die Wand. Torricanyon schoß durch die Türöffnung und landete in der Hocke; seine Augen flitzten durch die Werkstätten, sein Kopf wandte sich suchend nach allen Seiten, aber es war kein Feind da, auf den er hätte schießen können. Torricanyon entspannte sich.

Er war in einem großen rechteckigen Raum. An allen Wänden liefen Regalbretter entlang, auf denen jedes nur erdenkliche Werkzeug, das für die Untergrundfestung benötigt werden könnte, verstaut war; dazu kamen lange, lange Reihen von Ersatzteilen für die Maschinerie, die das glatte Funktionieren des großen Bunker-Uhrwerks ermöglichte. Werkbänke, Bohrmaschinen, Lötkolben, Drehbänke, Winden, ein Fließband. Es war ein höchst funktioneller, gut ausgestatteter Raum und gefiel Torricanyon sehr.

»Schau dir das an«, sagte er und sah sich voll Bewunderung und Respekt um, »was könnten wir mit der Kiste hier alles anfangen!« Aber dann fiel ihm ein, weshalb er hier war, und er schüttelte das Gefühl der Bewunderung ab. Er verriegelte die Tür und inspizierte die Räumlichkeiten, so daß er sicher sein konnte, daß kein bisher unsichtbarer Rumbel zwischen den Werkbänken oder hinter den Regalfächern lauerte. Je mehr er sich umsah, desto stärker war er beeindruckt. Er war selbst recht praktisch veranlagt, und wie er all die glänzenden Werkzeuge sah, in perfekter Ordnung aufgereiht, und die sinnreichen Werkbänke, das Holz, die Tischlerei, die halbfertigen Arbeiten, fühlte er, daß es ein großer Jammer war, solche Ordnung zu zerstören. Warum, warum hatte er daheim in Hoxton keine solche Werkstatt? Er wußte, daß er etwas damit hätte anfangen können.

Er seufzte und kam an eine Ecke, wo er dachte, die Werkstatt sei zu Ende, aber da entdeckte er einen weiteren Abschnitt des großen Raumes und sah mit einem Blick, daß es die Garage war. Er erinnerte sich, daß die Rumbels ein Auto gebaut und es in der Tat für ihre Reise nach Battersea benutzt hatten, damals, als Poch einen von ihnen gefangennahm. Und hier stand es, er hatte das Auto entdeckt. Er ließ seine Schleuder sinken; dieser Ort schien auch verlassen. Der Wagen selbst war lang und glatt und wirkte mächtig, aber was Torricanyon bei seiner Inspektion auffiel, waren die Änderungen an der Karosserie. Jemand war dabei, den Wagen in ein Panzerfahrzeug zu verwandeln, eine Kriegswaffe. In den Seiten waren kleine Schlitze, so daß man von innen Geschosse abfeuern konnte, während die Insassen geschützt blieben. Und auf die noch nicht lackierte Stahlplatte der Karosserie hatte ein

Rumbel mit Kreide gekrakelt: »Tod den Borribles«. Torricanyon musterte noch einmal die weiten Werkstatträume hinter sich. Das war es also; diese Werkstatt sah nicht länger schön aus, sie wirkte drohend und häßlich, und das Mitgefühl verließ sein Herz.

Seine Gedanken wurden durch das klingende Geräusch unterbrochen, mit dem ein Schraubenschlüssel auf den Zementboden fiel, und Torricanyon hörte einen Rumbelfluch. Er hob die Schleuder, stellte sich kampfbereit geduckt auf und schaute zu dem Panzerwagen hin – alles in einer Bewegung. Unter der Hinterachse schauten zwei Pelzfüße hervor. Ein Rumbelmechaniker hatte schon eine Frühschicht eingelegt, und der Wagen war hinten hochgehebelt, damit man bequem arbeiten konnte.

Torricanyon überlegte rasch. Wenn der Rumbel der einzige Anwesende war, schön und gut, aber gab es noch einen anderen Eingang, und waren andere Rumbels in der Nähe? Er ging zum Wagen.

»Na«, fragte er in höflichem Ton, »ihrgendwelche Problehme?«

»Wer ist das? Was machst du hier? Gihb mir mal den Vierzehner«, sagte der Mechaniker, ohne die Antworten abzuwarten.

»Ich bihn Bingo«, sagte Torricanyon, den ersten Rumbelnamen benützend, der ihm einfiel.

»Bingo«, rief die zu den beiden Füßen gehörende Stimme. »Höhr mal, wenn du mihr ein paar Stuhnden helfen kannst, können wir heut nahcht den Prohbelauf machen. Dieser Wahgen wird unbezwinglich sein, der fährt uns in einer halben Stuhnde zuhr Battersea High Street, wir besohrgen es diesen Borribles gründlich und sind zum Frühstück wieder da.«

Der Borrible spannte seine Muskeln und wollte

schon den Rumbel unter seinem Auto hervorzerren, als ihm ein Gedanke kam. »Wehr ist das eigentlich da drunten?« fragte er. »Ich kann dich nicht an deinen Fühßen erkennen, die sind nicht besonders einprägsahm.«

»Torricanyon natührlich – wer sonst würde hier um drei Uhr morgens arbeiten, wenn alle ahnderen Rumbels noch im Bett sind? Wir vom Generalstahb haben eben unser Verantwortungsgefühl, wir ergehben uns unserer Pflicht.«

Torricanyon stand auf und lächelte vor sich hin. Was für ein Glück. Unglaublich – sein Ziel war direkt hier, mit ihm zusammen, und sie waren allein.

Die Stimme unter dem Auto sagte: »Geh mal nach hinten und hol mihr die Lampe, die ihst ganz außer Reichweite. Zeit ihst entscheidend! Je eher wir diesen Bohribbles eine Lektiohn erteilen, desto besser. Wir werden denen eine Abreibung verpassen.«

»Guht, Augenblick«, sagte Torricanyon und ging um den Wagen herum, in der Hoffnung, daß Torricanyon Rumbel nicht bemerken würde, daß seine Füße nicht behaart waren, wie es sich gehört hätte. Aber der Rumbel sagte nichts dazu und redete weiter, während er mit Schrauben und Schraubenschlüsseln kämpfte.

»Wenn duh jetzt hinten um den Wahgen herumgehst, sei ganz vohrsichtig, der Griff vom Wagenhehber steht vohr, den darfst du nicht berühren, hörst du, Bingo? Sehr gefährlich, Autos und Wahgenheber und so, vor allem, wenn man drunter liegt. Autos sind eine hübsche Sache, aber nicht aus dieser Pehrspektive, wie vieles eigentlich, kommt stahrk auf die Pehrspektive an.«

Torricanyon bewegte sich verstohlen in den hinteren Teil der Garage. Hier stand der riesige Wagenheber, hier lag Werkzeug kreuz und quer auf dem Fußboden, und da stand die Lampe, vor dem zweiten Eingang zur Werkstatt: einer Schiebetür aus Stahl, groß genug, um den Panzerwagen hindurchzulassen. Zweifellos, dachte Torricanyon, war die Tür auf der anderen Seite verborgen, getarnt, so daß sie aussah wie eine abschüssige Grasnarbe hinter Ginstersträuchern oder Bäumen.

Die Stimme unter dem Wagen fuhr fort: »Wenn ich meine Hahnd ausstrecke, kannst du die Lampe drunterstellen, da, hier bei dem Vohrderrad, und dann kann ich ...« Die Stimme brach ab und kam dann wieder, stockend: »Bingo ... du trägst Schuhe, du hast Füße, richtige Füße. Du kannst nihcht Bingo sein ... du bihst ein Mensch ... oder ...«

»Ein Borrible«, rief Torricanyon. Er sprang zum Wagenheber, schlug die Sicherung weg und löste den Mechanismus, der die Hubwirkung außer Kraft setzte. Der mächtige Wagen, das massive Vernichtungswerkzeug, senkte sich langsam und unbeirrbar auf den öligen Boden und zerdrückte das kleine Leben des Rumbels, der ihn so liebevoll gepflegt hatte. Ein Schrei, dann Stille; und Torricanyon schob sich die Schleuder hinten in die Hose. Er sprach laut zu sich selbst, und seine Stimme hallte von den harten Wänden der Garage wider: »Gratuliere dir, Torricanyon«, sagte er »zum Erwerb deines Namens. Und jetzt kannst du aus dem reichhaltigen Material, das du um dich herum siehst, ein bißchen Randale basteln.«

Poch ließ sich hinab in die Küche fallen, wie die anderen es getan hatten. Adolf folgte ihm, und beide griffen sich Rumbelspeere aus dem Gestell in der Ecke.

»Aha«, sagte Adolf. »Gute Waffen für den Nahkampf.« Die Tür ging auf, und sie erstarrten, aber es waren Chaline und Sydney, die vom Korridor zurückkamen.

»Draußen ist alles ruhig«, sagte Chaline, »aber wer weiß wie lange noch.«

»Was soll dieser unangenehme Gestank und Dampf?« fragte Poch und schaute sich in der Küche um. Sydney wies auf die großen Töpfe, die immer noch auf den Herden kochten und blubberten. »Chaline hat ihre Namensvetterin in den Brei geworfen«, sagte sie.

Adolf lachte sein spöttisches Lachen. »Da müssen wir dir also zu deinem ersten Namen gratulieren. Ich bin sicher, du wirst in Zukunft noch viele andere haben.«

»Ich hab meinen auch«, sagte Sydney. »Im Schrank.«

»Ihr habt wirklich keine Zeit verloren«, sagte Poch. »Was ist mit den anderen?«

Die beiden Mädchen erzählten, daß Napoleon und Vulgo bereits weitergelaufen waren und vorgeschlagen hatten, daß man sich im Herzen des Bunkers, wo die meisten Tunnel zusammenliefen, treffen sollte.«

»Das hört sich ganz gut an«, stimmte Poch zu. »Adolf und ich werden versuchen, die Sache etwas in Schwung zu bringen; was wir brauchen, ist ein bißchen Heulen und Zähneklappern. Inzwischen könntet ihr Mädchen mal eine Rückzugsroute vorbereiten.«

Als Chaline und Sydney gegangen waren, lehnte sich Adolf auf seinen Rumbelspeer und schaute Poch unter hochgezogenen Augenbrauen hervor an. »Nun, mein Freund aus Battersea«, fragte er mit einem hellen Leuchten in seinen blauen Augen, »was ist es denn, was wir vorhaben?«

Poch lachte, glücklich und aufgeregt. »Davon hol ich mir einen zweiten Namen, und du kannst mir dabei helfen, Adolf. Irgendwo in diesem Labyrinth von Tunneln und Gängen ist eine Schatzkiste. Geld. Meine Aufgabe ist es, sie zur Battersea High Street zurückzubringen, damit das Geld unter alle Borribles verteilt werden kann.«

»Bist mir ja ein schöner Geschichtsschreiber und Beobachter«, sagte Adolf. »Wo ist sie?«

»Ich weiß nicht«, sagte Poch, der seine Schleuder fertigmachte und den Nagel am Ende seines Speeres prüfte. »Das Zimmer des Herrn Oberrumbel scheint mir eine gute Möglichkeit, und da geh ich hin.«

»Verzeihung.« Adolf hielt abwehrend die Hand hoch. »Da gehen *wir* hin.«

»Dann komm! Los!« schrie Poch, und sie rannten aus dem Raum.

Vulgo hielt an einer Stelle inne, wo sich der Korridor teilte. Ein Hinweisschild zeigte ihm den Weg, den er gehen mußte: »Hauptquartier«. Er wandte sich zu Napoleon.

»Bis dann, im Zentrum oder an der Großen Tür.«

»Oder gar nicht«, sagte der Wendel mit ironischem Lächeln.

»Traurig, ohne ein gutes Abenteuer durchs Leben zu gehen«, sagte Vulgo, eines der ältesten Borrible-Sprichwörter zitierend, und rannte mit verrücktem Eifer voran.

»Und denk außerdem daran«, sagte Napoleon vor sich hin, als er zusah, wie die kleine, energische Gestalt in der Ferne kleiner wurde, »es ist töricht, schneller zu rennen als deine Beute.«

Dann zog er sich die Munitionsgurte auf den Schultern zurecht und marschierte den anderen Korridor hinunter.

Vulgo hatte nicht weit zu gehen. Er umrundete eine Kurve des Tunnels und kam zu einer hellerleuchteten und geräumigen Halle, die mit einem üppigeren Teppich ausgelegt war als irgendein anderer Teil des Bunkers. Reihen von Sesseln warteten auf die geringeren Rumbels, die hier einer Audienz bei ihrem Chef entgegensehen mochten, und Vulgo gegenüber befand sich eine kräftige Eichentür. Sie wurde von zwei stämmigen, mit Speeren bewaffneten Rumbels bewacht.

Ohne Warnung schlug Vulgo zu; seine Schleuder war geladen, und der erste Schuß betäubte den einen Posten. Er fiel zu Boden, und der weiche Körper verursachte keinen Laut auf dem Teppich. Vulgo lud schnell wieder, doch schon hatte die zweite Wache ihren Rumbelspeer mit aller Macht geschleudert. Er traf den Borrible an der linken Schulter, und er taumelte gegen die Wand. Er spürte Blut seinen Arm hinunterlaufen, und der Schmerz ließ ihn mit den Augen zwinkern.

»Verdammt«, sagte er, aber er zog das Gummi seiner Schleuder so weit zurück, wie die Wand und der Schmerz es zuließen.

Sein Gegner griff nach einem neuen Speer und hob ihn über die Schulter; er war ein großer Speerwerfer, aber er sollte keinen Wurf mehr tun. Der zweite Stein aus Vulgos Schleuder schlug ihm glatt gegen die Schläfe, er stürzte vornüber, und der Speer entfiel seiner Hand.

Vulgo schob die Schleuder in den Gürtel und zog, mit konzentrierter Anstrengung, den vierzölligen Stachel aus seiner Schulter und warf den Speer zu Boden.

»Da hoff ich nur, daß das Biest nicht rostig war«,

sagte er bei sich und durchquerte den Vorraum, »und daß nicht allzuviel Wachen innen warten.«

Er klopfte mit dem Speergriff der toten Wache an die Eichentür.

»Wer ist da?« fragte von der anderen Seite eine dickliche, pompöse Stimme.

»Ich brihnge dahs Frühstühck«, sagte Vulgo, dessen Nachahmung eines Rumbels perfekt war.

Die Tür fuhr auf, und Vulgo sah den Kammerdiener des Oberhaupts vor sich stehen. Ein arroganter Zug verzerrte seine Schnauze; sein üppiges beiges Fell war mit einer grün-weiß-goldenen Schärpe geschmückt; das waren die Farben des Rumbelreiches.

»Da hast du dein Frühstühck«, sagte Vulgo und stieß den majestätischen Domestiken mit dem scharfen Ende des Speers in den Solarplexus. Der Diener krümmte sich zusammen und hielt sich den Bauch, und Vulgo hieb ihm den Schaft des Speeres über den Kopf. Der Rumbel brach am Boden zusammen und rollte auf den Rücken: Seine Schnauze flog auf wie eine Zugbrücke, deren Seile man kappt.

»Das wär's für dich, Wieselgesicht«, sagte Vulgo.

Er stieg über die Leiche und betrat einen schönen, luxuriös eingerichteten Wohnraum. Der Teppich war von makellosem Weiß, und das große Sofa aus cremefarbenem Leder fand seine Entsprechung in Sesseln aus demselben Material; an den mattgrünen Wänden hingen geschmackvolle Originale. Ein Farbfernseher stand da, Telephone aus Messing mit elfenbeinernen Muscheln, und Ausgaben der wichtigsten britischen Tageszeitungen und Zeitschriften lagen aristokratisch auf kleinen lederbezogenen Tischen verstreut.

Vulgo zerrte eine Leinendecke von einem der Tischchen, so daß eine Majolikavase auf den Boden fiel und zersprang. Er faltete den Stoff zusammen und schob ihn in seine Jacke, um die Wunde zu schützen und das Blut zu stillen.

»Je früher das hier vorbei ist, desto besser«, murmelte er, »sonst wird mir der Arm steif wie eine Rumbelschnauze.«

Er öffnete eine weitere Tür und sah, daß er nun im Büro des Oberrumbels angelangt war. Hier fand er einen großen Schreibtisch, der mit seiner grünen Saffianlederoberfläche Besucher beeindrucken sollte, eine Weltkarte an der Wand, Bücherregale, elektrische Schreibmaschinen, Fotokopiergeräte, und wiederum war alles in Weiß und mattem Grün gehalten. Es war ein teures und deprimierendes Zimmer, aber was Vulgo suchte, war nicht da.

Als nächstes betrat er ein kreisrundes Schlafzimmer, ausgestattet wie für einen berühmten Popstar. Ein riesiges rundes Bett stand in der Mitte weißer Ziegenfellteppiche, die Bettdecke war aus grüner Seide, die Farbe von Ginster in der Morgendämmerung. Das Licht strömte sanft aus verborgenen Lampen.

»Scheiße«, sagte Vulgo durch die Zähne, »am liebsten würde ich den ganzen Segen anzünden.« Er verzog das Gesicht vor Schmerzen, denn seine Wunde machte ihm zu schaffen. Er ging um das Bett herum, und Blut tropfte von ihm auf den Boden. Am anderen Ende des Zimmers stand eine Tür offen; parfümierte Luft schwebte hindurch. »Das Badezimmer«, dachte Vulgo und trat ein.

Durch die Wolken des süßriechenden Dampfes sah Vulgo seinen Namensvetter und Feind, Vulgarianus Rumbel. Der Chef, der Häuptling, lag ausgestreckt in einem ovalen Bad aus grünem Marmor, groß genug, um darin zu schwimmen. Die Wasserhähne waren aus

Gold, geformt wie Rumbelschnauzen, und duftendes Wasser ergoß sich aus ihnen über den pelzigen Körper und strömte durch ein Überlaufgitter, ebenfalls aus Gold, wieder ab. Der Boden zeigte, wo er nicht mit Frotteeteppichen bedeckt war, italienische Kacheln von warmem, südlichem Farbton. Neben dem Bad hingen einige Telephone an Schwenkarmen, die sich in jede Richtung verstellen ließen. Zwei riesige Elektroöfen waren vor den Marmorstufen aufgebaut, die von dem prächtigen Bad ins Zimmer herunterführten, so daß Vulgarianus sich nach dem Verlassen des Bades sogleich wärmen konnte. Gleich daneben lag ein Fön auf einer Stellage bereit, um das üppige Fell des Anführers zu trocknen.

Vulgo schritt durch das Zimmer und zog die blutige Lanzenspitze geräuschvoll über den gekachelten Boden hinter sich her. Die Schnauze des Rumbels drehte sich her; Bewegung entstand im Badewasser.

»Ich hohffe dohch, daß das jetzt endlich mein Frühstühck ist«, begann er ärgerlich, und dann sah er – nicht den unterwürfigen Kammerdiener, nicht einmal eine seiner Wachen: Er sah einen Borrible.

Vulgo bot in diesem Moment keinen beruhigenden Anblick. Sein Gesicht war noch immer mit Pochs Schminke schwarzverschmiert. Seine Jacke war schmutzig und zerrissen vom Durchkriechen des Lüftungsschachtes, und, was besonders dramatisch wirkte, ein Blutfleck breitete sich von seiner Schulter aus. Doch die Borriblemütze saß ihm frech auf dem Kopf, und in seinen Augen stand ein triumphierendes Glitzern. Vulgarianus Rumbel ließ sich ins Wasser hinuntergleiten, bis nur noch die Schnauze sichtbar war. Seine kleinen roten Augen, intelligent und listig, suchten blinzelnd den ganzen Raum ab, aber sie fanden keinen Ausweg. Eine Weile war das Gurgeln des Badewassers der einzige Laut.

»Ein Borrible?« fragte der Rumbel schließlich.

»Ein Borrible«, sagte Vulgo, »den ganzen Weg von Stepney her, ein verdammt langer Anmarsch.«

»Fluhch nicht«, sagte der Rumbel.

»Leck mich«, antwortete Vulgo und spuckte in das Badewasser. »Dies ist die Große Rumbeljagd, Kollege. Ihr habt hier alles, was ihr braucht, ihr hättet euch aus Battersea raushalten sollen.«

Vulgarianus erhob sich ein wenig. »Als ob wir eure stihnkigen Märkte und zerfallenen alten Häuser wollten, aber das eine sage ich dir, wir werden hingehen, wo wir wollen, und...«

»Wollt ihr nicht, so? Und die ganze Graberei, die ihr da im Battersea Park angefangen habt? Wie steht's denn damit? Ihr habt angefangen, Rumbel.«

»Wir haben angefangen! Ich weiß, Timbucktu ist manchmal etwas übereifrig, möchte immer graben und so weiter, aber er ist harmlos. Nein, das zählt nicht. Diese Geschichte ist allein eure Schuld, Borrible.«

»Quatsch«, sagte Vulgo und näherte sich dem Bad.

»Wieviel seid ihr?« fragte der Chef.

»Wir sind nur acht, aber das reicht, um das Ganze hier auseinanderzunehmen.« Vulgo stand zwischen den beiden Elektroheizgeräten und wärmte seine schmerzende Schulter. Er wurde von Augenblick zu Augenblick schwächer und steifer. Er wußte, er mußte seine Aufgabe rasch beenden; er fühlte sich kaum in der Lage, sich gegen Verstärkung, die jeden Augenblick auftauchen konnte, zu verteidigen.

Vulgarianus erhob sich plötzlich, und das Wasser troff in Kaskaden von seinem Fell. Er war von allen

Rumbels am größten gewachsen, beeindruckend und gebieterisch. Mit befehlendem Blick sah er seine lange Schnauze entlang auf den kleinen dreckigen Borrible hinunter.

»Acht!« rief er. »Ihr unverschämten kleinen Wichte, ihr winzigen unbedeutenden Pimpfe! Ich sage euch, daß die Rumbels hingehen werden, wohin immer ich es sage, von Hampton Wick bis zu Arnos Park, und vom Golfplatz in Ealing bis nach Bexley Heath! Wir werden uns nicht von einer Handvoll ignoranter Straßengören aufhalten lassen, Dieben, die in schleimigen Slums und feuchten Kellern hausen, die sich kein Stück Seife leisten können und sie selbst dann nur auffressen würden, die stinken, deren Ohren als Folge billiger bäuerischer Verschlagenheit eine spitze Form angenommen haben, und die nur dazu taugen, unsre Sklaven zu sein. Du Batterseagöre, ich muß nur diesen Alarmknopf hier drücken, und meine Leibwache macht ein Nadelkissen aus dir. Gib mir das Handtuch, du schäbiges kleines Knechtlein. Gib mir das Handtuch, sage ich, Borrible!«

Vulgo lächelte und rührte sich einen Augenblick lang nicht. Dann schob er das Ende seines Rumbelspeers durch den Griff eines der beiden Heizgeräte, und er hob den Speer, und das Gerät drehte sich an seinem Ende. Er schob seine Füße vorsichtig die Stufen empor, die Augen stetig auf Vulgarianus' Gesicht gerichtet, und er hielt seinen Speer vor sich, so daß das Feuer über dem Wasser glühte, dicht am Fell des Oberrumbels. Ein versengter Geruch stieg auf, und Vulgarianus machte einen Schritt zurück, nun statt Verachtung den Ausdruck des Schreckens auf der Schnauze.

Vulgo lächelte den Rumbel ironisch an. »Keine

Sorge wegen des Handtuchs«, sagte er freundlich, »gleich hab ich dein Fell trocken.« Und er ließ seinen Speer sich zum Wasser hinabsenken, und der Heizkörper plumpste zischend ins Bad. Der Strom sprang vom Heizkörper im Bogen über das Wasser und fuhr blitzartig durch das Fleisch des Anführers der Rumbels. Er brannte durch sein Herz und verglühte es wie einen alten Sicherungskasten, und Vulgarianus' Stimme rief, aber er hörte es nicht mehr. Sein Leib zuckte, aufrechtstehend, die toten Augen starrten erstaunt, dann fiel er, steif wie ein Brett von einem Baugerüst, vornüber in das Badewasser, und eine Flutwelle strömte über den Rand des herrlichen Bades und schoß das geäderte Grün der Marmorstufen hinab.

Vulgo schniefte prüfend und stieß mit der Speerspitze gegen den Körper. Er dümpelte leblos in dem farbig getönten Schaum.

»So ist das, mein alter Rumbel«, sagte Vulgo nachdenklich. »So macht man das, wenn man den Pelz gründlich trockenlegt. Mit Kilowatt kommt man dem Wiesel bei. Also ...«, fügte er hinzu, »ich hab jetzt meinen Namen. Abgesehen davon, so wie ich mich fühle, werd ich ihn nicht lange tragen. Lebend.«

Er ging die Stufen hinunter und zog die Kabel aus dem anderen Heizkörper und dem Haartrockner. Dann zerrte er die Kabelschnur durch den Raum zur Tür, die er schloß, und wickelte die blanken Drähte um die metallenen Türklinken. Er schaute sich seine Arbeit an und fuhr fort, vor sich hin zu reden. »Glaub nicht, daß ich mich mit dieser Wunde hier rauskämpfen könnte, kann ich also ebensogut gleich hier anfangen. Da spart man Zeit.«

Wieder durchquerte er das Zimmer und drückte

den roten Alarmknopf im Bad. »So, jetzt sollten eigentlich die Herren von der Leibwache anrücken«, sagte er und zog ein paar Stühle und Kissen als provisorische Barrikade über die unteren Stufen des Bades. Der tote Vulgarianus schwamm hinter ihm.

Vulgo streifte die Munitionsgurte ab und legte sie griffbereit. Er nahm sein Messer und legte es sich zurecht, und seinen Speer legte er auf die Barrikade. Dann lehnte er sich auf ein Kissen zurück, wartend und auf seine verletzte Schulter achtend, die jetzt ganz steif war, obwohl sie weniger schmerzte. Er wiegte den Kopf und dachte an ein paar alte Borrible-Sprichwörter, um sich die Zeit zu vertreiben.

»Besser jung sterben, als sich erwischen lassen«, zitierte er aus dem Gedächtnis, und er lächelte und hoffte, daß die anderen Glück hatten.

Poch und Adolf rannten gemeinsam aus dem Tunnel in die Halle, die vor den Gemächern des Oberrumbels lag. Alarmglocken klingelten und Warnlampen blinkten über ihnen an der Decke. In der Ferne heulte eine Sirene, und eine Tonbandstimme rief alle Rumbels an ihre Gefechtsstationen. Poch und Adolf spannten ihre Schleudern, aber sie hätten sich nicht zu bemühen brauchen. Die Körper der beiden Rumbelwachen an der Tür bewegten sich nicht. Poch steckte seine Schleuder weg und hob einen Speer auf. »Schau«, sagte er und zeigte Adolf die Spitze. »Blut.«

»Vulgo?« fragte Adolf mit besorgtem Gesicht. »Verdammt, ich hoffe, er lebt noch.«

»Schaun wir nach«, sagte Poch. Hinter der Tür fanden sie die Leiche des Dieners. Blut färbte den weißen Teppich, Blut, das schon braun wurde.

»Moment mal«, Poch pfiff durch die Zähne, »schau!«

Im Wohnzimmer des Hauptquartiers lagen mehrere Rumbels mit verkrümmten Körpern und versengtem Fell. Die beiden Borribles schnupperten die Luft und sahen sich an.

»Was Elektrisches«, sagte Adolf, »hübsch häßliche Sache. Gefährlich.«

»Rühr die Leichen nicht an«, sagte Poch und ging zur Tür. Dort fanden er und Adolf noch mehr Rumbels, alle angesengt und zusammengekrümmt, und alle tot.

»Das muß die Elitewache sein«, sagte Poch, »sieh dir die Uniformen an, und die Waffen.«

»Die Reihe führt zu der Tür dort drüben«, sagte Adolf, mit seiner Schleuder deutend.

»Ist dir aufgefallen, wie die alle einander berühren?« sagte Poch, und mit dem Schaft seines Speers schlug er die verkohlte Pfote des ersten in der Reihe der verbrannten Leibwachen von der Tür weg. Im Badezimmer erzählten die an der Klinke festgewickelten Drähte ihre eigene Geschichte. Der erste Krieger, der aufgetaucht war, hatte versucht, die Tür zu öffnen, und war daran gestorben. Ein zweiter hatte versucht, seinen Kameraden von der Klinke wegzuziehen, und er war gestorben. Viele waren auf diese Weise untergegangen, ihre Körper wie aneinandergelötet, das Fell rauh und schwarz. Dann hatten sie die Tür eingeschlagen, aber im Badezimmer lagen Dutzende weiterer Leichen, auf der Schwelle vom Stromstoß ereilt, von Steinen erschlagen, als sie den Raum durchqueren wollten, erstochen beim Versuch, Vulgos kleine Barrikade zu erstürmen. Der Raum war ein Chaos.

»O *verdammt*«, sagte Adolf ehrfürchtig, »was für ein Raufer, dieser Vulgo. Wer hätte gedacht, daß so ein kleiner Borrible soviel Mut in sich hat?«

Die Fährte der Leichen führte durch das Zimmer bis zum Rand der Badewanne. Unten an den Stufen lag ein halbes Dutzend der Leibwache auf einem Haufen. In diesem Badezimmer hatte ein ungeheurer Kampf getobt, aber von dem Borrible aus Stepney war keine Spur zu finden.

Poch kletterte über die Leichen und die Barrikade und entdeckte die halb unter Wasser treibende Gestalt des Oberrumbels.

»Er hat ihn erwischt«, schrie er. »Vulgo hat seinen Namen.«

»Postum, fürchte ich«, sagte der Deutsche traurig.

»Warte«, sagte Poch, »ich seh seinen Fuß.« Und es stimmte. Unter dem Haufen von Rumbelleichnamen ragte ein Borriblefuß hervor. Poch und Adolf zogen die toten Körper beiseite, und unter allen lag ein zerbrechlich wirkender kleiner Borrible, ein Messer in einer Hand und die abgebrochene Spitze eines Speeres in der anderen. Sie knieten sich neben ihn.

»Ist er schon fort?« fragte Poch.

Adolf legte seinen Kopf an Vulgos Brust. »Nein«, sagte er, »ich kann sein Herz hören.«

Liebevoll hoben sie den Borrible aus Stepney in eine sitzende Position und rieben seine Hände und Wangen. Vulgos Augenlider zuckten und öffneten sich dann schwach. Er war mit Blut bedeckt, obwohl das meiste nicht sein eigenes war. Er leckte sich die Lippen. »Da kann man sich ja drauf verlassen, daß ihr ankommt, wenn alles vorbei ist«, sagte er und versuchte zu grinsen. »Holt mir was zu trinken.«

Adolf war gleich wieder da, mit einem Zahnbecher aus Jade, den er mit kaltem Wasser gefüllt hatte, und Vulgo trank gierig. »Schon besser«, sagte er und schaute sich im Zimmer um. »War kein schlechter

Kampf«, fügte er hinzu, »aber ihr verschwindet jetzt besser. Mit diesem Alarmgeklingel sind die Tunnel bald dicht an dicht mit Rumbels voll.«

»Gut«, sagte Poch, »wir gehen. Ich hab nur noch was zu erledigen. Adolf, paß auf die Tür auf.«

Vulgo ergriff Pochs Arm. »Gib mir einen von deinen Gurten. Ohne ein paar Steine fühl ich mich einsam.«

Poch streifte einen Munitionsgurt über den Kopf, hob eine Schleuder vom Boden auf und gab sie Vulgo. »Hier, bitte«, sagte er. »Laß uns aber noch ein paar Rumbels übrig.«

Poch verließ das Badezimmer und kam in einen großen Arbeitsraum. Dies war ein privaterer, intimerer, zurückgezogenerer Raum als das Büro. Hier stand nur ein leerer Schreibtisch; es gab ein paar Bücher, an der Wand hing ein Aquarell: eine Landschaft des Rumbelreiches. Poch warf das Bild zu Boden und fand, was er sich erhofft hatte: einen großen Safe. Verblüfft schaute er ihn an: Der Safe war fest verschlossen, und außen befand sich ein kompliziertes Kombinationsschloß. Er drehte daran herum, horchte, zog an dem großen Messinggriff, aber die Safetür rührte sich nicht. Er rannte zurück ins Badezimmer und rief Adolf verzweifelt zu: »Verflucht, ich krieg den Safe nicht auf. Wir sind verratzt.«

Der Deutsche schob den Kopf um die Tür herum, die er bewachte. »Ein Safe«, rief er, »ist das alles? Hab ich dir nicht erzählt, wie ich meinen dritten Namen bekommen hab? Amadeus? Indem ich Diamanten von dem geschicktesten Einbrecher ganz Österreichs geklaut hab. Komm, sieh zu. Ich überrede deinen kleinen Safe, daß er lieb zu uns ist.«

Im Augenblick hatte Adolf sein Ohr gegen die Tür des Safes gepreßt, und seine agilen Finger bewegten das Schloß. Es klickte; noch einmal und noch einmal, bis schließlich ein Klicken ertönte, das endgültiger klang als die anderen, und Adolfs Augen leuchteten wie ein Spielautomat, der den Hauptgewinn anzeigt. Er ergriff das Schloß mit beiden Händen und zog die massive Stahltür auf.

»Ins Schwarze!« rief er. »Ach, *verdammt*, ich hab noch das Gefühl dafür.«

Poch schaute in den Safe und entdeckte eine große Kiste mit Messingbeschlägen. »Du mußt der beste Safeknacker der Welt sein«, sagte er. »Adolf Wolfgang Amadeus *Winston*!«

»*Danke*«, sagte Adolf auf deutsch. »Ich bin stolz auf meinen neuen Namen und werde gerne erzählen, wie ich ihn bekommen hab. Wenn wir hier je rauskommen.«

Sie zogen die Kiste aus dem Safe, und sie krachte auf den Boden. Poch riß den Deckel auf und hockte sich verblüfft hin: Bis zum Rand war sie mit raschelnden neuen Banknoten gefüllt.

»Brat mir einer 'nen Storch«, sagte er. »Das ist ja ein Vermögen.«

»Nützt nichts, wenn du's nicht wegschaffen kannst«, sagte Adolf.

»Warte«, sagte Poch und hielt den Deutschen an der Schulter zurück. »Wir müssen sie zu zweit tragen. Vulgo müssen wir zurücklassen.«

Adolf stand auf; sein Gesicht war ärgerlich. »Mach, was du willst«, sagte er. »Aber ich nehm Vulgo mit.«

Poch stellte sich vor seinen Freund. Seine Stimme war hart und gepreßt. »Der einzige Sinn dieser Expedition ist das Geld. Ich hab den eindeutigen Befehl, die Kiste rauszubringen. Vulgo hat sein Risiko auf sich genommen wie wir alle auch. Der ist ja schon halbtot!«

»Und der ist halb noch mehr wert als du ganz, Poch, und das Geld dazu«, rief Adolf und kickte den Deckel der Kiste zu, die sich krachend schloß.

»Dieses Geld«, sagte Poch mit leiser Stimme, »könnte das Leben von Tausenden von Borribles verändern. Es ist wichtig, wichtiger als irgendwer von uns, deshalb wollte Zoff, daß ich es nach Hause bringe, egal wie.«

»Wen kümmert dein Zoff! Ich will mein Leben nicht verändert haben!« rief Adolf leidenschaftlich. »Und die anderen Borribles auch nicht. Die Leben, um die es mir im Augenblick geht, sind meines und das von Vulgo, und deines, wenn du aufhörst, den Idioten zu spielen.«

Poch zögerte. Er wußte, daß das, was der Deutsche sagte, viel für sich hatte, aber hier gab es anderes zu bedenken.

»Vulgo hat seinen Namen durch seinen tapferen Kampf bekommen«, argumentierte er. »Dir war es bestimmt, den Safe aufzumachen, meine Rolle ist es, das Geld hier rauszuschaffen und mir so einen Namen zu verdienen. Kannst du das nicht sehen?«

»Sehen, ja«, sagte Adolf, »aber ich brauch nicht hinzuschauen. Du trägst dein Geld, wenn du kannst, ich trage Vulgo, wenn ich's schaffe. Der Rest ist Glück. Laß uns Freunde bleiben, auch wenn wir verschiedener Ansicht sind. Ich stehle auch gern, weißt du, aber manchmal haben andere Sachen Vorrang.«

In diesem Augenblick kam ein Schrei von Vulgo aus dem Badezimmer. Beide Borribles ergriffen ihre Schleudern und luden sie, während sie durch die Tür rannten.

Zwei mit Speeren bewaffnete Rumbels kamen eben durch den Eingang, ein dritter lag betäubt auf der Schwelle. Vulgo lud seine Schleuder nach. Ein Rumbel warf seinen Speer auf Adolf, der zur Seite sprang; der Speer grub sich in die Wand. Poch schoß, Adolf schoß, und die beiden Rumbels fielen. Es wurde still, und Adolf ging zur Tür, um hinaus zu sehen. »Nur die drei«, sagte er, »aber andere sind sicher schon unterwegs. Gehen wir.« Er kam durchs Zimmer und kniete sich neben Vulgo. »Du kommst mit mir, mein Freund«, sagte er. »Ich nehm dich auf den Rücken, wird zwar wehtun, ist aber etwas sicherer als hierzubleiben.«

»Du kannst mich nicht mitnehmen«, sagte der verwundete Borrible und zog ein Gesicht. »Laßt mir noch einen Gurt da, und ich kümmere mich noch um ein paar Rumbels.«

»Blödsinn«, lachte der Deutsche, »bist du damit zufrieden, mit nur einem Namen zu sterben?«

Vulgo wiegte den Kopf wie früher. »Also gut, alter Dummkopf, ›Wahnsinn, sich mit einem Wahnsinnigen zu streiten.‹«

Adolf ignorierte das Sprichwort, hob seinen verwundeten Kumpel auf und trug ihn zur Tür. Poch rannte währenddessen zurück in das Privatzimmer und hob mit ungeheuerlicher Anstrengung die Kiste auf die Schultern. So beladen, wie wir beide sind, dachte Poch, haben wir kaum eine Chance, rauszukommen. Adolf hatte recht, aber ich auch. Wir müssen einfach sehn, wie's weitergeht.

Ihr Vorwärtskommen war langsam und mühevoll. Häufig hielten sie an, um auszuruhen, und Vulgo hatte starke Schmerzen, obwohl er nichts sagte.

Das Beleuchtungssystem hatte offensichtlich ernsthafte Beschädigungen erlitten, denn die Lichter gingen häufig aus. Klingeln und Sirenen klapperten und heulten, wie sich der Großalarm durch das Labyrinth der Korridore ausbreitete, und Rufe und Schreie hallten aus Seitengängen. Irgendwo brannte etwas, und Rauch fing an vorbeizutreiben, von den Ventilatoren der Entlüftung angesogen. Der Qualm aus den Kesseln, die in der Küche weiterkochten, mengte der Atmosphäre einen stechenden Geruch bei, und die Temperatur im Bunker stieg rasch.

Die Flüchtlinge trafen mehrmals auf Gruppen verwirrter und panisch daherstolpernder Rumbels, aber es waren keine trainierten Krieger, und eine bloße drohende Geste reichte aus, um sie in eine andere Richtung fliehen zu lassen. Aber jedesmal, wenn sie eine Kreuzung passierten, kamen Rumbels lautlos auf ihren gepolsterten Pfoten hervor und folgten ihnen in sicherer Entfernung, auf den richtigen Moment wartend, um sich auf die Abenteurer zu stürzen.

»Ich muß rasten«, sagte Poch zum fünften Mal. »Geld belastet.«

»Ich könnte auch eine Pause brauchen«, sagte Adolf keuchend, und ließ Vulgo zu Boden gleiten.

»Wie geht's dir, mein Freund?« fragte der Deutsche.

Vulgo war beinahe ohnmächtig vor Schmerzen, aber er sagte: »Darf nicht klagen. Müssen weitermachen, bis es nicht mehr weitergeht, oder?«

Sie hatten am Eingang eines dunklen Seitenkorridors angehalten, und plötzlich sprangen zwei speerschwingende Gestalten mit einem Schrei hervor. Adolf und Poch traten zurück und griffen nach ihren Waffen; dann hielten sie inne. Vor ihnen standen Bingo und Orococco, eifrig und frisch.

»Na, hallo, Seemann!« sagte Orococco. »Sag mal, was macht denn ein anständiges Kind in einem so fragwürdigen Seitensträßchen?«

Poch lächelte erleichtert. Er deutete auf Vulgo und die Kiste. »Wir versuchen, Vulgo rauszubringen. Er hat den Chef erwischt, aber die Leibwache hat ihn beinahe fertiggemacht.«

»Er hat sie schön durcheinandergewirbelt«, lachte Adolf. »Hat sich zwanzig Namen verdient.«

»Gut sieht er nicht aus«, sagte Bingo, »das steht fest.«

»Wie ging's bei euch?« fragte Poch und setzte sich auf die Geldkiste.

Bingo kniete sich neben Vulgo und fühlte seinen Puls; er sagte: »'Rococco hat seinen an der Tür erwischt. Er ist mitgekommen, um mir Gesellschaft zu leisten. Ich bin durch die ganze Bude gerannt, aber ich kann meinen einfach nicht finden. Ich hoff nur, daß der niemand anders in die Quere gekommen ist. Dann sitz ich ohne Namen da.«

Die Lichter im Korridor flackerten und erloschen, und die Borribles ergriffen ihre Speere und standen Rücken gegen Rücken. Sie hörten das schnüffelnde Geräusch sich nähernder Rumbels, aber dann strahlten die Lichter wieder auf, und die Abenteurer sahen ihre Feinde hastig fliehen, um außer Reichweite der Borriblewaffen zu gelangen.

Poch kam zu einem Entschluß. »Ihr könntet dann mit uns kommen. Mir mit der Kiste helfen und abwechselnd Vulgo tragen.«

»Nichts dagegen«, stimmte Bingo zu, »solange klar ist, daß ich jederzeit meinem Typ hinterher kann.«

Die fünf Borribles brachen wieder auf und gingen weiter, an jeder Kreuzung anhaltend. Man folgte ihnen, schniefte und schnuffte hinter ihnen her, griff sie aber nicht an. Die Gefahr würde größer werden, wenn sie den großen offenen Raum des Zentrums erreichten. Dort konnten die Massen zorniger Rumbels sie überrennen, gleichgültig, wie gut sie sich verteidigten.

Schließlich hielt Bingo, der vorausging, an und hob die Hand. »Das Zentrum«, flüsterte er.

Sie sammelten sich am Ende des Ganges und schauten hinaus in die weite Höhle, von der die Hauptkorridore des Bunkers ausgingen. Ein bedrohlicher Anblick bot sich. Hunderte von Rumbels rannten durch den immensen Raum hin und her. Blaue Lichter zuckten an der Decke, und die Alarmglocken schrillten. Der Weg, der zur Großen Tür führte, war gedrängt voll mit Rumbelkriegern, die sich mühten, in den Tunnel zu kommen und mit dem, was immer am anderen Ende sein mochte, zu kämpfen. Dicker Rauch quoll aus einem Korridor, über dem »Küche« geschrieben stand. Einige Rumbels verschwanden in einem mit »Krankenstation« bezeichneten Tunnel, verwundete Genossen auf Bahren tragend.

Bingo überblickte die Szene und wandte sich zu den anderen. »Ich hab eine Idee«, sagte er. »Da drüben geht ein Tunnel ab, da ist niemand drin, es scheint zumindest so; der, wo es heißt ›Bibliothek‹. Ich renne jetzt durch die Halle, schmeiß ein paar Speere, und ein paar von den Kriegern werden mir nachgehen. Die anderen müßt ihr euch vom Hals halten. Keine besonders gute Idee, aber viel Auswahl gibt's ja nicht, was?«

Poch sprach für alle. »Es ist die einzige Möglichkeit.«

Bingo nahm sich einige Speere von seinen Gefährten, und ohne Abschied rannte er leichtfüßig in die Halle hinaus. So plötzlich war sein Auftauchen, daß er dreiviertel seines Weges zurückgelegt hatte, bevor ihn einige nicht als Kämpfer ausgerüstete Rumbels bemerkten, die zu den Kriegern hinüberriefen, welche sich in dem Tunneleingang drängten, der zur Großen Tür führte.

Bingo stellte sich fest und breitbeinig hin und warf

einen Speer nach dem anderen auf den Feind. Er zielte gut und warf mit Wucht; jeder seiner Speere traf ein Ziel, und ein halbes Dutzend Rumbels fiel tot oder schwerverletzt zu Boden. Die anderen zogen sich etwas zurück und zögerten, so daß Bingo seine Schleuder ziehen konnte, und zwei weitere Rumbels stürzten, ehe er sich umdrehte und mit bemerkenswerter Geschwindigkeit in den Bibliothekstunnel rannte, mit dem herausfordernden Kriegsschrei: »Ein Borrible! Ein Borrible!« Dutzende von Rumbelkriegern rannten hinter Bingo her, ihrerseits wilde Rufe ausstoßend, und in wenigen Sekunden lag der Eingang zur Großen Tür verlassen da.

»Vulgo«, sagte Poch, der neben ihm kniete, »schaffst du's durch's Zentrum? Wir brauchen alle unsere Hände, um uns rüberzukämpfen.«

»Stellt mich auf die Füße«, sagte Vulgo und richtete sich auf, »und gebt mir einen Speer, auf den ich mich stützen kann, dann mach ich das im Walzerschritt.«

Sie zogen ihn auf die Füße und schoben einen Speer in seine Hand. Er steckte sich den Schaft unter die Achsel seiner unverletzten Schulter und gebrauchte ihn als Krücke. »Na bitte«, hauchte er, »kleidsam und praktisch.«

Poch hob sich wieder die Kiste auf den Rücken, und Orococco und Adolf flankierten ihn. Sie hatten nur noch wenige Rumbelspeere, aber hier gab es Platz genug für den Einsatz der Schleudern.

»Geh du voraus, Vulgo«, sagte Poch. »Wir übernehmen dein Tempo.«

Wegen der entsetzlichen Verwirrung und Panik, die auf Bingos Verschwinden gefolgt war, legten die Borribles auf ihrem Rückzug durch die große Zentralhalle ein gutes Stück zurück, ohne daß man sie bemerkte;

und als man sie sah, wußten die Rumbels nicht, was sie tun sollten, da in dieser unerwarteten Situation keinerlei Truppen mehr zur Verfügung standen. Sie wußten, daß Borribles die Tunnel durchstreiften, aber sie hatten keine Ahnung, wie groß die Invasionsstreitmacht war. Vor allem hatten sie nicht damit gerechnet, daß eine Gruppe von Borriblekämpfern so plötzlich mitten unter ihnen auftauchen könnte. Sie schrien und quiekten, und aller Mut zerrann ihnen. Sie rannten in alle Richtungen, nur nicht auf die Feinde zu; sie stießen sich gegenseitig um und schlugen aufeinander ein, alles, nur um den tödlichen Steinen zu entgehen, die so rasch den Schleudern der Borribles entflogen. Sie schrien nach ihren Kriegern, aber die Krieger waren tief in den Tunneln beschäftigt, oder jagten Phantome oder andere Rumbels, im Glauben, dies seien Borribles. Der Rauch machte Verfolgung und Orientierung schwierig, und die Verwirrung pflanzte sich bis zu den äußersten Vorposten des Rumbelbunkers fort.

Langsam bewegten sich die Borribles über die gefährliche offene Fläche hinweg voran. Vulgo stolperte und hinkte mannhaft weiter, mit zusammengebissenen Zähnen gegen den Schmerz ankämpfend, seinen ganzen Willen darauf konzentrierend, nicht zu fallen und die Flucht zu verhindern. Die Rumbels hielten sich immer noch zurück und unternahmen keinen Angriffsversuch, bis plötzlich ein Trupp ihrer Krieger aus einem Seitentunnel an der Flanke der Borribles hervorbrach.

»Wo kommen denn die ganzen Rumbels her?« sagte Orococco.

»Das ist jetzt nicht der Zeitpunkt für blöde Bemerkungen«, keuchte Poch, der unter dem Gewicht seiner

Kiste schwitzte und wünschte, er hätte die Hände frei.

»Das Sprichwort sagt«, zischte Orococco, während er schoß und seine Schleuder wieder lud. »Blöde Situationen verlangen nach angemessenen Bemerkungen. Aber so blöde Bemerkungen fallen mir gar nicht ein.«

Ein Wurf Speere pfiff von den Rumbels herüber, aber der Beschuß durch die Schleudern, rasch und stetig, lenkte die Zielgenauigkeit ab, und die Speere verfehlten ihre Ziele und fielen harmlos zu Boden; alle außer einem, der die Kiste traf, den Deckel durchstieß und zitternd steckenblieb. Die Wucht des Einschlags ließ Poch taumeln, und er fiel auf ein Knie und mußte sich wieder auf die Beine helfen lassen.

Die Rumbels suchten nach neuen Speeren, aber die Steingeschosse der Borribles behinderten sie, und sie zogen sich in die Sicherheit der Tunnel zurück. Ein Rumbel jedoch, mutiger und schneller als die anderen, rief seine Kameraden auf, wieder hervorzukommen, und er fing an, die unbewaffneten Rumbels in einer großen Einheit zu organisieren, die sich bereit machte, auf die kleine Borribletruppe einzustürmen. Wenn es ihm gelänge, alle zu einer gemeinsamen Aktion zu bringen, wäre es mit dem Rückzug der Abenteurer aus – aber Orococco sah das anders.

Einen Speer vom Boden aufhebend, rannte er vor: ein Borrible, der hundert Rumbels angriff. Etwa zwanzig Meter vor dem tapferen, gefährlichen Rumbel schleuderte er den Speer wie einen Wurfspieß. Er verließ seine Hand mit der Wucht einer Flintenkugel, und der vierzöllige Nagel grub sich tief in das dichte Fell des Kriegers. Ein Stöhnen stieg aus den Reihen des Feindes auf, und Dutzende von Speeren flogen Orococco um den Kopf, aber er duckte sich, sprang hierhin und dorthin und kehrte unversehrt zu seinen

Freunden zurück; sie erreichten die momentane Sicherheit des Tunnels zur Großen Tür.

Vulgo fiel ohnmächtig zu Boden. Poch warf seine Kiste ab, zerrte den Speer aus dem Deckel und warf die Waffe zurück in die Halle.

»Und setzt euch drauf!« schrie er, zitternd vor Wut.

Adolf kniete sich hin, um Vulgos Verletzung zu untersuchen, und hob die Jacke hoch, so daß die mit Blut vollgesogene Bandage sichtbar wurde.

»Unser Vulgo hat viel Kraft verloren«, sagte er, »aber die Wunde hat zu bluten aufgehört. Er kommt vielleicht durch, wenn er Ruhe hat.« Er faltete die Bandage wieder richtig und schloß die Jacke.

Orococco, der vom Tunneleingang aus Ausschau hielt, rief warnend: »Ein Haufen von diesen Kriegerknaben versammelt sich da draußen. Sie kommen rüber.«

Poch sah die anderen an und sagte: »Ruhn wir uns aus, nur einen Augenblick. Wir haben's noch nicht geschafft. Ich höre vor uns Kampfgeräusche; noch sind wir nicht aus diesem kleinen Ferienlager raus.«

»Ein wunderschöner Ort«, sagte Vulgo, der langsam in ein Delirium eintrat. »Jede Menge Rumbels hier.«

Bingo rannte wie der Wind den Korridor entlang. Soweit er sehen konnte, waren vor ihm keine Rumbels, aber hinter sich hörte er Rufe, als die Krieger aus dem Zentrum ihm nachjagten.

Bingo rannte leichtfüßig, seine Kräfte sparend. Wo immer diese Bibliothek liegen mochte, sie schien weit entfernt. Er rannte weiter und vergrößerte den Abstand zu seinen Verfolgern, bis er sie schließlich nicht mehr hören konnte. Er verlangsamte den Schritt und trabte dahin, einen Speer locker in der Rechten schwingend, eine Schleuder im Gürtel. Er war in den entlegensten Zonen des Bunkers, und es war seltsam still; hier hingen auch kein Rauch und kein stechender Qualm in der Luft.

Nach einer Entfernung, die Bingo wie Meilen vorkam, gelangte er an eine mit grünem Flanellstoff bezogene Tür, die in groteskem Winkel von einer Angel hing. Mehrere Lanzen steckten darin; zwei Rumbelkrieger lagen mit durchgeschnittener Kehle über der Schwelle.

»Wendelmethoden«, stellte Bingo fest; er ging an den Leichen vorbei und schlüpfte in den Raum, der hinter der Tür lag. Es war in der Tat die Bibliothek, die jedoch stark mitgenommen aussah. Der hohe Raum mit großen, massiven Bücherschränken stieg zu einer eichengetäfelten Decke auf, die in leuchtenden Farben mit den Wappen der reichsten und ältesten Rumbelfamilien bemalt war. Kleine Holzgalerien liefen an den Wänden entlang, und schöngeschwungene Wendeltreppen führten in jeder Ecke von der Decke zum Boden. Ruhige Nischen mit bequemen Tischen lagen zwischen den Regalen, und kleine Lampen mit grünen Schirmen verbreiteten ein freundliches akademisches Licht. Es war ein Ort der Ruhe und des Studiums, reichgeschmückt in den Farben der Rumbels, und es hatte offensichtlich eine Menge Geld gekostet, die Bibliothek über lange Jahre hinweg aufzubauen und einzurichten. Hier waren all das Wissen und die Macht und die Weisheit versammelt, die die Rumbels über viele Jahrhunderte hinweg zusammengebracht hatten, und nun wurde all dies von einem höchst geschäftigen Borrible zerlegt. Napoleon war eifrig bei der Arbeit, mit der kalten Wildheit eines Wendels, der eine Rechnung zu begleichen hat.

Bingo sah sich im Zimmer um, um zu sehen, ob kein Feind da war; es gab keinen lebenden. Die Leichen von etwa einem Dutzend besiegter Rumbelkrieger waren auf dem grünen Teppich verstreut, meist beinahe ganz unter Haufen von Büchern verborgen. Napoleon setzte seine Arbeit fort, ohne sich durch Bingos Ankunft stören zu lassen, die er mit einem kurzen Nikken zur Kenntnis nahm. Der Wendel hatte bereits zwei, drei der enormen Bücherschränke umgestoßen, und die großen Bücher hatten sich über den Boden verstreut. Am anderen Ende des Raumes stand eine lange Leiter so, daß ihr oberes Ende das Gitter eines Luftschachts erreichte: Napoleon hatte seinen Rückzug vorbereitet, aber er würde nicht gehen, ehe er nicht den größtmöglichen Schaden angerichtet hatte. Der Wendel ließ sich nichts vormachen.

Bingo sah zu, wie Napoleon einige weitere Bücherschränke umstieß und wie die dicken Bücher herunterprasselten und die Rumbelleichen noch gründlicher bedeckten. Er kam näher und kletterte über die tückische Oberfläche der wild aufgehäuften Bücher.

»Wie geht's so?« fragte er.

»Nicht schlecht, danke«, sagte der Wendel knapp und beschäftigt. »Und du?«

»Ich kann meinen nirgends finden. Wo ist deiner?«

»Unter diesem Stapel von Enzyklopädiebänden. Netter kleiner Typ, keinerlei Schwierigkeiten.«

»Wie?« fragte Bingo in derselben knappen Weise wie der Wendel.

»Er stand oben auf einer langen Leiter«, erklärte Napoleon, der gerne die Gelegenheit ergriff, die Geschichte seines Namens zum ersten Mal zu erzählen. »Ich kam unten an und sagte ganz höflich: ›Verzeihung, bist du Napoleon Rumbel?‹, und er sagte: ›Ja, der bin ich.‹ Sag ich: ›Würdest du freundlicherweise mal runterkommen, ich hab mit dir zu reden.‹ Der Typ schaut mich nicht mal an, eingebildeter kleiner Lackaffe, ›O nein‹, sagt er, ›ich bin zu beschäftigt. Da mußt du warten. Ich bin auf der Suche nach einem Buch über Anti-Borrible-Taktik, für den Genehrahlstahb – dem ich angehöre, wie ich bemerken darf. Also verschwinde.‹ Also sag ich: ›Du kommst so oder so runter, Kollege, die Schwerkraft ist dir allemal überlegen.‹ Das war eine Bemerkung, die ihn hat aufschauen lassen, beziehungsweise nach unten. ›Aaaaach!‹ sagt er, wie sie's zu tun pflegen, und läßt sein Buch fallen, mir beinahe auf den Kopf, scheißgefährlich, und hält sich oben am Bücherschrank fest. Gleichzeitig kick ich die Leiter beiseite, also hat er keinen festen Standpunkt mehr zu vertreten, hm? Nun, das plötzlich vergrößerte Gewicht läßt den Bücherschrank gewaltig schwanken, was mich auf eine Idee bringt. Ich rum um den Schrank, eine andere Leiter am nächsten Bücherschrank hoch und mit dem Speer tüchtig Druck ausgeübt: Und alles fällt einträchtig um, Bücherschrank, Bücher und Rumbel. Gute Nacht, Napoleon Rumbel. Zack!«

Bingo schüttelte den Kopf. »Was für ein Abgang.«

»Vom Gewicht seiner Studien überwältigt, könnte man sagen«, sagte Napoleon und grinste wie ein kalter Luftzug. »Hast du Streichhölzer dabei?« fragte er plötzlich.

»Wozu?« fragte Bingo.

»Sei nicht so langsam«, sagte Napoleon seufzend. »Feuer anmachen natürlich, bißchen Ablenkung, unseren Rückzug decken. Hast du die anderen gesehen?«

Bingo erzählte ihm, was er wußte.

»Aha!« rief der Wendel und nickte. »Wußte ich doch, daß dieser Poch etwas im Schild führt. Eine Kiste hat er sich organisiert, so. Da ist Geld drin. Nun, da werden wir dann ja mal sehen.«

»Wir sind noch nicht draußen«, bemerkte Bingo nüchtern.

»Ich schaff's nach draußen, Kumpel«, sagte Napoleon und deutete auf die Leiter. »Ich drück mich in den Lüftungsschacht, und kein Rumbel auf der Welt hält mich auf, nach Hause zu gehen. Wenn du mal da oben bist, können nur zwei Rumbels an dich ran, einer vorne, einer hinten. Jeder Borrible sollte es eigentlich mit zwanzig Rumbels aufnehmen, und ein Wendel schafft die doppelte Anzahl.«

»Hast du die geschafft?« fragte Bingo und deutete auf die reglosen Rumbelkrieger.

»Na, Selbstmord haben die nicht begangen«, sagte Napoleon. »Wohlgemerkt, sie sind immer nur zu fünft oder zu sechst in den Raum reingekommen. Im Grunde einfach, so einfach wie... wie man vom Bücherschrank fällt.«

Bingo zog eine Schachtel Streichhölzer hervor und gab sie Napoleon. »Mir tut es leid um die Bücher. Ob da gute Abenteuergeschichten dabei sind?«

Napoleon warf ihm einen Blick zu wie eine alte Jungfer, der man etwas Unanständiges zumutet. »Ich habe in der vergangenen halben Stunde keine Zeit zum Lesen gehabt«, sagte er und ging zu einem Bücherstapel. Er hielt ein Streichholz an die Bücher: alt, staubig, trocken, standen sie bald in hellen Flammen.

»Ich meine«, bestand Bingo auf seinem Empfinden, »es ist jammerschade. Bücher sind eine hübsche Sache.«

»Hübsche Sache! Du hörst dich an wie ein verdammter Rumbel. Bei einem Angriff wie unserem kann man keine halben Sachen machen, Bingo, man muß es richtig machen, oder es funktioniert nicht. Was würde geschehen, wenn wir die Bücher hier unangetastet lassen? Ich sag dir's, es würde in fünf Minuten einen neuen Rumbel-Generalstab geben. Darum dreht sich's, mein Sohn: um Macht!« Und er warf wieder ein Buch ins Feuer.

»Du hast wohl recht«, sagte Bingo, »so hab ich nie drüber nachgedacht.«

»Natürlich hab ich recht«, sagte Napoleon. »Also! Für mich ist es jetzt Zeit, nach Haus zu gehen. Feuer sagt mir nichts, mein Element ist Wasser. Kommst du mit?«

»Kann nicht«, sagte Bingo bedrückt. »Ich sag's dir doch, ich hab meinen Typ nicht gefunden.«

»Bedauerlich. Aber ich pack's jetzt. Ich möchte mal nach diesem Poch sehen; das Geld gehört nicht dem allein.« Napoleon zwinkerte geheimnisvoll und schritt dann von dem jetzt gut brennenden Feuer weg zu seiner Leiter, die er zu erklettern begann. »Könntest mit mir kommen, Bingo, und an einem anderen Punkt wieder aus dem Luftschacht springen. In dieser Bibliothek wird es in Kürze zu einer beträchtlichen Hitzeentwicklung kommen.«

»Hier wird es heißer, als du dir vorstellst«, sagte Bingo. »Mich haben etwa zwei Millionen Rumbelkrieger den Korridor da draußen runtergejagt. Die können ja nun wirklich nicht sehr schnell laufen, aber sie müßten doch jeden Augenblick hier sein.«

Napoleon blieb bewegungslos auf seiner Leiter stehen und schaute hinunter. »Wie viele? Die kannst du nicht alle allein für dich haben, man muß auch was abgeben können.« Er stieg wieder herunter und warf noch ein paar Bücher aufs Feuer.

Sie warteten, und das Feuer kroch über die Bücherhügel und fing an, zu der hohen Decke hinaufzuklettern. Bald hörte man das Geräusch von Schreien aus dem Tunnel hinter der grünbezogenen Tür, und Bingo und Napoleon stellten sich so auf, daß der Eingang in Reichweite ihrer Speerwürfe lag.

»Wir geben's den ersten mit diesen Speeren«, sagte Napoleon, »dann gehen wir hinter diesen Bücherstapel, da hinter dem Feuer, und zeigen's ihnen mit den Schleudern, wenn sie versuchen, reinzukommen. Wenn wir keine Munition mehr haben, hüpfen wir die Leiter hoch. Ja?«

»Gut«, sagte Bingo. Er hob zwei Speere vom Boden auf und wog einen in der rechten Hand. Zwei atemlose Rumbels brachen in den Raum, und Bingo und Napoleon warfen ihre Waffen wie ein Mann; die beiden Krieger fielen.

Andere Rumbels drängten sich in einer dichten Menge in den Raum, von ihren erregten Gefährten hinter ihnen vorangetrieben und geschoben, und die Borribles warfen weiter ihre Speere, bis sie ihren kargen Vorrat erschöpft hatten. Einige Rumbels waren tot, aber ihre Zahl war so groß, das es unmöglich war, ihr Eindringen in die Bibliothek und ihre Verschanzungen hinter Bücherschränken und Tischen zu verhindern.

Napoleon und Bingo zogen sich zurück und kauerten hinter einem riesigen Bücherstapel, die Schleudern gespannt.

»Ich hab noch kaum einen Stein abgeschossen«, sagte Bingo. »Bisher ging's ja immer mit den Speeren.«

Napoleon spähte durch den Rauch, der von dem kräftig brennenden Feuer zwischen ihnen und dem Feind aufstieg. »Dieser Rauch hilft ihnen, sich auf uns zuzuschleichen«, sagte er zu Bingo. »Nicht so gut.« Er brach ab und gab einen Schuß zur Tür hin ab. »Sieh mal«, sagte er. »Da kommen ganze Scharen.«

Bingo sah, daß eine große Zahl weiterer Rumbels in den Raum gerannt kam. Ein schlanker, aber athletisch gebauter Rumbel führte sie an, mit glattem braunem Fell und einem harten Ausdruck seiner gefährlich aussehenden Schnauze. Er trug drei oder vier Speere und hatte, um seine Stellung als Kommandant der Krieger zu bezeichnen, eine gold-grün-weiße Schärpe. Er sah stolz und ungeduldig drein, und Bingo wußte, daß er endlich sein Ziel gefunden hatte.

Der Kommandant rannte am anderen Ende der Bibliothek hin und her, sammelte seine Truppen und zog sie aus ihren Verstecken zwischen den umgestürzten Bücherschränken zusammen. Er rief und schwenkte die Arme, und langsam rückten die Rumbels vor und warfen Speere nach den beiden Borribles, die hinter ihrer Bücherbarrikade saßen und nur hie und da aufstanden, um einen Schuß abzugeben. Es wäre den beiden Borribles schlimm ergangen, wenn die Rumbels noch über eine größere Anzahl von Speeren verfügt hätten, aber die meisten Geschosse hatten sie zu Beginn des Gefechts recht ziellos verschwendet. Nun wuchs ein großer Haufen von Speeren auf der Seite der Borribles, und bald kam ein Augenblick, wo Napoleon und Bingo aufstehen konnten, voll sichtbar für den Feind, weil die Rumbels keine Speere mehr hatten.

Mit einem Zeichen schickte der Rumbelkommandant einige seiner Truppen in den Korridor zurück, um neue Waffen zu besorgen, und der Rest seiner Krieger nahm Defensivpositionen zwischen den Bücherschränken und den Stapeln brennender Bücher ein. Es fiel schwer, in diesem Raum zu atmen, als das Feuer sich nun ausbreitete und der Rauch dichter wurde. Einige Rumbels versuchten, das Feuer auszutreten oder auszuschlagen, aber meist versengten sie sich ihr Fell oder setzten sich selber in Brand, und ihre Freunde mußten ihnen zu Hilfe eilen und sie vor dem Verbrennen retten.

Napoleon kontrollierte seine Munitionsgurte. »Nicht mehr viel Steine da«, sagte er. »Wie sieht's bei dir aus?«

»Ich hab noch eine Menge, aber ewig reichen die auch nicht«, sagte Bingo, und er schoß einen Stein auf einen Rumbel ab, der versuchte, an der Seitenwand entlang zu einem fehlgeworfenen Speer zu kriechen. »Aber ich kann jetzt nicht weg. Ich muß versuchen, ob ich nicht an mein Ziel rankomme, und das mach ich am besten, bevor seine Kumpel mit einem Haufen neuer Speere zurückkommen.«

Bingo griff hinter sich und hob zwei scharfe Rumbelspeere auf. Er schob seine Schleuder sorgfältig in die hintere Hosentasche und ging langsam den weiten Bücherabhang hinunter. Der Rumbelkrieger mit der Schärpe stand an der Tür der Bibliothek und wartete auf seine Männer mit den Speeren, denn selbst er war waffenlos.

Bingo bog sich zurück und schleuderte mit all seiner Kraft den einen seiner Speere. Er hätte sich seinen Namen in diesem Augenblick verdient, hätte der Stabsrumbel nicht genau dann einen Schritt in den Korridor gemacht, um zu schauen, ob seine Leute zurückkehrten.

Der Speer grub sich tief in das grüne Flanellpolster der Bibliothekstür und hing dort summend. Bingo fluchte und umklammerte fest seinen zweiten Speer; aber er warf ihn nicht, denn es gibt zwei Arten, mit dem Rumbelspeer zu kämpfen. Die eine ist einfach die, ihn aus der Entfernung zu werfen; bei der anderen gebraucht man den Schaft wie beim Klopffechten, bis der Kämpfer einen Augenblick findet, in dem er mit der Spitze seinen betäubten oder bewußtlosen Gegner töten kann. Bingo ging auf die Tür zu, und die Rumbels wichen zurück. Er sah über die Schulter und entdeckte, daß Napoleon ihm gefolgt war und seine Schleuder bereithielt, um alle eines besseren zu belehren, die meinten, sie könnten in den Kampf zwischen Bingo dem Borrible und Bingo dem Rumbel eingreifen.

Der Stabsrumbel sprang in den Raum zurück, sah, wie die beiden Borribles auf ihn zukamen, und sah auch den Speer, der immer noch in der Tür sang. Er zog ihn mit beiden Händen heraus und ging auf Bingo zu. Sie sprachen kein Wort, diese beiden, und kein Rumbel versuchte, sich einzumischen; sie schauten aus ihren sicheren Verstecken hervor, die Schnauzen und Augen gerade eben sichtbar durch den Vorhang des roten Rauches.

Bingo hielt seinen Speer mit einer Hand an jedem Ende und benutzte den langen Schaft, um die Hiebe seines Gegners abzuwehren, der den Kampf begann, indem er seine Waffe wie ein beidhändiges Schwert führte, in der Hoffnung, einen lähmenden Schlag auf dem Borrible landen zu können, um ihn dann aufzuspießen. Aber Bingo hatte, damals vor so langer Zeit in der Rowena-Turnhalle, den Gebrauch des Rumbelspeers gut gelernt, er schützte seinen Kopf und seine

Schultern und gab sich damit zufrieden, sich zu verteidigen, während er den Stil seines Feindes beobachtete und seine Kräfte schonte.

Der Kampf fand auf tückischem Boden statt. Die Bücher glitten hin und her, ließen einen stolpern und verbrannten die Füße. Wer in diesem Kampf als erster fiel, würde nur schwerlich wieder aufstehen. Plötzlich änderte der Rumbel seine Taktik und begann, nachdrücklich und kräftig, mit stetigen Stichen, auf Bingo einzustechen, so daß dieser wie ein Fechter die Stöße parieren mußte. Der Rumbel war ein Experte, vielleicht der beste Speerkämpfer seines Stammes.

Typisch, wie ich wieder Glück hab, dachte Bingo, und verdoppelte seine Anstrengungen, aber sein Gegner zwang ihn rückwärts und immer weiter rückwärts. Die anderen Rumbels kamen aus ihren Verstekken hervor, riefen »hurra«, und einige erstiegen die Bücherschränke, von wo sie, sich mit einem Arm festhaltend, mit dem anderen winkten, und die zwei Borribles, so sehr in der Minderzahl und allein, verspotteten.

Der Schweiß strömte über Bingos Gesicht und lief ihm in die Augen, seine Arme schmerzten, und seine Hände waren zerstoßen und blutig. Er duckte sich, wich aus, parierte. Er versuchte, sich an all das zu erinnern, was er je über den Kampf mit dem Rumbelspeer gelernt hatte, aber es schien nicht genug. Bis jetzt war es ihm gelungen, die meisten Hiebe und Stöße abzuwehren, aber er hatte noch keinen Schlag gelandet, und sein Antagonist schien frisch und kräftig und lächelte grimmig mit seiner langen Schnauze, die roten Augen triumphierend, als er den Borrible von Lavender Hill vor sich her trieb.

Die Schlacht entfernte sich weit von Napoleon, aber

der Wendel blieb in Position und hielt mit seiner Schleuder die Zuschauer zurück, obwohl ihm klar war, daß, sollte der Rumbel Bingo besiegen, seine eigenen Fluchtchancen gering waren. Auch Bingo war sich darüber im klaren und kämpfte um so verbissener, und er dachte an seine anderen Freunde und ihre lange Fahrt und an all das, was sie zusammen durchgestanden hatten. Kurz stieg vor ihm die Vision auf, wie sie von den scharfen Zähnen der Rumbels alle zerfetzt und zerrissen wurden, und die Vorstellung machte ihn zornig, und er wich nicht mehr weiter zurück. Er bückte sich abrupt und ließ den Speer des Rumbels pfeifend über seinen Kopf hinwegkreisen. Er stieß auf seinen Gegner ein und verwundete ihn endlich am Knie.

Der Rumbel taumelte, und nun war es an ihm, sich zu verteidigen. Bingo stieß und focht und kämpfte, den Speer jetzt mit einer Hand, jetzt wieder mit zwei Händen haltend. Sie umkreisten einander und rangen, und immer noch ging der Kampf weiter und weiter, und immer noch fand Bingo es unmöglich, die Abwehr seines Gegners zu durchbrechen. Aber Bingo hatte jetzt Zeit gehabt, nachzudenken; nur List konnte ihn diese Schlacht gewinnen lassen. So zwang er, immer noch angreifend, seinen Namenspartner langsam die Bücherhalde hinunter und versuchte dann einen Trick. Er tat, als stolpere er. Er glitt aus, und dann, ständig ein wachsames Auge auf seinen Gegner gerichtet, ließ er sich zurückfallen, vor Schmerz über einen imaginären verrenkten Fuß schreiend.

Die zuschauenden Rumbels brachen wieder in Jubelrufe aus, und Napoleon fluchte und näherte sich der Leiter. Er hatte nur eine Chance, so rasch wie möglich aus der Bibliothek hinauszuklettern, während die

Rumbels ihren Sieg feierten. Aber Napoleon beschloß eines: wenn dieser Rumbel Bingo schaffte, würde er nicht lange genug leben, um sich damit zu brüsten. Er, Napoleon, würde sichergehen, daß im Schädel dieses Kriegers ein Stein klapperte, ehe noch sein Gehirn sich des Triumphes voll bewußt werden konnte.

Bingo lag auf den Büchern, stöhnend und sich windend, aber seine Augen beobachteten immer noch den Rumbel, der, in seiner Erregung, nicht bemerkt hatte, daß der Borrible trotz aller seiner Schmerzen den Griff um seinen Speer nicht gelockert hatte.

Der Rumbel trat einen Schritt vor, ein Grinsen breitete sich über die ganze Länge seiner Schnauze aus. Rasch hob er den Speer, bereit, Bingos Brust zu durchbohren. Er stieß voller Kraft nach unten, wie ein Mann, der sich auf einen Spaten lehnt. In diesem Moment rollte Bingo zur Seite, sich mit Händen und Füßen wegschnellend. Er kam auf die Knie, und wie die Spitze der Waffe des Rumbels sich in den Seiten eines umfangreichen, geschlossenen Buches vergrub, schwang er den Schaft seines Speeres und schlug den Rumbel hinters Ohr. Das Tier fiel zurück, seine Beine versagten. Er wandte sich halb, wie um fortzulaufen, aber Bingos Speer, der immer noch um seinen Kopf kreiste, traf den Rumbel zum zweiten Mal, und er fiel auf die Knie. Dann ergriff Bingo den Speerschaft, so daß er die Waffe wie ein Schwert halten konnte, warf sich auf die schwankende Gestalt des Feindes und stieß ihn zu Boden, und die vier Zoll Stahl fanden das Herz des Kriegers.

Das Feuer prasselte durch den Raum, und die Rumbels stöhnten auf, ihrer Hoffnung beraubt, als ihr größter Krieger erschlagen lag. Der Rauch wirbelte röter und röter in dem Zug, der zwischen der Tür und dem offenen Lüftungsschacht entstand. Napoleon drehte den Kopf und sah, daß sein Genosse, den er tot geglaubt hatte, sich tatsächlich von dem reglos ausgestreckten Körper des Rumbels aufrichtete. Bingo schwankte, sein Gesicht war rußverschmiert und seine Kleider zerrissen. Blut lief an seinem linken Arm hinunter, und an der Seite seines Gesichts, wo der Rumbelspeer den Kopf gestreift, die Mütze abgerissen und sein spitzes Ohr zerschnitten hatte. Er sah elend aus, schwarz vor Schmutz, Rauch und Schweiß.

»Alles klar?« rief der Wendel, der die Augen nicht von den Rumbels ließ, die bewegungslos und traurig dastanden.

»Ja«, log Bingo, »prächtig, aber ich glaube, wir sind hier nicht mehr willkommen.«

Napoleon gab keine Antwort, sondern ging zum Leichnam des Rumbels, nahm die Schärpe ab und legte sie um Bingos Schultern.

»Da, Bingo«, sagte er lächelnd, »wenn du heimkommst, kannst du's an die Wand hängen und drunterschreiben ›Souvenir an glückliche Tage im Rumbelreich‹.«

Bingo sah auf die Trophäe hinunter. »He«, sagte er stolz, »ich hab tatsächlich meinen Namen. Ich hoffe, alle andern auch ...«

Sie zogen sich langsam zurück, das Büchergebirge empor, und die Rumbels machten keinen Versuch, sie aufzuhalten; sie waren jetzt führer- und waffenlos. Die Gefahr würde kommen, wenn die beiden Borribles die Leiter erstiegen und die Rumbels vordringen und sich wieder der Speere bemächtigen konnten, die sie vorher geworfen hatten. Sie konnten dann die Borribles während des Kletterns abschießen, oder, noch wahrscheinlicher, sie konnten die Leiter umwerfen und ihre stürzenden Feinde auf den erhobenen Speerspitzen aufspießen.

Am Fuß der Leiter überlegten Napoleon und Bingo ihre Lage.

»Am besten wär's, wenn erst einer hochgeht«, sagte Bingo, »der kann dann dem anderen mit der Schleuder Schutz geben.«

Der Borrible aus Battersea war durch seinen Kampf stark geschwächt, und Napoleon konnte sehen, daß er einen weiteren Kampf nicht durchstehen würde, also schickte er Bingo zuerst die Leiter hinauf.

Bingo kletterte langsam, wie eine schwer verwundete Schnecke. Sein Kopf schmerzte, und seine linke Hand besaß nur noch einen schwachen Griff. Die Öffnung in der Decke schien nicht näherzukommen, aber er stieg weiter, Schritt für Schritt, mit großer Vorsicht. Ein Fall aus dieser Höhe wäre tödlich. Auf die Bibliothek hinabsehend, erblickte er eine chaotische Szenerie. Die großen Bücherschränke waren umgestürzt, und die einst säuberlich geordneten Bücher waren auf dem Boden verstreut oder von den Rumbels zu Barrikaden gehäuft. Der dichte Rauch trieb in schmutzigen Schleiern über den Boden und war an der Wand hoch bis zum Luftschacht gekrochen. Bingo konnte von seinem Punkt aus sehen, wie Dutzende von Rumbels hinter ihren Barrikaden und unter den Tischen in den kleinen Nischen zu ihm emporsahen. Ihre Schnauzen reckten sich nach oben, zuckend, gierig nach Blut. Alles, was sie zurückhielt, war der unerschütterliche Blick Napoleons.

Als Bingo sich dem Loch in der Decke näherte, hörte er zu klettern auf und schob seinen linken Arm fest um eine Sprosse. Er nahm mit der Rechten die Schleuder aus seiner hinteren Hosentasche, lud sie mit einem Stein und zog das dicke schwarze Gummi straff, bereit, auf jeden sich bewegenden Rumbel zu schießen.

»Auf geht's, Nap«, rief er, und der Wendel begann, nach einem letzten drohenden Blick durch den Raum, rasch zu klettern, die Schleuder zwischen den Zähnen. Er hatte kaum ein Dutzend Sprossen hinter sich, als im Korridor vor der Bibliothek Bewegung entstand. Die Rumbelkrieger, die ihr Anführer ausgeschickt hatte, kehrten zurück, die Arme voller Speere. Ihre Gefährten in der Bibliothek rafften sich auf, kamen aus ihren Verstecken hervor und schwärmten auf die Leiter zu, nach Rache schreiend.

Bingo schoß seine Schleuder ab, so rasch er konnte, aber an einem Arm hängend, war die Sache schwierig und ermüdend, und er wurde immer schwächer. Ein paar Rumbels waren jetzt dicht bei Napoleon, Speere trafen die Leiter nahe an den Händen des Wendels, einer riß ein Stück Fleisch aus seinem Bein. Er stolperte und fiel beinahe. Die Rumbels schrien, aber Napoleon biß die Zähne zusammen und zog seinen Körper noch schneller nach oben, und Bingo schoß mit seiner Schleuder am Kopf seines Freundes vorbei und zerschmetterte manchen Rumbelschädel mit Steinen aus der Kiesgrube von Bluegate.

Aber endlich mußte Bingo sich in den Luftschacht zurückziehen, um Napoleon genügend Raum zu lassen, zum Nachkommen. Nicht länger von Geschossen von oben gestört, liefen die Rumbels herzu und ergriffen die Leiter und schüttelten sie. Die Leiter zitterte und wackelte und begann sich dann zur Seite zu neigen, und es schien, als würde Napoleon bald auf die tödlichen Speerspitzen unten stürzen. Bingo ergriff die oberste Sprosse und zog gegen die etwa ein Dutzend Rumbels, die mit aller Macht vom Boden der Bibliothek aus zerrten, aber, wie Napoleon vorher bemerkt hatte, die Schwerkraft ließ sich nicht ignorieren, und nun war sie auf der Seite der Rumbels.

Im Schacht kämpfte und fluchte Bingo, sich den Kopf anschlagend und seine Wunden stoßend, bis das Blut lief. Napoleon hastete aufwärts, Hand über Hand, die glänzenden Speere unter sich nicht ansehend.

Als der Wendel noch einige Sprossen von seiner Zuflucht entfernt war, wurde der erschöpfte Bingo beinahe durch einen gewaltigen Ruck der Rumbels unten aus dem Schacht herausgezerrt. Es gelang ihm zwar, sich festzuhalten, aber sein Körper ragte jetzt aus der Schachtöffnung, halb drinnen, halb draußen. Er kämpfte mit der Leiter, die nun in Kreisbewegungen versetzt worden war – ein letzter entschlossener Versuch der Rumbels, Napoleon ins Leere zu schütteln. Ein großer Schrei stieg von den Rumbels auf; der Wendel konnte sich nur mit Armen und Beinen gleichzeitig an der Leiter festhalten, aber er fand noch die Zeit, hinunterzuspucken.

»Ihr schieläugige Wieselbande«, brüllte er. »Ihr schielenden Maulwürfe.«

Die Rumbels zogen nur noch stärker, entschlossen, den armen Bingo zurück in die Bibliothek zu zerren. Die oberste Sprosse wurde seinen blutenden Händen entwunden, und Napoleon schien für immer von seinem Freund fortzuschwanken, zu fallen. Aber Bingo streckte Napoleon seine Arme entgegen, und, als die Rumbels die Leiter mit furchtbarem Schrei umwarfen, stieß der Wendel seine Füße ins Leere, schwebte einen Sekundenbruchteil in der Luft und ergriff dann mit beiden Händen Bingos rechten Arm. Da hing er, Speere flogen um ihn, und er sah hinauf in das schmerzverzerrte und verzweifelte Gesicht seines Abenteuergefährten.

»Werd mir jetzt nicht ohnmächtig, Bingo!« rief er. »Sonst werd ich wie ein Schinken aufgespießt.«

Bingo glitt und rutschte in dem engen Schacht; ein Glück, daß er so eng war. Wäre der Schacht etwas weiter gewesen, hätte sie das Gewicht Napoleons, der baumelte und sich zum Rand der Öffnung emporzukämpfen versuchte, beide in die Tiefe gezogen. Bingo keilte sich in der Öffnung fest und ließ, obwohl der Schmerz fürchterlich seine Schulter durchbohrte, Napoleon seinen Arm hinaufklettern. Als der Wendel eine Hand in der Schachtöffnung hatte, verschob Bingo seinen Griff ein klein wenig und zerrte Napoleon nach oben und herein, und beide fielen erschöpft übereinander.

Sie brauchten lange Zeit, um sich zu erholen. Sie schnappten nach Luft, obwohl jeder Atemzug mehr Rauch als Luft enthielt, und sie husteten und würgten in schrecklichen Krämpfen. Endlich zwang sich Napoleon auf Hände und Knie und spähte vorsichtig aus dem Loch. Etwa ein Dutzend Rumbels versuchten, die Leiter wieder aufzurichten. Andere rannten aus der lichterloh brennenden Bibliothek und befahlen ihren Kameraden, von Raum zu Raum und durch alle Korridore zu rennen, um die Flucht der beiden Borribles zu verhindern.

Napoleon trieb den von seiner Schwäche überwältigten Bingo an. »Komm«, sagte er liebevoll, das erste Mal, daß Bingo (oder irgend jemand sonst) ihn so hatte sprechen hören. »Wir müssen dich hier wegbefördern.«

»Laß mich besser hier«, sagte Bingo, mit Anstrengung den Kopf aufrichtend. »Ich kann sie oben von der Leiter runterschmeißen, wie sie kommen. Und du hast Zeit, zu verschwinden.«

»Ich laß dich nirgendwo«, sagte Napoleon mit Nachdruck, »und hier gefällt's mir nicht, die Luft ist schlecht. Du brauchst bloß kriechen.«

Bingo richtete sich auf Hände und Knie auf. »Also gut. Ich versuch's. Wohin?«

Das war ein Problem. Der Schacht erstreckte sich auf beiden Seiten der Öffnung ins Dunkel. In welcher Richtung, wenn überhaupt, Sicherheit zu finden war, ließ sich nicht erraten.

»Gehn wir den Weg, den der Rauch nimmt«, schlug Napoleon vor, »führt uns vielleicht nach draußen. Wenn nicht, dann ersticken wir.«

So brachen sie auf, hustend und spuckend, mit brennenden, tränenden Augen, den metallenen Tunnel entlang, sich rechts und links die Köpfe anschlagend, wie Pingpongbälle in einer Regenröhre.

Torricanyon lehnte sich gegen den Panzerwagen und war mit sich zufrieden, er hatte genügend Schaden für drei Abenteuer angerichtet. Der Motor des gepanzerten Fahrzeugs war unter den Schlägen einer Eisenstange, die er unter den Werkzeugen gefunden hatte, in kleine Teile zerschmettert worden. Überall in der Werkstatt hatte er Dutzende von Benzinkanistern ausgeleert und die Werkbänke und die Regale mit dem Werkzeug und den Ersatzteilen damit getränkt. In den Benzintank des Wagens hatte er einen langen Lappen versenkt, und das Benzin hatte den Lappen getränkt und sich auf dem Boden gesammelt. Er brauchte nur noch ein Streichholz, und die ganze Kiste würde wie ein Christbaum aufflammen und die Kriegsanstrengungen der Rumbels ein Jahrzehnt zurückwerfen. Aber ein Streichholz hatte er nicht; seine Schachtel mußte ihm irgendwo aus der Tasche gefallen sein.

Während seiner Arbeit hatten ihn die Rumbels häufig gestört. Die Krieger hatten die Tür aufgebrochen und ihn durch die Werkstatt mit ihren Speeren verfolgt, aber Torricanyon hatte von einer Abfalltonne den Deckel genommen und als Schild benutzt. Nicht ein Speer hatte ihn getroffen, obwohl ihn an mehreren Stellen Streifschüsse geritzt hatten. Er hatte sich in der Garage, gerade vor dem Panzerwagen, wie ein Löwe verteidigt und viele Angriffe abgeschlagen. Dutzende bewußtloser Rumbels lagen auf dem Boden herum, andere waren davongekrochen, um ihre Wunden zu lecken. Torricanyon war beinahe zufrieden, alles, was er noch wollte, war ein Streichholz, damit er seinen Beitrag zu dem Rauch leisten konnte, den es aus der Küche und der Bibliothek zu ihm hierhergetrieben hatte.

Er lehnte am Wagen und genoß das Gefühl des Soliden hinter sich. Er war müde. Zwanzig Meter entfernt standen die Rumbelkrieger und warteten auf Verstärkung und neue Speere. Es war nur eine Frage der Zeit, bis sie ihn zermürbten und gefangennahmen oder töteten, aber er konnte nur an sein Streichholz denken; er wollte im Glanz eines Feuerwerks abtreten. Ein Streichholz an den Lappen im Wagen, eine Berührung mit dem Boden, und das Feuer würde rascher durch die Werkstatt jagen, als ein Borrible rennen konnte. Es wäre ihm dann gleich, was mit ihm geschah; vielleicht würde er sich durch die Garagentür retten können. Es gab da einen roten Knopf mit der Aufschrift »Einmal drücken«, aber draußen konnten auch noch mehr Rumbels auf ihn warten. Der Morgen würde jetzt langsam über dem Rumbelreich dämmern. Zeit, zu gehen.

»Geh doch mal einer von euch Rumbels und hol mir ein Streichholz, hm? Ich würde mir gern die Zähne reinigen.« Er lehnte sich auf seine Eisenstange und wechselte den Griff an seinem Abfalltonnendeckel. Er lachte laut wegen seiner eigenen Dummheit. Er hoffte, daß die anderen mittlerweile in Sicherheit waren und nicht ihre Zeit an Witzchen mit dem Feind verschwendeten.

Ein plötzliches Geräusch über seinem Kopf ließ ihn lebendig werden. Also deshalb waren die Rumbels so ruhig gewesen. Sie hatten eine Möglichkeit entdeckt, ihm über das Dach in die Flanke zu fallen. Wenn sie von zwei Seiten kämen, würde er nicht lange durchhalten. Er kletterte auf den Wagen und schaute prüfend an die Decke. Ein quadratischer Deckel wurde zur Seite geschoben. Torricanyon sah zu der Gruppe von Rumbels hinüber, die am Eingang der Werkstatt standen. Sie hatten sich nicht gerührt. Er schwang die Eisenstange über die Schulter – wenn irgendein Rumbel auch nur seine Schnauze aus diesem Loch streckte, würde er die platter hauen als eine tote Katze auf der Autobahn.

Der Deckel hob sich, und eine Hand erschien, die die Unterseite festhielt und den Deckel ganz wegschob, so daß ein schwarzes Loch sichtbar wurde, aus dem dichter Rauch flatterte. Aus dem Schacht ertönte Husten und Würgen, jemand sog tiefe Atemzüge Luft ein. Torricanyon machte sich bereit, zuzuschlagen.

»Dir bring ich schon das Husten bei, mein Myxomatosekaninchen«, sagte er, »du langschnauziger alter Iltis.«

Die Hand kam wieder zum Vorschein, und Torricanyon ließ die Stange sinken. Es war eine kleine Menschenhand, gar keine Pfote. Am anderen Ende dieser Hand mußte ein Borrible sein.

Ein verrußtes und blutiges Gesicht erschien. Die rotgeränderten Augen zwinkerten, und der Mund war weit geöffnet und nahm soviel Luft auf, wie er nur konnte. Und dann, beinahe erstickt und leblos, fiel der kleine Körper Bingos wie ein entgräteter Fisch aus dem Schacht in Torricanyons Arme.

Torricanyon legte seinen Kameraden auf einen der Sitze des Autos und sah nach dem Feind. Sie schlichen näher, so daß er mit einem gewaltigen, furchterregenden Brüllen seine Eisenstange schleuderte, die über den Zement hüpfte und schlitterte und den Rumbels die Füße wegriß. Sie zogen sich zurück; sie hatten genug von diesem verrückten Borrible und wollten ihn erst wieder attackieren, wenn er vor Müdigkeit umfiel.

Bingos Augenlider flatterten; er sah auf. »Oh, Torri«, stöhnte er. »Da bin ich froh, daß du es bist. Ich könnte keinen Schritt weitergehen, meine Knie sind völlig wund, und meine Lungen fühlen sich an wie zwei Räucherheringe.« Und der arme Bingo fing wieder an zu husten.

Wieder kam ein kratzendes Geräusch über Torricanyons Kopf, und er zog seine Schleuder und nahm einen Stein aus Bingos Gurt. Aber wieder sah er eine Hand, und der Kopf von Napoleon folgte bald. Er war nicht besser dran als Bingo. Seine Augen strömten vor Tränen, und Schnitte von einem Dutzend Speerwunden hatten ihn mit Blut bedeckt, welches wiederum mit Schmutz und Fett und Ruß verschmiert war. Seine Kleider waren völlig zerrissen, und seine wundgeriebenen Knie ragten aus großen Löchern in seinen

Hosenbeinen. Torricanyon half ihm herunter und setzte ihn neben Bingo bequem auf einen anderen Sitz.

»Schaut so aus, als hättet ihr die ganze Schlacht allein bestritten«, sagte Torricanyon, »aber ihr müßt noch ein bißchen weitermachen, wenn ihr wieder atmen könnt.«

Napoleon sagte nichts; er lag keuchend zurückgelehnt. Bingo, etwas leichter atmend, setzte sich auf und schaute über das zwanzig Meter breite, mit Leibern übersäte Niemandsland zu den Rumbels hinüber.

»Worauf warten die, Torri?« fragte er.

»Neue Munition, neue Freunde«, antwortete Torricanyon. »Irgendwie haben die was gegen mich.«

»Hast du einen Plan?« fragte Bingo, etwas verwirrt.

»O ja«, sagte Torricanyon. »Hinaus!« Und als Antwort auf Bingos verwundertes Kopfschütteln sagte er: »Hier gibt es eine Garagentür, aber ich weiß nicht, ob sie aufgeht; na ja, ich nehm's an. Das Problem ist, ich weiß nicht, was auf der anderen Seite liegt. Wahrscheinlich noch mehr Rumbels. Es muß Tag sein, wißt ihr – ungünstige Sache.«

»Es ist die einzige Chance, die wir haben«, sagte Napoleon, der zu sich kam und aufstand, obwohl er taumelte und schwankte. »In den Schacht zurück bringt nichts, das ist der sichere Tod.«

»Na, in dem Fall, paßt ihr mal auf die Häschen auf, und ich geh mal runter und probier die Tür. Wenn sie sich bewegen, gebt's ihnen mit den Schleudern. Ihr habt glücklicherweise noch ein, zwei Steine, ich nicht mehr.«

Er sprang hinunter auf den Garagenboden, nahe der großen Schiebetür. Er ging auf den roten Knopf zu, leckte sich die Lippen und schaute, als wollte er den Knopf hypnotisieren. Während seine Hand in der Luft zitterte, wandte er sich mit einem plötzlichen Ruck zu Bingo und Napoleon um.

»He!« sagte er scharf. »Hat einer von euch Borribles ein Streichholz zur Hand?«

Poch stolperte weiter den Korridor zur Großen Tür hinunter; das Gewicht der Geldkiste biß tief in seinen Rücken. Seine Muskeln schmerzten, der Schweiß lief unter seiner Borriblemütze hervor und in seine Augen, und der beißende Rauch schmerzte in seinen Lungen. Orococco ging voran, spähte um jede Ecke und Kurve und winkte die anderen weiter. Vulgo hinkte und wankte hinterher, von Adolf gestützt, wenn der Deutsche nicht ein Rückzugsgefecht mit den Rumbels, die den Tunnel entlang folgten, auszumachen hatte. Wenn die Lichter erloschen, konnten sie spüren, wie die Feinde näherkamen und im Dunkeln mit den scharfen Speerspitzen nach ihnen stachen. Pelzige Körper strichen vorbei und versuchten, sie voneinander zu trennen und zu Fall zu bringen, aber sie blieben zusammen und griffen mit solcher Wildheit immer wieder ihrerseits an, daß die Rumbels viele Opfer zu beklagen hatten.

Ohne Warnung hielt Orococco an einer scharfen Biegung des Tunnels an und winkte Poch zu sich. Was Poch sah, ließ ihn seine kostbare Kiste abwerfen und vorwärtsspringen. Etwa zwanzig Meter weiter standen Sydney und Chaline im Tunnel, von feindlichen Kriegern umzingelt. Sie waren in einer Art Nische des Korridors eingeschlossen, und ein Kreis von Speeren mit stählernen Spitzen hielt sie gefangen. Ihre Munitionsgurte waren leer, und sie kämpften mit erbeuteten Rumbelspeeren gegen zehn ihrer Feinde; ganz offenbar waren sie am äußersten Rand ihrer Kräfte. Ihre Mützen waren verschwunden, und ihr Haar war fleckig von Ruß und hing in starren Strähnen in ihre rußgefurchten Gesichter. Chalines Speer war zerbrochen; sie benutzte ihn wie einen Dolch und hieb mit verzweifelter Wut um sich.

Orococco und Poch erreichten die Szene gleichzeitig und stachen von hinten mit vom Boden aufgehobenen Speeren auf die Rumbels ein. Sie schrien und riefen, und die Rumbels flohen in einen Seitentunnel, im Glauben, daß ihnen die ganze Borriblenation auf den Fersen sei. Drei lagen auf dem Boden und würden nie wieder kämpfen.

Chaline und Sydney lehnten an der Wand und wischten sich den Schweiß aus den Augen.

»Eine Minute später, und ihr wärt eine Minute zu spät gekommen«, sagte Chaline atemlos und zitternd.

»Ich dachte, ich sehe den Himmel nie mehr«, sagte Sydney. »Wieviel sind wir noch?«

»Nur wir«, sagte Poch, »und wir sind nicht besonders gut in Form. Die anderen haben's wahrscheinlich nicht gepackt.«

»Gehn wir weiter«, sagte Adolf. »Hinter uns sind genauso viele Rumbels wie vor uns.«

Sydney übernahm die Nachhut mit dem Deutschen, Chaline marschierte mit Orococco an der Spitze der kleinen Prozession, die sich langsam ihren Weg zur Großen Tür erkämpfte. Rumbels kamen in großer Zahl aus den Seitentunneln, sobald die Borribles vorbei waren, und drängten hinterher, auf einen günstigen Moment für den Angriff wartend. Was vor ihnen lag, daran wagten die Borribles nicht zu denken. Selbst wenn Stonkus immer noch den Ausgang bewachte, würden draußen Hunderte von Rumbels, alle gut bewaffnet, im kalten grünen Gras des Rumbelreiches auf sie warten.

Endlich kamen sie zu einer der Ziegelbarrieren, die Stonkus nach der Einnahme der Großen Tür gleich dahinter errichtet hatte. Nichts von der Barriere war jetzt mehr zu erkennen; das meiste war in irgendeinem großen Kampf zertrampelt und niedergerissen worden. Was noch blieb, war von den Leibern gefallener Rumbels bedeckt, beinahe halb bis zur Decke des Tunnels übereinandergehäuft. Es war auch merkwürdig still, und die Borribles hielten ein paar Meter vor dem Schlachtfeld an. Nichts bewegte sich vor ihnen, und sie sahen einander erstaunt an.

»Ob wohl der alte Stonkus unter dem Haufen da liegt?« fragte Chaline.

»Er kann das keinesfalls überlebt haben«, sagte Poch und setzte wieder seine Kiste ab. »Er muß Hunderte von Rumbels geschafft haben. Was für ein Künstler!«

»Na, lebhaft sehn sie nicht gerade aus«, sagte Orococco. »Vielleicht gibt es wirklich keine mehr zwischen hier und der Tür.«

In diesem Moment kam ein Rumbel von enormer Größe über die zerbrochene Barrikade gesprungen und kletterte auf sie zu. Er hatte in jeder Hand einen Speer und stieß seltsame gedämpfte Rufe aus.

»Hat noch jemand Steine?« fragte Poch dringlich und zog seine nutzlose Schleuder hervor. Es kam keine Antwort.

»Die mit den Speeren nach vorn«, sagte Poch und warf den Speer, den er hielt, auf das nahende Ungeheuer. Er riß einen weiteren Speer vom Boden und bildete eine Linie mit Orococco und Chaline. Der große

Rumbel kam in einem seltsam unbeholfenen, unregelmäßigen Gang näher. Er war der größte, den sie je gesehen hatten, und wahrscheinlich auch der stärkste. Vielleicht, dachte Poch, hatte Stonkus die Rumbels erledigt, die sie hier sahen, und dann hatte ihn diese mächtige Kreatur von hinten überwältigt, während er im Tunnel kämpfte. Aber was auch geschehen war, die mächtige Gestalt näherte sich ihnen immer noch, furchtlos, frohlockend.

In einer gewissen Entfernung von den Borribles hielt der riesige Rumbel an und schwenkte die Speere in seinen Händen; er tanzte von einem Fuß auf den anderen, dann drehte er sich im Kreis und schrie fröhlich. Die undeutliche Stimme wurde etwas klarer.

»Ein Borrible! Ein Borrible!« schrie der Rumbel. »Keine Sorge, ich bin es, Stonkus, Stonkus, ihr Blödköpfe, ich hab die Große Tür gehalten, oh, kommt doch!«

»Vorsicht«, sagte Poch. »Das muß ein Trick sein.«

»Kein Trick, Poch«, sagte die haarige Gestalt. »Schau!« Und der große Rumbel ließ seine beiden Speere fallen und hob zwei Hände – und es waren wirklich Hände –, mit denen er hinten an seinem Nakken an etwas nestelte. Dann hielten die Hände die Schnauze fest und zogen, und der ganze Fellmantel fiel ab und enthüllte keinen anderen als Stonkus den Borrible. »Da bitte«, rief er und tanzte wieder, »ich bin's nur.«

Erstaunt ließen die Borribles ihre Waffen sinken und umdrängten ihren Freund, alle auf einmal Fragen stellend.

»Wartet doch mal«, sagte Stonkus, der sich an ihrer Verblüffung freute. »Ich erklär's euch.«

Und er erzählte ihnen, wie er die Tür mit dem Baumstammtrick erobert hatte, und das gefiel ihnen. Und wie Torricanyon in das Tunnellabyrinth hineinmarschiert war, während er, Stonkus, es für eine gute Idee gehalten hatte, zu bleiben, und die Tür als Rückzugsmöglichkeit zu bewachen, aber ehe er das tat, suchte er nach dem Pförtner der Rumbels, um sicherzugehen, daß der sich nicht erholte und zurückkam. Nachdem er etwa dreihundert Meter gegangen war, fand er die Überreste des Pförtners – aber alles, was er entdekken konnte, war die Haut des Rumbels. »Ein großer Mantel sozusagen mit nichts drin, ich kann mir nicht vorstellen, was mit dem Rest von ihm passiert ist«, sagte er zu den anderen. »Vielleicht ist in keinem von denen was drin, wer weiß?« Jedenfalls kam es Stonkus so vor, als ob es seiner Verteidigung der Großen Tür nützen könnte, wenigstens für eine Weile, wenn man ihn für einen Rumbel hielt, und er hatte sich die Haut übergestreift, und es hatte funktioniert, wie sie an der Anzahl der herumliegenden Rumbels sehen konnten.

»Ich hab mich so an das Fell gewöhnt«, fuhr Stonkus fort, »daß ich vergessen hab, daß ich es trage, als ihr aufgekreuzt seid. Erst als Poch seinen Speer auf mich geworfen hat, fiel mir's ein. Jedenfalls ist die Tür in unserem Besitz, obwohl ich annehme, daß sich auf der anderen Seite zwanzig Brigaden Rumbels versammelt haben.«

So müde sie waren, gratulierten die Borribles ihrem Stonkus und schlugen ihm auf die Schulter und lachten wieder und wieder über seine Geschichte. Obwohl ihre Lage hoffnungslos war, half es auf jeden Fall, eine gute Geschichte zu hören. Sogar Vulgo hinkte heran, lehnte sich an die Wand, wiegte den Kopf energisch und sagte: »Nimm das Fell mit und benutz es daheim als Bettvorleger, es sieht dann aus wie diese

Tigerfelle, die sie manchmal in Nobelvillen rumliegen haben.«

Sie marschierten weiter über die Barrikaden, die Stonkus so tapfer verteidigt hatte und mit soviel List, und kamen schließlich an die Große Tür. Hier ruhten sie sich eine Weile aus und besprachen ihre Lage. Hinter der nächsten Barrikade versammelten sich die Horden von Rumbels, die hinter ihnen her durch die Tunnel geschnüffelt hatten. Sie griffen nicht an, das war nicht nötig. Sie wußten, früher oder später mußten die Borribles die Tür öffnen, und sie wußten auch, daß auf der anderen Seite Hunderte ihrer Krieger aus anderen Bunkern warteten, frisch und kampfbegierig. Die Borribles wären dann zwischen zwei Fronten; einer nach dem andern würden sie sterben oder gefangengenommen werden. Das wäre die Rache der Rumbels. Poch schaute seine mitleiderregende, erschöpfte Gruppe an. Alle waren mehr oder weniger schwer verletzt, bei den meisten mischte sich Blut mit dem Schmutz auf den Gesichtern. Sie hatten keine Munition mehr für ihre Schleudern, so daß keine Chance bestand, sich den Weg durch die Rumbels mit wohlgezielten Schüssen zu bahnen. Sie hatten soviel Speere, wie sie tragen konnten, denn Speere bedeckten den Boden um die Große Tür, wo Stonkus gekämpft hatte. Aber ein Speer konnte nur einmal geworfen werden oder im Nahkampf Gebrauch finden, und aus der Nähe würden sie durch die bloße Zahl des Gegners erdrückt und überwältigt werden; dann wären sie gefangen. Poch erschauderte bei dem Gedanken, was ihnen dann geschehen würde. Weiter hatten sie keine Nahrung und nichts zu trinken. Je länger sie blieben, wo sie waren, desto schwächer würden sie werden. Ihre Situation war schlimm.

Hinter der Barrikade hervor beobachteten die roten Augen der Rumbels sie, glühend, sich in die Borribles bohrend, sie hassend, voll Sehnsucht nach ihrem Tod. Sie fingen einen leisen Gesang an, der sich lauter und lauter erhob und von Hunderten anderer aufgenommen wurde, die durch die Tunnel herbeiströmten, vereint jetzt und organisiert für die letzte Schlacht.

»Zerbeißt die Borribles«, sangen sie. »Zerbeißt die Borribles.« Und dann schlug es gegen die Tür, bis sie in ihrem Rahmen zitterte, und derselbe Sang wurde draußen aufgenommen, und etwas rammte regelmäßig gegen die Tür, wahrscheinlich ein alter Baumstamm, den sie aus den Wiesen des Rumbelreiches herangerollt hatten.

»Ruht euch aus, bis die Tür fällt«, sagte Poch, »dann müssen wir kämpfen.«

»Nun«, sagte Vulgo, der sich etwas erholt hatte und dem Adolf die Wunde frisch verbunden hatte, »jedenfalls haben wir's geschafft. Wir haben fünf von ihren Namen geholt – wahrscheinlich die ganzen acht, wenn wir die Geschichten der anderen hören könnten.«

»Torricanyon, Bingo und Napoleon«, sagte Stonkus. »Ich hoffe, sie sind in Sicherheit.«

»Na, Mann«, sagte Orococco, »wir haben nie damit gerechnet, durch das ganze Abenteuer durchzukommen, ohne jemand zu verlieren.«

Das Hämmern gegen die Tür hielt an.

»Sieht so aus, als verlieren wir alle«, sagte Vulgo, gegen die Wand gelehnt, und betastete seine Schulter mit steifen Fingern.

»Ist es nicht komisch«, sagte Chaline, die auf dem Boden saß, die Füße vor sich ausgestreckt. »Ist es nicht komisch, erst vor kurzer Zeit haben wir uns abgemüht, hier reinzukommen. Jetzt sind wir drin, und die wummern gegen die Tür, um uns rauszuholen. Die Dinge ändern sich, hm?«

Die Große Tür begann sich in ihren massiven Angeln zu lockern. Nicht mehr lange, und sie würde aufbrechen; die Rumbels würden sich am Eingang versammeln, um ihre Speere zu schleudern. Die Borribles mußten sich verteidigen, bis sie fielen.

Man beschloß, daß Stonkus, Poch und Chaline die Tür verteidigen sollten, während Adolf, Sydney und Orococco die Barrikade übernahmen. Vulgo würde sie mit Waffen versorgen, Speeren oder Ziegelsteinen. Sie entschieden alle, sich nicht lebend fangen zu lassen, nicht die Schande der Gefangenschaft zu erdulden, geschlagen zu werden, vielleicht gefoltert und als Sklaven mit gestutzten Ohren sich zu Tode arbeiten zu müssen.

Als schließlich die Tür keine Attacken mehr aushielt, schob Stonkus rasch die Riegel zurück und öffnete das Schloß. Der nächste Stoß des Rammbocks fand keinen Widerstand, und sechs Rumbels und ein Baumstamm stürzten durch die Öffnung, als die Tür zu Boden krachte. Drei Borribles sprangen mit Speeren auf sie zu und erledigten sie, ehe sie sich erheben konnten. So weit so gut; über die Schwelle blickend sahen sie jedoch, was dem mutigsten Borrible das Herz sinken lassen mußte.

Eine graue, düstere Morgendämmerung hatte sich über das dunkle, feuchte Grün des Rumbelreiches gebreitet. Die Bäume waren schwarz und unbelaubt, und ihre Zweige bewegten sich in einem stoßweise daherfegenden, nassen Wind. Dichter Regen fiel und trieb in Vorhängen durch die stürmische Luft, als ob Wolkenfetzen zur Erde gesunken wären; aber nicht das Wetter fesselte Pochs Aufmerksamkeit, als er hinaussah. Soweit sein Blick reichte, über die ganze schmutzige Morgenlandschaft hinweg, standen Reihen hinter Reihen dichtgedrängt Rumbels, und der Stahl ihrer Speerspitzen spiegelte das kalte Morgenlicht. Da standen sie, kompakt und reglos, den Pelz vom Regen an die Haut geklebt, die Schnauzen kriegerisch in die Höhe gestreckt. Weder schrien sie noch schüttelten sie ihre Waffen. Sie warteten geduldig, daß die Borribles herauskämen und ihrem Ende entgegenträten.

Die Rumbeltruppen waren in Abteilungen aufgestellt, und als der Trupp mit dem Rammbock besiegt war, löste sich die vorderste Abteilung von der Masse der Armee und näherte sich, um die Große Tür anzugreifen. Hinter ihnen war jeder andere Rumbel bereit, vorzurücken, entschlossen, diese Schlacht zu gewinnen, wie tapfer die Borribles auch kämpfen mochten, und wie lange es dauern sollte.

Poch schluckte schwer; den dicksten Kloß, der ihm je im Hals gesessen hatte.

»Alles was recht ist«, sagte er zu Stonkus. »Rumbels bis zum Horizont, und alle bewaffnet.«

»Jetzt heißt es aber wirklich gute Nacht«, sagte Stonkus. »Da hat jeder noch Onkel und Tante mit eingeladen.«

Die erste Abteilung der Rumbels war nun in Wurfweite und schleuderte Geschosse, um sich sogleich wieder zurückzuziehen. Eine zweite Abteilung rannte vor und warf ihre Speere. Poch, Stonkus und Chaline preßten sich gegen die Seite des Eingangs und warteten, bis die Speere gefallen waren; dann rannten sie hinaus und warfen jeder zwei Speere nach den abrükkenden Kriegern. Viele der Feinde gingen zugrunde, aber die Rumbels konnten diese Verluste ignorieren, die nächste Abteilung rannte schon herbei, die Speere zum Wurf balancierend. Mit ihrer zahlenmäßigen Überlegenheit konnten die Rumbels so tagelang weiterkämpfen, wenn es nötig war; am Ende würden ihre Speere ein Ziel finden, und die Verteidiger wären verletzt und geschwächt. Dann würden die Rumbels sie überrennen.

Die Borribles liefen zurück und suchten Deckung. Hinter sich hörte Poch, wie Adolf und Orococco und Sydney um ihr Leben kämpften; er sah, wie der verwundete Vulgo zwischen den beiden Gruppen hin und her hinkte, soviel Speere wie möglich aufsammelnd. Der Kampf tobte weiter. Die Borribles wurden immer erschöpfter. Die Rumbels griffen unermüdlich an. Nach kurzem waren alle Verteidiger zumindest leicht verletzt worden, und Stonkus hatte einen Speerstoß in den Oberschenkel abbekommen und konnte nicht länger zur Tür hinaus und zurückrennen, so daß er seine Speere aus dem Schutz der Pforte herauswarf.

»Ach, hätten wir Steine«, murmelte er immer wieder. »Ach, ein Haufen Steine, groß wie ein Haus. Da würde bald meine Schleuder wie ein Banjo aufspielen.«

Die Rumbels waren jetzt nähergerückt. Ihre Krieger machten sich nicht einmal mehr die Mühe, in Abteilungen anzugreifen, sondern blieben stehen, wo sie aufmarschiert waren, und warfen ihre Speere, bis sie verwundet waren. Dann trat ein Rumbel vor, um den Platz des gefallenen Kameraden einzunehmen. Sie kämpften mit einem stummen Haß, und an Mut fehlte es ihnen nicht. Pochs Arm war müde; schließlich war ihm klar, daß er keinen Speer mehr hochheben, schon gar nicht mit nennenswerter Kraft werfen konnte.

»Die Messer heraus, Freunde«, sagte er, und er und

Stonkus und Chaline zogen sich hinter die Tür zurück und fanden sich Rücken an Rücken mit Adolf, Sydney und Orococco. Hinter denen sah Poch Hunderte von Rumbels, die den Korridor entlang von ihren blutdürstigen Freunden vorwärts geschoben wurden.

Vulgo zwängte sich in eine Ecke und wischte die lange Klinge seines Messers am Ärmel ab. »Nahkampf liegt mir«, sagte er und zuckte zusammen, als der Schmerz durch seine Schulter schoß.

Dann waren die Rumbels über ihnen, und ein furchtbarer Kampf entstand unter der Türe; doch die Angreifer waren den wilden Widerstand nicht gewohnt, den die verzweifelten Borribles leisteten, und fielen für den Augenblick unter den Hieben und Stößen der Messer zurück.

»Hoho!« schrie Adolf, so laut er konnte. »Kalter Stahl, das ist euch so nah doch etwas unbehaglich! Adolf Wolfgang Amadeus Winston wird mindestens hundert von euch mitnehmen! Macht schon! Kommt doch!« Und er brüllte und lachte sein Spottlachen, und die anderen lachten und schrien mit ihm, obwohl ihre Muskeln schmerzten, ihre Augenlider brannten, und das Blut ihnen an Armen und Beinen aus tausend kleinen Verletzungen herunterlief.

Doch die Rumbels kamen nicht wieder heran. Draußen, wo eben noch ruhige und kalte Entschlossenheit geherrscht hatte, war nun totale Panik entstanden, Hilferufe wurden laut. Gleichzeitig stieß eine Welle dumpfer Luft aus den Korridoren hervor, gefolgt von dem gedämpften Dröhnen einer großen Explosion tief im Bunker. Eine riesige Feuerzunge leckte aus dem Tunnel hervor und tötete alle, die im Wege standen. Sie berührte die kampfesmüden Borribles, brannte aber hier nicht mehr – doch die Wucht des schlagartig ausströmenden Gases hob sie empor und warf sie gewaltsam wieder zu Boden. Die Rumbels im Bunker waren still, und der Geruch von versengtem Fell und Fleisch schwebte über allem.

Stonkus erholte sich als erster, zog sich auf Hände und Knie und kroch zur Tür. Die Rumbels waren immer noch draußen, aber quer durch ihre Reihen lief ein tiefer Schnitt, und hindurchgepflügt hatte ihn ein Pferd mit einem Karren. Sam trampelte direkt durch die Masse der Rumbels, und ihre Angst vor Pferden, ihre Furcht und ihr Ekel bei dem Gedanken, wie ein würziges Bündel Heu zermampft zu werden, hatten ihren Haß auf die Borribles überwältigt, und sie waren in Panik zurückgewichen.

»Es ist Sam«, rief Stonkus den anderen zu. »Es ist der gute alte Sam!«

Wer weiß, was einem Pferd durch den Kopf geht, wenn es alleingelassen wird und nicht zu arbeiten hat? Sam hatte die Nacht im Geschirr dösend verbracht, und als er am Morgen erwacht war, hatte er die Gesellschaft und die Zuneigung der Borribles vermißt, die freundlich zu ihm gewesen waren. In seinem Leben hatte es wenig Liebevolles gegeben, gar nichts bei Tautröpfchen, und er wollte seine neuen Freunde nicht verlieren. Er hatte etwas Gras gefressen, aber das war ihm langweilig und fad vorgekommen nach dem delikaten Geschmack des Rumbels, den er verspeist hatte, so daß er den Karren an den Rand des Wäldchens gezogen hatte und von da aus sehnsüchtig über die nassen Wiesen hingeschaut und geschnuppert hatte. Er hatte keinen Borrible, nicht einmal einen Menschenerwachsenen gerochen, aber den Rumbelgeruch aufgefangen. Dieser Verführung folgend, war er über die Wiesen hinweg aufgebrochen. Der Geruch war so stark gewesen, daß er sich ein ganzes Feld voller Rumbels vorgestellt hatte – und seine Ahnung hatte nicht getrogen. Er sah die Rumbels, Tausende, und schnaubend und aufstampfend war er zum Angriff vorgegangen; den Karren hinter sich spürte er gar nicht, und die Rumbels schmolzen zu seiner Linken und Rechten fort. Dann hörte er eine Stimme, die seinen Namen rief, und erkannte sie: Sie rief ihn dankbar und liebevoll. Dann riefen mehrere Stimmen, und vor sich sah er seine Freunde, eingezwängt in eine Art Loch im Hang des Hügels, und alles, was zwischen ihm und seinen Freunden lag, waren ein paar Hundert Rumbels, also griff er wieder an und galoppierte weiter.

Poch und die anderen krochen und schleppten sich zur Schwelle der Großen Tür und sahen einen breiten freien Weg, der sich bis zum Horizont erstreckte. Sam kam im Galopp den Abhang herunter und schwang den Karren herum, so daß er schleuderte und in einem Tropfenschauer zum Stehen kam, direkt vor der Tür.

»Oh«, rief Sydney, Tränen der Erleichterung in den Augen. Sie rannte zu dem Pferd und küßte es. »Guter alter Sam, du hast uns gerettet, uns alle. Oh, Sam!«

So schnell sie konnten, kletterten die Borribles in den Karren. Vulgo wurde von unten geschoben, von oben gezogen, weil seine Wunden seine Glieder so steif hatten werden lassen, daß er ohne Hilfe nicht über die Wagenräder steigen konnte. Alle hatten nur den einen erregten Gedanken, mit Sam loszufahren und wieder die Straßen zu erreichen; alle bis auf Poch, der mit unglaublicher Beharrlichkeit durch die Große Tür zurückging, um die Schatzkiste der Rumbels zu holen.

Es war eine tollkühne, törichte Aktion. Rauch quoll aus der Öffnung, und die großen Balken des Türrahmens bogen und lösten sich unter der Wirkung der immensen Hitze. Innen sah Poch, daß die Eingangshalle ein Inferno von Flammen und fallenden Deckenbalken war; das Feuer ließ die Ziegel sich ausdehnen, die wie Kanonenkugeln aus der Wand hervor explodierten. Von Sekunde zu Sekunde neigte sich die Decke des Bunkers mehr; das ganze Rumbelgebäude begann einzustürzen, doch Poch beachtete all dies nicht und rannte weiter, sein Leben riskierend, um das Geld zu holen.

Adolf und Orococco folgten ihm wider Willen, nicht wegen des Schatzes, sondern um Poch zu helfen, falls sie konnten, denn trotz seiner Fehler liebten sie den Hauptspäher und waren bereit, ihr Leben aufs Spiel zu setzen, um ihn zu retten.

Poch kam auch tatsächlich zu der Kiste – doch er fand sie fast begraben unter brennenden Balken und weißglühenden Backsteinen. Als er die Kiste durch Tritte von dem Schutt befreit hatte, entdeckte er, daß sie glühte, daß sie mit trotzigem Rot hell zu brennen schien. Die Griffe waren heiß, als er sie berührte, und die Kiste selbst würde jedem, der versuchte, sie zu tragen, die Haut versengen, aber er ergriff sie und zog die entsetzliche Last auf seine Schultern. Der Griff brannte sich tief in das Fleisch seiner Handflächen, und die messingbeschlagenen Ecken der Kiste glühten durch seine Kleider in den Rücken. Er stolperte, glitt aus; Adolf fing ihn auf und schob ihn auf die Tür zu, die Poch vor Schmerzen nicht mehr sah.

Orococco brüllte: »Hierher, Poch, verdammdich!« Dann: »Adolf! Paß auf!«

Die Warnung kam zu spät. Ein sterbender Rumbel

hatte sich unbemerkt auf die Knie aufgerichtet und fiel, einen Speer umklammernd, auf Adolf und riß ihn nieder. Der Deutsche kam sofort wieder auf die Füße, doch der Speer war in seinem rechten Oberschenkel abgebrochen.

»*Verdammt*«, schrie er vor Schmerz; er zog den zerbrochenen Schaft aus seinem Bein, trat den Rumbel vor den Kopf und tötete ihn endgültig.

Orococco schleuderte Poch aus dem Weg und lief zu dem Deutschen, der, von dem dichtflatternden Rauch geblendet, ins Herz des Feuers taumelte.

»Adolf«, rief er, und sein Herz brach, »hierher!«

In diesem Augenblick stürzte die Decke über dem Eingang der Großen Tür ein. Mit einem Dröhnen wie dem einer Lawine fielen die großen, rotglühenden Deckenbalken und rissen einen tödlichen Hagel glühender Steine mit sich. Ein vor Hitze schmelzender, leuchtender Wall türmte sich zwischen Orococco und Adolf, und der mutige Totter mußte aus dem rauchenden Rumbelbau fliehen, seine Kleider in Flammen, die Haare brennend wie eine Fackel. Adolf war verschwunden: verloren im Herz eines Vulkans.

Draußen warf sich Orococco zu Boden und rollte auf dem Boden hin und her. Sydney sprang vom Wagen und schlug die Flammen auf seinem Kopf aus, die ihn sonst getötet hätten. Sie half ihm auf die Füße, und er sah, wie Poch, mit den Kräften eines Wahnsinnigen, die Kiste empor und in den Karren stemmte. Chaline lehnte über ihm, mit der flachen Hand auf seine rauchenden Schultern schlagend. Ein zorniger Schrei kam von den Rumbels. Sie hatten die Kiste gesehen, und ein Regen von Speeren flog herüber, von denen einige das Pferd verwundeten, das im Geschirr stolperte. Sydney und Orococco rannten herbei, ergriffen den vor Schmerzen verrückten Poch und stießen ihn wütend in den Karren. Dann streckte ihnen Stonkus seine Hand entgegen und half ihnen, über die Speichen des Rades hinaufzusteigen.

»Wo ist Adolf?« schrie Chaline. »Wo ist Adolf?«

»Den gibt's nicht mehr«, sagte Orococco, das Gesicht schmerzvoll verzerrt. »Die Decke ist runtergekommen. Ich konnte ihn nicht erreichen. Wir können nichts tun; verschwinden wir. Da drin lebt nichts mehr, nichts.«

»Willst du damit sagen, daß Adolf wegen einer gottverdammten Kiste umgekommen ist?« fragte Stonkus. »Was zur Hölle ist da überhaupt drin?«

Poch sprang auf die Füße. »Es ist der Schatz der Rumbels«, rief er, die Augen seltsam leuchtend vor Schmerz und vor etwas anderem. »Es ist Geld.«

Die anderen sahen ihn voll Entsetzen an und wußten nun, daß Poch die ganze Zeit einen Auftrag gehabt hatte, von dem er nichts gesagt hatte; daß Zoff ihn geschickt hatte, um diesen Schatz zu stehlen und heimzubringen – und daß für Poch nichts anderes zählte.

»Diese Kiste ist etwas Schlimmes«, rief Chaline. »Sie hat Adolf getötet und wird noch mehr von uns töten. Sie bringt Unglück. Werfen wir sie raus!«

»Ja«, sagte Orococco, »das reicht jetzt. Die Rumbels lassen uns vielleicht leichter ziehen, wenn sie sehen, daß wir das Geld hierlassen. Wir haben getan, was wir tun sollten. Laßt uns gehn, solang wir noch eine Chance haben.«

»Nein!« brüllte Poch, und seine Hand fiel auf das blutige Messer an seinem Gürtel. Er sah wild aus; seine Mütze war weg, und das Haar fiel ihm über die Augen. »Ihr habt alle eure Namen, aber ich krieg einen zweiten, wenn ich die Kiste nach Battersea zurückbringe. Ich nehm sie mit, sag ich euch, und ich bring jeden um, der mich daran hindert.« Und um die Diskussion zu beenden, hob er einen Stein vom Boden des Karrens auf und warf ihn hart gegen Sams Hinterteil; und ohne daß jemand hätte lenken müssen, zog das tapfere Pferd die Abenteurer fort von den zerschmetterten Überresten der Großen Tür.

Die Rumbels waren durch das plötzliche Auftauchen von Sam mit seinem Karren zutiefst erschrocken und hatten sich in Panik zurückgezogen, aber als sie sahen, wie der Schatz aus dem Bunker geschleppt wurde, kamen sie entschlossen wieder zurück, um, selbst jetzt, die Flucht der Borribles zu verhindern.

Sich dem Pferd von vorne zu nähern, davor schraken sie zurück, aber es machte ihnen nichts, von den Seiten auf den Karren zuzurennen und mit aller Macht ihre Speere zu werfen. Die tapfersten rannten nebenher und versuchten verzweifelt, in den Karren zu klettern, und ein paar warfen ihre Speere auf Sam, in der Hoffnung, ihn zu verwunden, vielleicht ein Bein oder einen Huf zu verletzen. Doch die Lage hatte sich zugunsten der Borribles verändert. Im Karren lagen die Hunderte von Steinen, die sie in der Nacht aufgeladen hatten, und dieses Geschenk war beinahe so wichtig wie die Ankunft von Sam selbst. Nun zogen die Borribles ihre Schleudern hervor, um Salven von Steinen abzuschießen, die ihre Wirkung nicht verfehlten, und die Rumbels hielten zwar ihre ständigen Angriffe aufrecht, wurden jedoch in eine respektvolle Entfernung zurückgezwungen.

Sam zog den Karren am Fuß des Hügels entlang, der den Bunker überlagerte. Der Grund schwankte und erbebte unter seinen Hufen, da immer noch Feuersbrünste und Explosionen die Rumbelfestung verwüsteten. Hunderte gelber Rauchfahnen hingen übelriechend gegen den Himmel, verformt und verloren wie die Wolken brennenden Staubes über hundert Londoner Krematorien. Das Herz des Rumbelreiches, des Imperiums, war durch eine mysteriöse Detonation verschlungen worden, und es würde viele Jahre dauern, bis es wieder hergestellt und wieder aufgebaut sein würde.

Sam steuerte direkt in die dichte Menge der Krieger hinein, die wütend ihre Speere schwenkten. Ein Straucheln des Pferdes unter der zornigen Attacke dieser fliegenden Speere, und ihre Flucht wäre zu Ende.

»Lauf weiter, Sam«, betete Poch, »so schnell du kannst.«

Aber Sam schwenkte plötzlich ab, so abrupt, daß die Borribles beinahe über den Rand des Karrens geschleudert worden wären.

»He, was ist da los?« rief Stonkus.

»Ich weiß nicht«, schrie Poch zurück, »es ist Sam …« Er brach ab und stellte sich auf den Führersitz. »Schaut! Schaut!« schrie er laut. »Da drüben!«

Da drüben war hinter ihnen, am Hügel, den sie gerade unter soviel Gefahr und Mühe hinter sich gelassen hatten, und Sam war nun aus guten Gründen wieder in diese Richtung eingeschwenkt.

»Na, gute Fahrt«, sagte Orococco. »Jetzt sind wir dran.«

Die Rumbels schrien, und auch sie blickten zum Bunker, und dann rannten sie, um den Borribles den Weg abzuschneiden, denn sie hatten eine Siegeschance erkannt. Am Rand des Hügels, in der Mitte einer umkämpften Eingangstüre im Zentrum der

Explosionen waren drei Gestalten aufgetaucht, deren Silhouetten sich vor den großen Flammen abzeichneten, die hinter ihnen sprangen und tanzten. Wenn sie nicht in wenigen Augenblicken gerettet wurden, würden Torricanyon, Bingo und Napoleon gezwungen sein, den Rückzug in das Feuer anzutreten oder auf den Speeren der zornigen Rumbels zu sterben.

Poch trieb Sam zum Galopp an. »O mach doch zu, Sam«, bettelte er. »O Sam, lauf, lauf, oder wir kommen zu spät. Daß keine mehr sterben, nicht jetzt, nicht jetzt!«

Das Pferd galoppierte, und die Borribles drängten sich vorn in dem hin- und herschleudernden Karren zusammen, nach vorne und nach den Seiten schießend, um die Feinde soweit fernzuhalten, daß ihre Speere das Pferd nicht treffen konnten. Sam wieherte so laut er konnte, und die Rumbels fielen zurück, Angst ergriff sie vor diesem zweiten Angriff, der sie wieder des Bluts der Borribles beraubte, das sie gerne vergossen hätten.

Als Sam vor der brennenden Garage rutschend und schleudernd zum Stehen kam, war nur Torricanyon in der Lage, ohne Hilfe in den Karren zu steigen. Bingo und Napoleon, von den in der Bibliothek empfangenen Wunden geschwächt und mit Lungen, die während ihrer Wanderung durch den Lüftungsschaft, wo sie beinahe erstickt wären, nachhaltig demoliert worden waren, mußte man hastig hinaufzerren. Besinnungslos fielen sie auf den ebenfalls bewußtlosen Vulgo und kamen erst einige Stunden später wieder zu sich.

Poch lenkte das furchtlose Pferd noch einmal zurück, den feindlichen Truppen entgegen, doch der Mut entsank nun den Rumbels. Sie wußten jetzt, daß ihr Generalstab vernichtet war, und die Reihen begannen sich aufzulösen. Ihr wichtigster Bunker war völlig ruiniert und stand in Flammen. Die Werkstatt, der Panzerwagen, die Laboratorien, die Bibliothek, die Küche, die Schlafräume – das ganze System war zerstört, und ihre besten Krieger waren tot, im Kampf von Mann zu Mann erschlagen oder durch verstohlene List überwältigt. Sie hatten alles versucht, und sie hatten tapfer gekämpft, aber nun waren sie unter Rädern und Hufen zugrundegegangen oder waren dem zielsicheren Schuß der Borribleschleudern zum Opfer gefallen. Demoralisiert fielen sie zurück, und obwohl sie mit dem Karren Schritt hielten, blieben sie außer Reichweite, und ihre Zahl nahm ab, als Sam im Kanter zu den äußersten Grenzen des Rumbelreiches lief, bis zu der Hauptstraße, wo es endete.

Sam hielt an. Es war die Stoßzeit eines kalten, winterlichen Morgens. Die Autos und Busse zischten auf der nassen Straße vorbei und besprühten die Borribles mit Feuchtigkeit. Kein Erwachsener war irgendwo zu Fuß zu sehen, und niemand schien die große Schlacht bemerkt zu haben. Die Borribles versammelten sich am hinteren Ende des Karrens und hielten sich am Rückbrett fest; selbst Poch verließ seinen Sitz und kam, um zu schauen. Da, im Morgennebel und im strömenden, treibenden Regen standen ein paar Hundert Rumbels, niedergeschlagen auf ihre Speere gelehnt. Weiter konnten sie nicht; in den Straßen würde man sie erkennen und fangen. Die Borribles waren ihnen entkommen, schwer verwundet zwar, aber die Flucht war ihnen gelungen. Nun mußten die Rumbels zu ihrem zerstörten Bunker zurückgehen und retten, was sie retten konnten.

Die Borribles stimmten keinen Jubelschrei an,

schwenkten nicht ihre Schleudern, sondern sahen einfach zu, wie die Rumbels sich langsam abwandten und zwischen Ginsterbüschen und Bäumen verschwanden oder über die Hügel oder in die Senken davongingen, bis nichts mehr zu sehen war außer dem blaugrauen Regen, der die Umrisse des Schwarz und des Grün des Rumbelreiches verwischte. Es war, als hätte es nie einen Rumbel auf der Oberfläche des Planeten gegeben, und Trauer füllte die Herzen der siegreichen Borribles.

»Oh«, seufzte Chaline, blinzelnd, »ich wünschte, es hätte einen anderen Weg gegeben.«

»Vielleicht gab's einen, vielleicht gab's keinen«, sagte Torricanyon. »Eins ist sicher, als wir mal drin waren, mußten wir wie die Irren kämpfen, um wieder rauszukommen. Schwächlinge sind's nicht gerade.«

Der Moment des Nachdenkens wurde durch Sam beendet, der eine Lücke im Verkehr entdeckte und die Parkside Road überquerte und hinein in die Queensmere Road lief. Die Borribles fuhren in die breite Ruhe des Villenviertels, wo Tautröpfchen sie stehlen geschickt hatte. Sie waren nun sicher vor den Rumbels, aber wenn man die Leichen von Tautröpfchen und seinem Sohn gefunden hatte, würde die Polizei scharf Ausschau nach ihnen halten, und natürlich nach Sam.

9

Poch saß, in Tautröpfchens alten Regenmantel gehüllt, auf dem Führersitz. Für das Auge eines Erwachsenen sah er etwas klein geraten aus, um ein Pferd zu lenken, aber es regnete stark, und die wenigen Leute, die sich durch die Straßen bewegten, liefen mit zu Boden gewandten Gesichtern vorbei. Die anderen Abenteurer hatten die Plane wie ein Zelt über den Karren gebreitet, und in diesem geschützten Raum versorgten sie einander die Wunden und aßen ihre Vorräte.

Es war herrlich, sich hinzulegen, den Schmerz in den Gliedern nachlassen zu fühlen und von einem Freund die Wunden reinigen zu lassen. Sie wechselten sich ab, und schließlich nahm Stonkus den Platz von Poch auf dem Sitz ein, und Poch aß etwas, während Chaline die Schnitte an seinen Armen und Beinen verband und die Verbrennungen auf seinen Schultern und Händen.

»Das sind böse Wunden«, sagte sie. »Du bist ein Narr, du hast dich um das Geld gesorgt, als du hättest fliehen können – und schlimmer noch, Adolf ist deswegen verloren.«

Poch antwortete nicht. Es war warm und trocken unter der Leinwand, und die Bewegung des Karrens lockte die Borribles in einen tiefen Schlaf. Napoleon und Bingo und Vulgo waren gesäubert und gefüttert worden, hatten aber währenddessen kaum die Augen geöffnet und waren nun wieder ohne Bewußtsein. Sydney hielt Wache am hinteren Ende des Wagens, aber auch sie war so müde, daß Poch sehen konnte, wie ihr Kopf nach vorne sank, als ob er jeden Augenblick abfallen wollte.

Torricanyon berichtete seine Abenteuer einem Orococco, dem alle fünf Sekunden die Augen zufielen, und Torricanyon (der sich »frisch wie ein Schneeglöckchen auf der Rumbelwiese« fühlte) hörte zu reden auf und ließ den Totter wegdämmern.

Sydney drehte sich um und sagte: »Torri, wenn du so frisch bist, dann komm und halt Wache und laß mich auch schlafen.«

Poch wartete. Als es im Karren still geworden war, wandte er sich zu der Schatzkiste der Rumbels und berührte sie mit seiner verletzten Hand. Sie war rußig und immer noch warm. Vorsichtig, so daß niemand erwachte, schob er die Kiste an die Seite des Karrens hinter sich und verdeckte sie mit einem Stück alter Plane und ein paar abgestreiften Kleidern. Dann lehnte er seinen Rücken dagegen, damit niemand sie bewegen konnte, ohne daß er es sofort bemerken mußte.

Er versuchte, wach zu bleiben, die Kiste zu bewachen und die Ereignisse der vergangenen Stunden noch einmal zu durchleben, aber sein Kopf fiel ihm auf die Brust, und das Pferd stapfte weiter durch den Regen. Sam ging ruhig am Rand des Verkehrs dahin, durch die Augustus Road, an der Bahnstation von Southfields vorbei, die Replingham Road hinunter und am Eingang zur Engadine Street vorüber, wo sie angegriffen und in die Hände von Tautröpfchen und Herbie getrieben worden waren. Und alle Borribles schliefen, selbst Torricanyon, der Wache halten, und Stonkus, der Sam hätte lenken sollen, doch Sam schritt weiter, ohne Anweisungen zu brauchen. Er hatte vom Wandlefluß und vom King George's Park reden hören, also ging er dorthin. Er kannte London so gut wie irgendein Pferd, und er ging in gleichmäßigem, ruhigem Schritt, weil er wußte, daß die Borribles erschöpft waren. Sanft hielt er an Verkehrsampeln an und gab besonders acht, wenn er die Spur wechselte oder sich im Kreisverkehr einordnete. Weiter und weiter trottete er, und Stonkus schnarchte auf dem Führersitz, und die anderen träumten hinten, der Gnade des Zufalls ausgeliefert. Doch ihr Glück blieb ihnen treu, und der Regen fiel weiter in schweren Tropfen, und kein Erwachsener nahm sich die Zeit, den Pferdekarren genau anzusehen oder als auffällig zu bemerken, wie er langsam die Straßen entlangfuhr und die Borribles fort vom Rumbelreich der dubiosen Sicherheit des Wendelterritoriums entgegentrug.

Der Abend war hereingebrochen, als sie erwachten. Sam stand in einer verlassenen Seitenstraße am King George's Park, im Geschirr schlafend, völlig erschöpft, als sei alle Energie aus ihm herausgeströmt.

Als die Borribles dazu kamen, ihre Gliedmaßen zu bewegen, entdeckten sie, daß dies beinahe unmöglich war. Starre und Müdigkeit schienen sie für immer gelähmt zu haben. Stonkus war auf dem Führersitz zur Seite gesunken und lag in Tautröpfchens Regenmantel zusammengerollt da. Torricanyon steckte als erster seinen Kopf hinaus in die feuchte Abendluft.

Der Regen hatte aufgehört, und die Straßenlampen schimmerten golden auf der nassen Straße und machten sie schwarz, glänzend und tief. Torricanyon sah auf die Uhr: fünf. Er schaute auf den Straßennamen und duckte sich unter die Plane, um mit seiner Taschenlampe auf dem Stadtplan nachzusehen.

»Longstaff«, sagte er. »Alter Sam, du hast uns direkt in die Nähe vom King George's Park gebracht.«

Die anderen setzten sich einer nach dem anderen

auf, stöhnend, als sie merkten, wie zerschlagen ihr Körper war. Sie rückten eng zusammen, um sich zu wärmen, und aßen einen kalten Imbiß, ehe sie ihre Reise fortsetzten. Während des Essens diskutierten sie, welche Route sie für den Rückweg nach Battersea nehmen sollten. Das Einfachste war natürlich, wieder mit dem Boot durch das Land der Wendels zu fahren, zur Themse, den Weg, den sie gekommen waren. Aber einige der Abenteurer hatten ihre Zweifel.

»Ich glaube, wir sollten auf irgendeinem anderen Weg zurück«, sagte Chaline.

»Was soll das heißen?« Napoleon schaute scharf auf.

»Das hat nichts mit dir persönlich zu tun, Nap«, antwortete sie, ein wenig verlegen. »Nur, daß Eisenkopf mir irgendwie zuwider ist, ich hab so ein blödes Gefühl.«

»Jeder andere Weg ist sicherer«, sagte Poch, »muß sicherer sein.«

Napoleon lachte kühl. »Zu spät, Freunde, da hättet ihr wachbleiben sollen. Sam hat uns direkt zum King George's Park gebracht. Wir sind gesichtet worden, sobald wir über die Merton Road gekommen sind. Ich nehme an, daß um uns rum überall Wendelposten stehen.«

Unruhiges Schweigen herrschte unter der Plane.

»Ach was, wir drehen ja durch«, sagte Sydney schließlich. »Die Wendels sind schließlich Borribles, sie werden sich freuen, daß unsere Expedition erfolgreich war.«

»Auf jeden Fall sind wir so mitgenommen, daß wir es bloß auf dem kürzesten und einfachsten Weg schaffen«, sagte Napoleon. »Überlegt mal, in zwei, drei Tagen seid ihr daheim.«

»Werden wir ja sehen«, sagte Poch.

Napoleon lachte wieder. »Machst dich ja lächerlich«, sagte er.

Nach einer kurzen weiteren Diskussion beschloß man, daß es nur die Möglichkeit gab, bis zum Ufer des Wandle zu marschieren und dort zu lagern. Napoleon würde Kontakt mit einem Posten aufnehmen und die Bitte weitergeben, daß die Abenteurer zur *Silver Belle Flower* geführt und zur Themse hinunter geleitet würden. Danach hing alles von den Wendels ab.

Als sie bereit waren, kletterten sie über die Räder des Karrens auf den naßglänzenden Bürgersteig hinunter und kämpften sich in die Riemen ihrer Rucksäcke. Sie boten einen bejammernswerten Anblick, wie sie sich stolpernd und hinkend in Marschordnung aufstellten; die Behelfsbandagen um ihre Köpfe und Glieder sahen grotesk aus. Vulgo und Stonkus hatten sich Krücken aus Rumbelspeeren gemacht und konnten, mit ein wenig Hilfe der anderen, vorwärtskommen. Alle bewegten sich unsicher, und jeder Schritt war eine Tortur.

Trotz seiner ernsten Verwundungen und trotz der Gefühle seiner Gefährten ging Poch hinten an den Karren und warf die Hülle ab, welche die Schatzkiste den Blicken entzogen hatte. Er zog sie zu sich heran und zerrte sie auf seinen verletzten Rücken. Obwohl er unter dem Gewicht strauchelte und beinahe fiel, hätte ihn nichts auf der Welt dazu bringen können, sie zurückzulassen.

»Du bist sehr hartnäckig, Poch«, sagte Chaline. »Wie kannst du die Kiste mitnehmen, nach allem, was geschehen ist?«

»Du wärst auch hartnäckig, wenn's um deinen Namen gehen würde, oder?« antwortete Poch, ungeduldig wegen seiner Schuldgefühle.

»Also mir paßt das eigentlich auch nicht besonders«, sagte Torricanyon, »aber ich glaub sicher, Adolf hätte das verstanden mit deinem zweiten Namen.« Und er nahm einen von den Griffen und half Poch, die Kiste von seiner Schulter herunterzuheben, so daß sie sie zwischen sich tragen konnten.

»So!« rief Napoleon und drängte sich heran. »Da haben wir's ja, hinter dem warst du die ganze Zeit her, du Ganove. Und wir gehen leer aus, was? Ohne uns hättest du's nie rausgeholt. Es gehört auch uns.«

»Ach, laßt es uns wegschmeißen, eh es noch mehr Ärger gibt!« sagte Sydney.

»Das wär nicht besonders schlau, jetzt wo wir's schon hier haben«, mischte sich Torricanyon ein. »Ich meine, das ist Geld, oder? Eine ganze Menge. Schaut euch doch mal an, wie die Rumbels gelebt haben. Die hatten einfach alles da droben, und noch ein paar Sachen dazu.«

»Wir können jetzt nicht teilen«, sagte Poch und schob sein Gesicht dicht an das Napoleons. »Zoff wollte es gerecht unter alle Stämme verteilen, von denen Mitglieder bei der Expedition waren. Jeder von euch nimmt seinen Teil mit, wenn er zurückgeht.«

»Ha! Glaubst du, ich bin so blöd und schluck diesen Unsinn?« fragte Napoleon; sein Gesicht war grün im Licht der Straßenlampe. »Du traust Zoff vielleicht, ich nicht.«

Ein schlimmes Schweigen herrschte unter dieser Straßenlaterne, und einigen wurde es schwach und schlecht bei dem Gedanken, daß sie so weit gezogen waren und so viel zusammen getan hatten, und jetzt über eine dreckige Kiste Geld streiten konnten. Stonkus sprach es aus; Chaline und Sydney, Bingo, Vulgo und Orococco unterstützten ihn.

»Steckt euch das Geld sonstwohin«, schrie Stonkus. »Hier stehen wir da und fallen gleich tot um vor Schwäche, und ihr beide streitet euch rum. In den Park, bevor uns diese verdammten Moneten alle umbringen. Wir brauchen Schlaf, einen schönen langen Schlaf. Morgen können wir über das Geld reden.«

Seine Stimme weckte Sam, der beinahe umfiel. Er wieherte und wandte den Kopf. Sydney lief zu ihm, und die anderen folgten, das Geld war für den Augenblick vergessen. Sie leuchteten das Pferd mit ihren Taschenlampen an und sahen, daß sein Fell blutverkrustet und mit Kratzern und Stichwunden bedeckt war.

»Ihr labert hier rum mit eurem Geld«, rief Sydney ärgerlich und wies mit dem Finger auf Napoleon und Poch, »und um das Pferd, das uns alle gerettet hat, da kümmert sich kein Mensch.«

Sie befreiten Sam aus dem Geschirr, wischten ihn ab und versicherten ihm, wie leid es ihnen täte, ihn so lange vernachlässigt zu haben. Dann führten sie ihn zum Park, und wie Sam sich vorwärtsbewegte, sahen sie, daß er schlimm hinkte, wegen einer tiefen Wunde in einem seiner Hinterbeine.

»Schaut euch das an«, schrie Sydney sie alle an, als ob jeder einzelne direkt verantwortlich war. »So verwundet und hat uns den ganzen Weg hierher gebracht. Ihr solltet euch was schämen. Mit dem Geld sollte man für Sams Alter sorgen.«

Die Parktore waren bei Einbruch der Dunkelheit geschlossen worden, aber Napoleon hatte bald das Schloß aufgemacht, und das Borribleteam, Sam an der Spitze, ging in den King George's Park. Er lag schwarz und still da, und das Gras war feucht, aber die Borribles hatten ihr Segeltuch mitgebracht, und als sie das

Ufer des schweigsam und trüb dahinfließenden Wandle erreicht hatten, breiteten sie die Plane auf dem Boden aus und setzten sich darauf, um nicht naß zu werden. Bald verschwanden die Wolken vom Himmel, die Sterne erschienen, und die Nacht wurde kalt, aber die Abenteurer wickelten sich in ihre gefütterten Jacken und in ihre Schlafsäcke und saßen im Kreis herum, außer Sydney, die lange mit Sam sprach und sich streichelnd um ihn kümmerte, bis sie ihren Ärger verlor und zu der Gruppe zurückkehrte.

Dann fing das Geschichtenerzählen an, jener Augenblick, den die Borribles über alles lieben. Sie wollten wissen, wer was getan hatte, und wie, und in welcher Reihenfolge, und wem. Bingo wollte wissen, wie es Vulgo ergangen war, Vulgo wollte wissen, was mit Torricanyon passiert war, und Torricanyon wollte wissen, was Chaline und Sydney erlebt hatten. Napoleon erzählte Orococco seine Geschichte, und Orococco seine Poch, und Pochs Stimme zitterte, als er, beinahe wie eine Buße, berichtete, wie Adolf den Safe geöffnet hatte. Und sie hatten Tränen in den Augen und einen Kloß im Hals, als sie an den Deutschen dachten und an seine verrückte, fröhliche Stimme, und wie er sie spöttisch angelacht hatte. Niemand sagte direkt etwas zu Poch, aber es fielen Blicke, und es entstand ein Schweigen während der Geschichte mit dem Safe, und Poch schaute auf den Boden zwischen seinen Füßen.

Doch die Geschichten gingen weiter, und die früheren Streitigkeiten gerieten langsam in Vergessenheit, als die Borribles einander ansahen und sich darüber klar wurden, was für ein Glück sie hatten, noch am Leben zu sein. Noch nie hatten Borribles so ein Abenteuer gehabt, und sie fingen sogar an, ein wenig über die Übertreibungen ihrer Erzählungen zu lachen; denn Übertreibung ist ein wesentliches Element beim Erzählen einer Geschichte vom Namenverdienen.

Sie sprachen immer noch miteinander, als Napoleon plötzlich aufstand. »Ich hör einen Wendelspäher, auf der anderen Seite vom Fluß«, sagte er.

Napoleon sagte, sie sollten ihre Taschenlampen löschen und ging zum Geländer am Flußufer. Er pfiff leise, eine leichte Variante des gewöhnlichen Borriblepfiffs, und nach zwei Sekunden kam die Antwort. Die anderen hörten, wie er sich mit einer Stimme über den Fluß hinweg besprach.

»Ich geh rüber«, kündigte er an, als er zurückkam. »Muß Eisenkopf sehen. Ihr sollt hier warten; am besten schlaft ihr etwas. Ihr seid ganz sicher hier, um euch rum sind Nachtstreifen von den Wendels. Ich bin bei Morgengrauen zurück. Seid dann abmarschbereit. Versucht nicht, irgendwo hinzugehen. Ihr wißt, die – wir mögen das nicht.« Dann drehte er ihnen ohne ein Wort des Abschieds den Rücken und verschwand in der Nacht.

»Ein komischer Typ ist das«, sagte Bingo. »Du weißt nie, wo du bei ihm dran bist, einmal ist er nett und freundlich, rettet dir das Leben und kämpft mit dir, und in der nächsten Minute ist er kalt und fremd wie der Nordpol.«

»Ich glaube«, sagte Poch mit besorgtem Gesicht und mit einem Blick auf seine Kiste, »es fällt ihm so langsam wieder ein, daß er eben doch ein Wendel ist.«

Napoleon kam wie versprochen kurz vor der Morgendämmerung zurück, und die anderen wälzten sich in ihren Schlafsäcken auf die Seite und sahen ihn, ohne aufzustehen, an. Die großen Umrisse der Gebäude auf der anderen Seite des Wandle hoben sich dunkel vom Himmel ab. Napoleon war nur ein noch dunklerer Umriß. Sie konnten seine Augen oder seinen Ausdruck nicht sehen, nur seine Stimme zeigte ihnen, daß er müde und angespannt war.

»Wir sollen hierbleiben, bis es beinahe hell ist«, begann er, »und dann soll ich euch über den Wandle führen, am Ufer entlang und dann unter die Erde. Wir können uns ausruhen, wie damals, so lange wir wollen, und dann führen sie uns zum Bootsversteck, sagt Eisenkopf. Dann können wir gehen – könnt ihr gehen –, wenn wir unsere Geschichten erzählt haben, alle.«

»Und was«, fragte Poch und stellte damit die Frage, die sie alle beschäftigte, »ist mit dem Geld?«

Napoleon zögerte, dann sagte er: »Eisenkopf hat's nicht erwähnt, ich auch nicht«, und er ging zu seinem Schlafsack, entrollte ihn und schlüpfte hinein.

Eine lange Zeit herrschte Stille. Der Himmel wurde heller. Poch stand steifbeinig auf, ging zu Napoleon und setzte sich hin. Nach einer Weile berührte er den Wendel sanft an der Schulter. Er konnte jetzt Napoleons Augen sehen, sie waren geöffnet und starrten in den Himmel.

»Eisenkopf hat nichts von dem Geld gesagt, hm?« sagte er.

Napoleon blinzelte und sagte: »Stimmt. Ich hab ihm nichts davon gesagt, oder meinst du das?« Und er wollte sich auf der Schulter wegdrehen, aber Poch hielt ihn fest.

Bingo kam zu ihnen herüber. Seit der Borrible aus Battersea Napoleon das Leben gerettet hatte und mit ihm aus der Bibliothek entkommen war, war er dem Wendel näher als irgendeiner der anderen, und er wollte sich zwischen Poch und Napoleon stellen, falls ein Streit beginnen sollte. Poch begann wieder, leise und deutlich, und alle hörten zu. »Ich glaub dir nicht. Ich glaube, wir sollten einen anderen Weg nach Haus nehmen.«

Die Stille wurde noch ein, zwei Grad tiefer. Napoleon setzte sich abrupt auf und ergriff Pochs Arm.

»Ich hab's euch doch gesagt – ihr habt keine gottverdammte Wahl«, sagte er, zwischen den Zähnen hindurch. »Ihr sitzt hier fest, alle, um euch rum sind überall Wendels. Es gibt nur einen Weg heraus, und das ist den Wandle hinunter, wie wir gekommen sind.«

Poch ließ sich nicht beirren. Die anderen warteten mit angehaltenem Atem auf den Ausgang.

»Wenn du sagst: ihr«, sagte er zu Napoleon, »schließt dich das ein oder aus?«

Napoleon antwortete nicht. In ihm fand ein großer Kampf statt, und er konnte währenddessen nicht sprechen. Im Gebäude gegenüber gingen die Lichter an, und der Himmel war nun grau. Bald würden sie losgehen müssen, einen Weg oder den anderen.

»Sag uns, was wirklich war«, sagte Poch. »Komm, ohne Faxen.«

»Du schuldest uns die Wahrheit«, sagte Bingo.

Napoleon stand auf und ging zum Geländer hinüber; er starrte auf die Oberfläche des Wandle, der unter seiner Decke aus Müll vorbeifloß. Einen Moment dachte Bingo, der Wendel würde davonlaufen.

Schließlich drehte sich Napoleon um und sprach zu ihnen allen, mit einer leisen Stimme, damit man ihn jenseits der Gruppe nicht hören konnte. Seine Worte drängten sich schnell.

»Ich sag euch die Wahrheit. Ich weiß, ihr traut Eisenkopf nicht, und Halpfund nicht oder Tron, oder sogar mir«, fing er an. »Ich weiß, ihr könnt die Wendels nicht leiden, obwohl sie Borribles sind wie ihr alle, aber denkt an die Bedrohung, unter der wir schon immer gelebt haben. Ich schwör euch, Eisenkopf will bloß eure Geschichten hören, wird dafür sorgen, daß ihr ausruhen könnt und zu essen bekommt. Er wird euch nichts wegnehmen, er ist stolz auf uns. Schließlich wird er nun auf Jahre hinaus nicht mehr von den Rumbels bedroht. Er hat mir gesagt, wie … wie dankbar er ist … wirklich.«

Schweigen, und die anderen sahen zu, wie Bingo zur Kiste ging und sagte: »Ich wünschte, wir hätten das Ding da nie gesehen. War sonst ein gutes Abenteuer.«

Poch spuckte aus. »Meine Aufgabe ist es, die Kiste zurückzubringen, und das mach ich, und wenn ich sterbe.«

»Und wenn wir alle sterben«, sagte Chaline.

»Der Trick«, sagte Torricanyon, »liegt darin, sie zurückzubringen, ohne daß einer stirbt.«

»Sie werden sie uns nicht nehmen«, beharrte Napoleon. »Sie warten, bis sie ihren Anteil kriegen. Ich komm mit euch zurück nach Battersea, damit ich den Anteil der Wendels nach Wandsworth holen kann.«

»Ist doch nur fair, es unter allen zu teilen«, sagte Chaline. »Ich bin sicher, daß sie das auch so sehn.«

»Ja«, stimmte Vulgo zu. »Sie werden uns nicht angreifen, Napoleon hat recht, es wäre Borrible gegen Borrible.«

»Soll schon vorgekommen sein«, sagte Orococco. »Ich bin für faires Teilen, hoffen wir, daß es so kommt.«

Napoleon hob den Kopf. Das Blut war aus seinem Gesicht gewichen, und er hatte lila Flecken unter den Augen. Er schüttelte, sie ansehend, traurig den Kopf.

»Wenn sie's hätten nehmen wollen, hätten sie's schon genommen – aber ihr hört ja nicht. Sie wollen es nicht haben. Es wird alles gut gehen.«

Napoleons Gefährten erkannten die Überzeugungskraft dieses Arguments, und doch hatte sie die Diskussion unsicher gemacht, und sie sahen sich vorsichtig um. Kein Wendel war zu sehen.

»Ach kommt«, sagte Chaline und lachte gezwungen, »sind wir so weit gereist und haben so viel überstanden, um jetzt vor einem Schatten zu erschrekken?«

Die anderen stimmten zu, aber Poch schüttelte den Kopf und zitierte ein dunkles Sprichwort: »Der Schatten, den ein Wendel wirft, ist zweimal so lang wie sein Leib«, und er starrte Napoleon prüfend an und versuchte, in den Augen des Wendels die Wahrheit zu lesen, doch Napoleons Augen wanderten hin und her und schauten anderswohin.

»Wir müssen uns bald aufmachen«, sagte der Wendel, »ich kann die ersten Autobusse auf den Straßen hören, und es ist schon beinahe hell.«

Nach einigen Minuten waren sie fertig, und sie gingen nacheinander an Sam vorbei, um ihn ein letztes Mal zu tätscheln und zu streicheln. Die vor ihnen liegende Unsicherheit bedrückte sie etwas, und die Traurigkeit, die hinter ihnen lag, und sie haßten sich selbst, weil sie das Pferd verließen, das ihnen durch so viele Gefahren geholfen hatte. Sydney zwängte sich als letzte durch eine Lücke im Gitter. Sie war noch zurückgeblieben, um eine Handvoll frisches Gras für Sam zu sammeln, sie wollte ihm allein Lebwohl sagen.

»Mach's gut, alter Sam«, sagte sie, und es war ihr sehr traurig zumute. »Wir können dich nicht weiter mitnehmen, wegen des Flusses, aber ich sag dir, Sam, wenn ich je auf der anderen Seite lebend rauskomme, dann find ich heraus, wo du bist, und komm zurück, wie weit es auch sein mag, und eines Nachts stehl ich dich, und dann kommst du mit mir, und du mußt nie mehr arbeiten, Sam, nie mehr.«

Als sie weggegangen war, lief Sam zum Geländer und streckte seinen Kopf drüber, um die kleinen Gestalten zu beobachten, wie sie den Uferpfad entlang auf das dunkle, halbkreisförmige Loch zumarschierten, wo der Wandle unter den Straßen von Wandsworth verschwand.

Napoleon ging voran, aber sein Schritt war nicht rasch oder energisch. Er sah unglücklich aus, gar nicht wie ein Borrible, der ruhmbedeckt heimkehrt.

Poch und Torricanyon folgten mit der Kiste, und die anderen kamen hinterher. Sie waren immer noch in einem ziemlich schlimmen Zustand, und ihre Erscheinung würde sicherlich den Wendels eher Grund zu Gelächter als zum Mitgefühl sein.

Die Stille über dem Uferpfad war unheimlich, und sie sahen keine Menschenseele, zumindest zu Anfang. Erst, als sie einmal über die Schulter sahen, entdeckten sie, daß der Pfad sich dicht mit schwerbewaffneten Kriegern gefüllt hatte, die wie aus der Uferböschung hervorgewachsen plötzlich da waren. Auf der anderen Seite des Flusses sahen sie, wie noch mehr Wendels geheimnisvoll sich aus dem Schlamm aufrichteten und standen und schauten, wie die Borribles vorbeimarschierten.

Bingo, der das Gefühl hatte, daß seine Gefährten sich von den Wendels zu sehr beeindrucken ließen, stimmte ein Lied an und diese Londoner Stimme, hell und trotzig, klang über den Fluß.

»Hurra! Die Sieger marschieren zurück!
Welch Abenteuer! Welch Meisterstück!
Wir haben die pelzigen Schufte versohlt,
Wir haben uns unsere Namen geholt.
Ganz London soll die Geschichte hören!
Nie wieder werden die Rumbels uns stören.
Blutig, lädiert, doch wir hatten Glück –
Hurra, die Sieger marschieren zurück!

Freut euch! Die Sieger marschieren zurück!
Den Borribles winkte das Schlachtenglück!
Wir haben getan, was getan werden muß,
Und dafür ist mit den Rumbels jetzt Schluß.
Alle Borribles sind uns zutiefst verpflichtet!
Wir haben das Rumbelreich vernichtet!
Nichts schreckt uns mehr! Noch ein kurzes Stück –
Die Sieger, die Sieger marschieren zurück!«

Mit dem Beispiel Bingos vor sich beschlossen die Abenteurer, den Wendels zu zeigen, daß sie nicht niedergeschlagen waren, und jeder sang von seinem Londoner Bezirk: Lieder, die von schönen verlassenen Häusern erzählten und von guten Tagen der Diebszüge und des Essens.

Poch lachte über die Lieder. Er fühlte sich jetzt glücklicher, nachdem sie sich für einen Kurs entschieden hatten. Einen Weg zurück gab es nicht, also mußten sie das Beste daraus machen.

Nur zu bald stießen sie am Eingang des Kanals, wo der Wandle unter die Erde ging, auf Halpfund. Er erwartete sie, lächelte und neigte den Kopf. Die frühe winterliche Morgensonne glänzte auf seinem Helm.

»Willkommen, Borriblebrüder«, sagte er. »Napoleon hat uns ein wenig von eurem großen Abenteuer erzählt. Gut habt ihr euch eure Namen verdient. Eisenkopf wartet mit Ungeduld darauf, eure Geschichten von euren eigenen Lippen zu hören. Ein großes Festmahl erwartet euch.«

»Da«, sagte Napoleon zu Poch, »was hab ich euch gesagt?« Poch antwortete nicht.

Sie folgten Halpfund und seinen Männern in den Untergrund und setzten ihren Weg beim Licht der Taschenlampen fort, wie bei ihrem vorigen Besuch. Wieder rochen die Abenteurer den Geruch des Wandle, eingezwängt in seine schmalen Tunnel, und der Schweiß der Wendels, die sie auf allen Seiten bewachten, stieg auf und stach ihnen in die Nase. Sogar Napoleon verzog die seine, er hatte so viele Monate in der Fremde verbracht, daß er den Gestank nicht mehr gewöhnt war.

Sie verließen den Fluß, und der Gang, den sie einschlugen, führte sie direkt in die große Halle, und dort saß, wie zuvor, Eisenkopf, die Augen trüb und undurchsichtig. Die Halle war diesmal nicht überfüllt, nur die Leibwache war angetreten, schwer bewaffnet und zahlreich, die Gesichter ernst unter den Kriegshelmen. In einer Reihe vor Eisenkopfs Podium standen neun Sessel, und davor ein langer Tisch, beladen mit allen möglichen Speisen aus den Vorräten der Wendels.

Hintereinander schritten die Abenteurer durch die Halle, rechts und links von der Wache begleitet. Man wies sie zu den Sesseln und nahm ihnen die Rucksäcke ab, die hinter ihnen aufgeschichtet wurden. Torricanyon und Poch ließen die verbrannte, wertvolle Kiste vor ihren Sesseln zu Boden fallen, und als sich auf ein Zeichen von Eisenkopf alle setzten, stellte jeder von den beiden einen Fuß auf den Schatz der

Rumbels. Eisenkopf sah die Bewegung und lächelte nachsichtig. Als alles in der Halle still war, begann er zu sprechen, und seine Stimme war wie immer: freundlich, warm und fürsorglich.

»Willkommen zurück«, sagte er und lächelte wieder. »Euer Abenteuer war ein Erfolg, und wir sind stolz darauf und ein wenig neidisch, obwohl wir um euren Verlust trauern. Wenn ihr nicht zu müde seid, würde ich gerne von euren Taten hören, in allen Einzelheiten, denn wir Borribles lieben alle die Geschichte, die erzählt, wie jemand seinen Namen verdient hat, und ich glaube, nie wurden Namen verdient wie die euren. Napoleon hat mir schon etwas erzählt, aber ich wünsche, alles von euren Lippen zu hören. Vor euch liegt Essen. Erzählt mir eure Geschichten einer nach dem anderen, die anderen mögen essen, bis sie an der Reihe sind.« Er deutete mit einem Finger auf das Ende der Reihe auf der anderen Seite von Poch. »Du«, befahl er, »fang an.«

Also begann Stonkus. Er erzählte, wie er und Torricanyon die Große Tür eingenommen hatten, wie er sie verteidigt hatte, und wie er später die Rumbelhaut angelegt hatte, und was für einen Schrecken das erregte. Die anderen aßen oder halfen der Geschichte mit Bemerkungen weiter, ihren Fluß berichtigend oder erweiternd. Dann kam Vulgo, und Eisenkopf lehnte sich mit großem Interesse in seinem Sessel vor, als er hörte, wie der Oberrumbel sein Ende gefunden hatte. Sydney und Chaline erzählten von dem Angriff auf die Küche und dem Rückzug, der folgte; dann kam Orococco, von Bingo gefolgt, der berichtete, wie er in der großen Bibliothek Napoleon getroffen hatte, und wie er den größten Krieger des Rumbelreiches im Zweikampf besiegt hatte. Napoleon nahm die Geschichte auf und erzählte, wie er seinen Namenspartner von der Leiter geschüttelt hatte, wie Bingo ihm das Leben gerettet hatte, und wie sie, schwer verwundet, sich kriechend und sich durch den Schacht windend in Sicherheit gebracht hatten, um Torricanyon zu entdecken, der nun von seinem einsamen Kampf in der Garage erzählen mußte, und wie er die große Explosion ausgelöst hatte, in der der ganze Bunker untergegangen war. Danach erkundigte sich Eisenkopf nach Adolf und seinen Taten, und Poch berichtete, wie der Deutsche und er Vulgo gefunden hatten, von den Leichen seiner Feinde umgeben, und wie man den Safe geöffnet und die Kiste entdeckt hatte. Und die Wendels hörten den Geschichten zu und lehnten sich auf ihre Speere, und bei allen ließ die Spannung nach, nur nicht bei Poch, und Torricanyon flüsterte, daß doch alle einen friedlichen und freundlichen Eindruck machten und daß am Ende alles in Ordnung gehen würde. Aber Poch verzog das Gesicht und flüsterte zurück, daß man Dinge erst beurteilen konnte, wenn sie passiert waren, und auch dann nicht immer richtig.

Doch Eisenkopf wandte sein ausdruckloses Gesicht wieder zu Poch und sagte: »Und nun mußt du weiterreden und uns deine eigene Geschichte erzählen, eine Geschichte, die sicherlich von großem Interesse sein wird und der ich gespannt entgegengesehen habe, denn du warst doch der Geschichtsschreiber und Beobachter und hast sicher Dinge gesehen und gewußt, die die anderen nicht wußten.«

Es war Poch sehr unbehaglich; er sah die Reihe seiner Gefährten entlang. Sie lehnten geschwächt in den bequemen Sesseln, die Gesichter vom reichlichen Essen und Trinken gerötet. Sie waren zu gelassen, zu entspannt, unfähig, sich nötigenfalls zu verteidigen. Poch selbst saß nervös auf der Kante seines Sessels, die Füße unter sich gezogen, bereit, bei der geringsten Gefahr aufzuspringen.

»Mein Anteil war eigentlich gering«, hörte er sich sagen. »Adolf und ich folgten den anderen und entdeckten Vulgo erst, nachdem er seinen großen Kampf allein ausgefochten hatte. Später war es eine Frage des langsamen Rückzuges, wir mußten uns in der Gruppe unseren Weg durch die Tunnel zurückkämpfen bis zur Großen Tür, wo Adolf umgekommen ist, aber wenn Sam nicht gewesen wäre, das Pferd, würde keiner von uns jetzt hier sitzen.« Und Poch fuhr fort, das Pferd zu rühmen, und erzählte von der Gefangenschaft bei Tautröpfchen und seinem Sohn, wie sie entkommen waren und Sam mitgenommen hatten.

Eisenkopf hatte das Kinn in die rechte Hand gestützt, den Ellbogen auf dem Knie. Er wiegte sich leicht vor und zurück und lauschte mit einer Aufmerksamkeit, die keine Sekunde nachließ. Jede Einzelheit der Geschichte prägte er sich fest ein. Als die Erzählung vorbei war, lehnte er sich im Sessel zurück, faltete die Hände im Schoß und zeigte allen ein kaltes Lächeln, ein brüchiges Lächeln, das lediglich eine Muskelbewegung ohne irgendeine Wärme war.

»Ich hoffe, Poch«, sagte er, »daß du all diese Abenteuer aufzeichnen wirst, sobald du Zeit hast. Es gibt nur noch so wenige gute Geschichten. Ich freue mich darauf.« Er hielt inne und schaute zu seiner Leibwache, dann sah er wieder hinunter zu Poch, lächelte und schnalzte mit Daumen und Mittelfinger, einmal, Waffen klirrten, und Soldaten sprangen hinter die Abenteurer, um sie festzuhalten, tief in den weichen Sesseln, Messer an ihren Kehlen. Festgehalten, außer

Poch: Er, auf der Kante seines Sessels hockend, war bereit gewesen. Er sprang vorwärts, schlug einen Krieger in den Magen und entriß ihm den Speer.

Doch noch ein anderer Abenteurer war nicht gefangengenommen worden, Napoleon. Auch er sprang aus seinem Sessel, als hätte er den Kampf erwartet, aber er brauchte seine Lanze nicht jemand wegzunehmen, man drückte sie ihm in die Hand, und ein Trupp Wendels, der von der Seite von Eisenkopfs Podium her angerannt kam, schloß sich ihm an.

Poch wartete zusammengekauert mit gesenktem Speer. Ein bitterer Zorn durchraste ihn. So weit zu kommen, solche Taten zu vollbringen, und dann alles durch Verrat zu verlieren!

Napoleon stand ihm gegenüber, hochmütig, zuversichtlich. »Laß den Speer fallen, Poch, du hast keine Chance. Wenn du dich widersetzt, töten wir dich.«

»Du Ding ohne Namen«, schrie Poch, so laut er konnte, »du Lügner, Heuchler, Verräter. Den Namen soll man dir nehmen und dich verfluchen und deine Geschichte mit einem Fluch erzählen.« Und Poch schwang den Arm und warf den Speer auf den Wendel mit jenem letzten Rest Kraft, der ihm zur Verfügung stand, denn mit jeder Faser seines Wesens haßte er Napoleon. Doch Napoleon war bereit. Er wußte, daß Poch den Speer werfen würde, und er duckte sich, und ein Wendel hinter ihm wurde getroffen; mit solcher Wucht, daß der Speer den Krieger durchbohrte und die Spitze ihm eine Handbreit aus dem Rücken ragte.

Der Wendel kreischte auf und fiel leblos zu Boden. Aber seine Genossen sprangen Poch an, warfen ihn um, und man schlug ihn, band ihm die Hände und zerrte ihn dann auf die Füße. Blut rann über sein Gesicht, und auf seiner Stirn schwoll ein Fleck an, braun und purpurn. Er schwankte vor Schwäche, aber er fluchte auf Napoleon.

»Du tötest mich jetzt besser, du namenloser Wendelbastard«, sagte er zischend, »denn wenn ich überlebe, dann bring ich dich um. Ich werde eine ganze Rasse von Borribles ausbilden, die dich aufspüren und durch den Wolf drehen.«

Napoleon ignorierte ihn und gab ein Zeichen: Man zog die anderen Abenteurer auf die Füße und band ihnen die Hände. Eisenkopf erhob sich und schritt zum Rand des Podiums.

»Nun, da wären wir alle säuberlich versorgt.« Wieder schnippte er mit den Fingern, und die Kiste wurde aufgestemmt, so daß die Banknoten sichtbar wurden. »Hmm«, sagte Eisenkopf, »wie praktisch. Napoleon, du hast dich gut gehalten, du wirst zur Leibwache befördert, als Kommandant mit Tron zusammen, und... äh... such dir einen zweiten Namen aus, wo wir schon dabei sind. Ich möchte, daß du dich darum kümmerst, daß deine... Freunde sicher eingesperrt sind. Was die Kiste betrifft, die muß Tag und Nacht von Angehörigen der Leibwache bewacht werden, aber du bist dafür verantwortlich – mit deinem Leben, versteht sich. Nimm dir so viele Wendels, wie du brauchst.« Eisenkopf sah auf die Gefangenen hinunter und lächelte nochmals sein tödliches Lächeln, aber sie sahen ihn nicht an. Sie schauten zu Boden, von unerträglicher Scham erfüllt, Tränen der Wut in den Augen. Nur Poch hielt seinen Kopf hoch und rief hinter dem fortgehenden Wendelhäuptling her: »Laß dich gut bewachen, Eisenkopf. Ich schieb dir das Geld in deinen Hals, bevor ich mit dir fertig bin, ich zieh dir die Haut ab, dir und deiner Leibwache aus namenlosen, blödsinnigen, rotzfressenden Idioten.«

Doch Eisenkopf winkte nur gelangweilt ab und verließ, ohne sich umzusehen, die große Halle, wie immer von der Elite seiner Leibwache umgeben.

Als Eisenkopf fort war, ging Halpfund zu Napoleon und gab ihm den Helm eines Kriegers und eine besondere Jacke. Napoleon legte sie an und zog den Speer aus der Leiche am Boden; mit der blutigen Spitze schlug er leicht gegen Pochs Brust. »Du hältst das Maul, mein Junge«, sagte er. »Du bist ein Niemand, und niemand will was von dir hören.«

Als Antwort spuckte Poch direkt in Napoleons Gesicht, daß ihm der Speichel die Nase hinabrann. Wütend wirbelte Napoleon den Speer geschickt in einer Hand und zog Poch einen Hieb über die Stirn, daß er auf die Knie sank.

Obwohl sie gefesselt und der Leibwache zahlenmäßig weit unterlegen waren, traten Pochs Gefährten furchtlos zwischen Napoleon und sein Opfer.

»Laß das mal«, sagte Stonkus gelassen. »Laß das mal, du magerer Furz, oder ich bring dich um.«

»Ja«, sagte Sydney, »bist du mit deinem Tagewerk noch nicht zufrieden, Wendel?«

Napoleons Gesicht verdüsterte sich einen Augenblick, dann schüttelte er sich leicht und sagte zu Halpfund: »Also, raus hier mit ihnen.«

Man führte die Abenteurer nur eine kurze Strecke in einen der Korridore, ehe Napoleon sie anhielt und eine schwere Eisentür öffnete. Während Schläge auf ihre Köpfe regneten, wurden sie gezwungen, einen kleinen, feuchten Kerker zu betreten, wo grüner Schleim von den Wänden glitt und troff. Eine schwache Glühbirne erhellte den Raum, es gab keine Betten oder Sitzgelegenheiten, nur ein paar schmutzige, schimmlige Säcke in einer Ecke.

Als sie in der Zelle waren, kam Halpfund hinterher und schnitt, von den anderen Leibwächtern gedeckt, die Fesseln von den Händen der Borribles.

»Ist doch richtig gemütlich«, sagte er, als er fertig war, und fügte, Orococco höhnisch angrinsend, hinzu: »Schön sicher aufgehoben seid ihr jetzt alle.«

Orococco zeigte dem Wendel die Zähne, so daß er einen Sprung rückwärts machte.

»Dich halt ich das nächste Mal unters Wasser, Freund, und hör erst wieder auf, wenn sich dein Mundgeruch endgültig verflüchtigt hat. Kannst du dir nicht mal etwas Deodorant auf deine Cornflakes schütten? So Gewinnen Sie Neue Freunde.«

Halpfund hob die Hand, um Orococco zu schlagen, erinnerte sich aber rechtzeitig daran, daß der Totter nun die Hände frei hatte, und begnügte sich mit einem Hohnlachen. Er ging rückwärts zur Tür und zog sie hinter sich zu; das Geräusch ihres Schließens und Versperrens hallte in den Tunneln auf und ab und hallte immer noch nach, lange, nachdem die letzten Schritte der Wendels in der Ferne verklungen waren.

Die Borribles standen trostlos in ihrem Gefängnis. Sie konnten einander nicht einmal ansehen, und es dauerte einige Zeit, ehe sie reden konnten. Scham und Wut, Haß und ungläubige Verzweiflung verschlugen ihnen die Sprache. Eine Viertelstunde, eine halbe Stunde ging vorbei, und die Stille wurde hart und massiv. Schließlich brach Poch in einen Strom von Flüchen aus, die er minutenlang aneinanderreihte. Er verwendete jedes Schimpfwort der Borribles, das ihm nur einfallen wollte, und variierte alle und schmückte sie aus. Er pflügte vor- und rückwärts durch das *Große Buch der Borrible-Sprichwörter* und verwandelte alle in Verwünschungen auf das Haupt von Napoleon. Er wob Girlanden aus schlimmen Namen um den Namen dieses Wendels, und als er fertig war, atemlos und mit leerem Kopf, fühlte er sich besser, und so ging es denen, die zugehört und mit eigenen Beiträgen eingestimmt hatten.

»Ich kann es immer noch nicht glauben«, sagte Chaline. »Warum hat er das getan?«

»Einmal ein Wendel, immer ein Wendel«, sagte Poch bitter; diese Erklärung genügte ihm, und weiter sagte er nichts.

»Ich glaube nicht, daß wir uns zu sehr bekümmern sollten«, sagte Stonkus in seiner direkten, nüchternen Art. »Schließlich sind wir hingekommen und zurückgekommen und haben getan, was wir gesagt haben, wir würden's tun.«

»Ich mach niemand einen Vorwurf«, sagte Chaline und sah Poch an, »aber wenn's nicht wegen diesem Geld gewesen wäre, wären wir jetzt auf dem Weg nach Hause.«

Alle schwiegen, aber Poch sah nicht auf und sagte nichts.

»Na, jetzt ist es passiert«, sagte Vulgo. »Keiner hat schuld, es ist eben passiert. Schließlich sind wir noch am Leben.«

Orococco lachte scharf. »Nicht mehr lange sind wir das.«

»War so ein übler Trick, von einem Abenteurer, und nach all dem, was er gesagt hat«, sagte Torricanyon, und wieder verfielen sie in ein langes, melancholisches Schweigen.

Viele Tage und Nächte hielt man sie von jedem Kontakt fern. Man brachte ihnen zu essen, aber es waren nur schlechte, kalte Fetzen, die man ihnen durch die kaum geöffnete Tür hinwarf. Der Mangel an Nahrung schwächte sie, und wie die Tage vergingen, wurden sie immer niedergeschlagener. Selbst wenn es ihnen gelänge, die schwere Eisentür des Kerkers zu öffnen, würden sie sich mit Sicherheit im Gewirr der Abzugskanäle und Korridore verirren, die das Wendelterritorium umschlossen, und auf den Fersen hätten sie die Krieger vom härtesten aller Stämme Londons. Die kannten jeden Tunnel, jeden Zentimeter des Flusses und jeden Meter der Kloakenkanäle im Umkreis von Meilen. Die Vorstellung einer Flucht wich im Bewußtsein der Gefangenen weiter und weiter zurück, und ihr Haß auf Napoleon stumpfte sich ab zu einem Glimmen.

Eines Tages – oder Nachts – einige Wochen später öffnete sich die Zellentür leise und fiel nach einigen Momenten wieder ins Schloß. Die Borribles sahen nicht auf; das war nur wieder eine nicht eßbare Mahlzeit in einem Eimer.

Als Vulgo sich in seiner Decke umdrehte (die, wie alle anderen, grün vor feuchtem Schimmel war), sah er zu seiner Überraschung die schmale Gestalt Napoleons. Napoleon sah prächtig aus. Sein Blechhelm war poliert, und sein orangefarbenes Jackett glänzte im Schein der Glühbirne. Seine Hüftstiefel waren neu und leuchteten schwarz und saßen eng um seine Waden und Schenkel. Er hatte zwei Stahlschleudern im Gürtel und einen doppelten Munitionsgurt voll ausgewählter Steine. Er sah stolz und wohlgenährt aus, obwohl sein Gesicht wieder jenen grünen Ton angenommen hatte, der die Haut aller Wendels färbte.

Napoleon hob den Finger an die Lippen. Der Borrible aus Stepney traute seinen Augen nicht.

»Was ist los?« fragte er.

»Wir hauen ab«, sagte Napoleon mit ruhiger, aber vor Erregung gespannter Stimme.

Bei dieser seltsamen Unterhaltung sahen die anderen auf und rollten von ihren feuchten Lagerstätten.

»Seid ganz, ganz still«, sagte Napoleon flüsternd, »oder ihr seid bloß noch tot.«

Die Gefangenen kamen auf die Füße und sahen sich verwundert an.

»Ist das ein neuer Trick?« fragte Sydney. Sie hatte Napoleon seit jenem Tag gut leiden mögen, als er das Boot im Battersea Park gestohlen hatte, und seine Täuschung hatte sie sehr getroffen.

»Ich hab jetzt keine Zeit für Erklärungen«, sagte Napoleon. »Ihr müßt mir trauen.«

Poch lachte leise. »Dem ehrlichen Wendel trauen und im Gefängnis landen?«

»Töten wir ihn«, sagte Torricanyon und tat, als mustere er seine Fingernägel.

Napoleons Gesicht verzog sich vor Angst und Schmerz. »Es ist nicht viel Zeit, seid keine Idioten.«

»Was gibt's denn diesmal?« fragte Poch. »Laßt ihr uns in den Tunneln los, und die Leibwache kann am lebenden Objekt üben? Einen nach dem andren fangen und uns unter den Wandleschlamm stecken, wenn sie uns haben? Wie ich höre, ist das eine eurer bevorzugten Sportarten.«

»O hört mir doch zu«, sagte Napoleon rasch, »und hört mir gut zu. Jeder Augenblick, den wir verschwenden, ist kostbar. Eisenkopf hat die ganze Zeit von dem Geld der Rumbels gewußt, sogar ehe die Expedition startete. Er hat mich von Anfang an auf das Abenteuer geschickt, um auf euch alle acht zu geben und das Geld zu finden – und darauf aufzupassen.«

»Das konnte man auch sehen«, sagte Poch höhnisch, »soviel war klar.«

»Auf dem Rückweg war es meine Aufgabe«, fuhr Napoleon fort, »euch zum Wandle zu führen, dafür zu sorgen, daß ihr keinen Verdacht schöpft, damit Eisenkopf euch fangen und das Geld erbeuten konnte.«

»Hast du auch ganz gut gemacht, stimmt's?« sagte Bingo. »Du hast mich völlig getäuscht – aber ich hab ja auch bloß Seite an Seite mit dir in der Bibliothek gekämpft. Ich dachte, wir sind Kumpel...«

»Still doch«, sagte Napoleon unbehaglich. »Als wir zurück zum King George's Park gekommen sind, wußte ich nicht, was ich machen soll. Auf der einen Seite wart ihr, auf der anderen mein Stamm. Ich hab's mir die ganze Zeit überlegt. Auf jeden Fall hätten wir an dem Punkt nicht mehr wegkönnen, Eisenkopf hatte schon überall Patrouillen. Der läßt sich nichts entgehen, wißt ihr. Ich konnte also nur eines tun – mit Eisenkopfs Plan weitermachen. Das war nicht leicht, von euch allen gehaßt zu werden... und jetzt, wenn ich euch helfe, zu fliehen, haßt mich mein eigener Stamm. Möchte euch mal in meiner Situation sehen. Was würdet ihr da wohl tun?«

»Wenn das alles stimmt«, sagte Torricanyon, »warum hast du dir's denn so lang überlegt?«

»Ich hab auf die richtige Gelegenheit gewartet«, sagte Napoleon. »Es wird nicht einfach sein, hier herauszukommen – und heute ist ein guter Tag.«

»Was ist heute so besonders?« fragte Chaline.

»Gestern war ein großer Diebszug«, sagte Napoleon, der nun freier redete. »Die meisten von uns waren draußen und schwerbeschäftigt. Jetzt schlafen sie. Bald gibt es eine große Feier, und wie Poch sagte, wahrscheinlich werdet ihr einer nach dem andern in die

Tunnel rausgelassen, und die Leibwache jagt euch. Ich … ich … wär da dabei gewesen, das hätt ich nicht ausgehalten … also … da bin ich.«

»Nun«, sagte Orococco, »mir ist's egal, ob er die Wahrheit sagt oder lügt. Ich sage, raus hier. Alles ist besser, als in diesem Loch zu bleiben, selbst ein Kämpfchen mit der Leibwache, und ein schlammiges Grab im Wandle.«

»Würde Eisenkopf das wirklich tun, bloß wegen der Kiste Geld?« fragte Chaline.

»Seltsame Dinge sind mit diesen Borribles geschehen«, sagte Stonkus. »Wir wissen nicht, wie weit sie gehn würden.«

»Ihr müßt mir glauben«, bat Napoleon, »dies ist eure einzige Chance zu entkommen. Ihr wißt doch, was sie mit mir machen, wenn sie mich lebend fangen, oder?«

Sie schauten ihn schweigend an.

»Sie binden mich draußen auf der Schlammbank an, an der Flutmarke, und lassen mich jeden Tag ein bißchen weiter ertrinken, bis eines Tags das Wasser und der Dreck noch ein wenig weiter vordringen, und dann bin ich ertrunken. Wenn ich's bedenke, am Ende bin ich dem Abenteuer treuer als irgendeiner sonst.«

Die acht Gefangenen sahen sich an und dachten nach, und schließlich schniefte Bingo, trat einen Schritt vor und warf die Arme um Napoleon. Einer nach dem andern folgte, selbst Poch, der als letzter kam und sagte: »Nun, was immer du dir gedacht hast, als du uns an Eisenkopf verraten hast, hoffen wir, daß du jetzt zu einem endgültigen Entschluß gekommen bist. Sag uns, was wir tun sollen, Napoleon. Ich wenigstens sehn mich danach, den Himmel wiederzusehen, und über einen Markt zu laufen.«

Napoleons Spannung ließ nach, als Poch zu Ende

war, und er sagte ihnen seinen Plan. Normalerweise standen zwei Wachen vor der Tür, aber er hatte sie fortgeschickt, in eine Wachstube zum Ausruhen. Die mußten zuerst außer Gefecht gesetzt werden. In der Wachstube würden sie Wendelkleider, Hüftstiefel, Waffen und Munition finden. Sie würden stehlen, was sie brauchten, und sobald sie verkleidet und bewaffnet waren, würde er sie zur *Silver Belle Flower* bringen. Wenn sie auf Wendelkrieger stießen, müßten sie kämpfen. Selbst wenn sie es schafften, mit dem Boot loszufahren, wären sie noch nicht sicher, aber sie hätten immerhin eine gute Chance. Die Gefahr wäre in dem Augenblick vorbei, wo sie auf die Themse hinaus kämen, auch wenn sie dann noch einen langen Weg bis nach Battersea Reach hätten.

Die Borribles stimmten dem Plan zu und versammelten sich an der Tür, während Napoleon aufschloß und in den Tunnel spähte. Nach einem Augenblick des Wartens trat er hinaus und winkte den anderen, ihm zu folgen; wieder zusammen schlichen sie in die Wachstube. Sie überwältigten die beiden Wachen, die sich dort außer Dienst ausruhten, und waren in kurzer Zeit als wildaussehende Wendelleibwächter gekleidet, mit schwarzen Hüftstiefeln und orangefarbenen Jacken. Sie bewaffneten sich mit Stahlschleudern und doppelten Munitionsgurten; auch Rumbelspeere wurden in dem Raum aufbewahrt, und jeder Borrible nahm einen.

»Jetzt müssen wir nur eines tun«, sagte Napoleon, »in ordentlicher Formation dahermarschieren, und wenn alles klappt, marschieren wir dann auch gleich zum Boot, und keiner schaut uns zweimal an. Es wird einfach so aussehen, als ob ich eine Wachablösung zu einem von den Ausgängen führe.«

Poch schob sich den Blechdosenhelm auf den Kopf und sagte: »Ich will das Geld.« Einfach so, ruhig, tonlos.

Napoleon starrte ihn verblüfft an. »Sei nicht verrückt«, protestierte er. »Das wird direkt neben Eisenkopfs Zimmern aufbewahrt. Tag und Nacht hockt eine Abteilung von der Leibwache da drauf.«

»Sehr richtig«, sagte Poch, »und du bist der Hüter der Kiste, oder? Ich glaub doch, du kannst ihnen befehlen, mal fünf Minuten aufzustehen.«

»Ganz recht«, sagte Stonkus. »Ich hab von Anfang an mit dem Geld nichts am Hut gehabt, genauer gesagt, ich hasse das Zeug, aber ich lasse mich ungern ins Gefängnis stecken, halb zu Tode hungern, und dann wie einen ausgestopften Hasen beim Hunderennen von einem Haufen Arschlöchern mit Blechhelmen durch Tunnel jagen. Hier geht's ums Prinzip.«

»Ich bin auch der Meinung, Mann«, sagte Orococco. »Wenn wir das Geld dalassen, dann geht's dem alten Eisenkürbis doch gut, der sitzt da und lacht sich eins. Dem würd ich's gerne zeigen, daß es so nun mal nicht geht.«

»Ja«, sagte Sydney, »dem muß man klarmachen, daß Borribles Borribles fair behandeln sollen, zum allermindesten.«

»Es ist so gefährlich«, sagte Napoleon.

Poch sagte: »Ist jemand gegen die Idee?«

»Niemand nimmt mir die Schleuder ab und sagt zu mir, auf geht's, verpiß dich«, sagte Bingo. »Niemand.«

»Hört, hört«, machte Torricanyon.

Vulgo sagte: »Sagen wir einfach, diese Runde spielen wir für Adolf.«

Diese letzte Bemerkung ließ keine weitere Diskussion zu, nur Chaline hatte noch etwas hinzuzufügen.

Sie zuckte die Schultern und lächelte erschöpft. »Ich glaube, ihr seid alle verrückt«, sagte sie, »aber wie kann ich jetzt zurückbleiben?«

Napoleon seufzte, sah sie an und gab nach.

Sie reihten sich zu zweien auf und dann, jeder Zoll genauso militärisch und wild wie Wendelleibwachen, stampften sie aus der Wachstube und durch die langen, langsam steigenden und fallenden Tunnel. Sie summten das Marschlied der Wendels, und alle Nicht-Krieger, die sie trafen, schoben sich hastig aus ihrem Weg, um sie vorbeizulassen.

»So gehört sich's abzuhauen«, sagte Bingo zu Poch, der neben ihm und hinter Napoleon marschierte, »mit Stil und Bravado. Da werd ich ein Lied drüber schreiben, wenn ich wieder in Battersea bin.«

Sie marschierten lange Zeit, aber Napoleon führte sie sicher diesen und jenen Weg im Labyrinth der sich kreuzenden Korridore. Nicht einmal rief man sie an, nicht einmal warf man ihnen mehr als einen kurzen desinteressierten Blick zu. Die Macht der Kriegerkaste war über lange Zeit hinweg von Eisenkopf aufgebaut worden, und nun arbeitete das gegen ihn: Krieger sprachen nur zu Kriegern, gewöhnliche Wendels hielten auf Distanz.

Bald wurden die Tunnel geräumiger, ihre Wölbungen waren sorgfältig und elegant ausgebaut, der Boden war trocken. Dies war der alte viktorianische Teil der Kanalisation, den nur noch die Wendels benutzten. Es war ein warmer und bequemer Abschnitt, deshalb hatte Eisenkopf dort sein Quartier aufgeschlagen; und der Raum mit der Schatzkiste kam jeden Moment näher. In einem verlassenen Teil des Tunnels hielt Napoleon seine Truppe an und erklärte, wie er sich die Sache dachte.

»Es ist fast Zeit für den Wachwechsel«, sagte er und schaute auf die Uhr. »Ihr tut, als wärt ihr die neue Wache. Ihr marschiert rein, folgt exakt meinen Befehlen, und dann marschiere ich mit der alten Wache ab. Ich komm zurück, sobald ich kann, unter einem Vorwand, wir haben nur ein paar Minuten, bevor die echte Wache auftaucht und nach mir sucht. Sie werden feststellen, daß die Kiste weg ist, und Alarm schlagen. Wir müssen laufen wie die Eisenbahn, damit wir zum Boot kommen. Wenn jemand versucht, dazwischenzugehn, verpaßt ihm eins und lauft weiter. Denkt daran, hier kämpft ihr nicht gegen Rumbels, sondern gegen Wendels, und zwar die besten.«

Sie formierten sich wieder und marschierten weitere fünfzig Meter, um dann mit militärischer Präzision in eine große, komfortabel ausgestattete Wachstube einzuschwenken. Am anderen Ende lag eine Eisentür, ähnlich der Tür, die ihr Gefängnis verschlossen hatte, nur war diese größer und schwerer und mit dicken Nieten bedeckt.

Napoleon rief: »Wache – halt!« und die acht schlugen wie ein Mann die Gummisohlen ihrer Hüftstiefel auf den Boden auf. »Na gut, recht schneidig«, sagte Napoleon, dessen Gesicht nichts verriet, und er ging zu der Tür hinüber, die in den Panzerraum führte.

Er klopfte mit dem Schaft seines Speers – und es war ein spezielles Klopfsignal –, und die Borribles standen steif in Habtachtstellung. Eine Klappe in der Eisentür schwang sofort auf, und ein behelmtes Wendelgesicht war durch die Öffnung sichtbar.

»Ich habe die Ablösung dabei, Sergeant«, sagte Napoleon, und bevor der andere noch die in ihm aufsteigende Frage in Worte fassen konnte, fügte Napoleon hinzu: »Ich weiß, ich bin früh dran, aber ich habe einen Sonderauftrag von Eisenkopf.«

Die Wendelwache nickte, schloß die Klappe, und die Tür schwang auf; der Sergeant ließ seine Leute herausmarschieren und sich in einer Reihe gegenüber den Neuankömmlingen aufstellen. Er gab Napoleon die Schlüssel und bemerkte: »Es fehlt ein Mann.«

»Ich weiß«, sagte Napoleon ungerührt, »der kommt gleich nach. Er war nicht rechtzeitig fertig. Ich konnte nicht warten.«

Der Sergeant der Wache setzte sich an die Spitze seiner Leute und wartete auf Napoleons Befehle.

Napoleon führte seinen Trupp in die Panzerkammer und gab Poch die Schlüssel. »Schließ die Tür sofort ab, Wendel«, sagte er mit seiner strengsten Stimme. »Laß niemand herein außer mir.« Und ohne einen weiteren Blick auf die Abenteurer machte er kehrt und marschierte mit dem Sergeanten und den Soldaten ab.

Sobald Napoleon draußen war, schloß Poch die Tür ab und lehnte sich dagegen; der Schweiß lief ihm aus den Achselhöhlen.

Die Panzerkammer war klein; in der Mitte stand auf einem Tisch die Kiste. An den Wänden standen bequeme Sessel für die Wachen und ein paar Tischchen mit Essen und Getränken. Den Wendelkriegern ging nichts ab.

»Bedient euch und spachtelt was«, sagte Poch. »Kann lange dauern, bis wir wieder was essen.«

Die Abenteurer brauchten keine zweite Aufforderung; sie nutzten die Zeit, um sich den Magen – und die Taschen – zu füllen.

Nur allzu schnell ertönte das Klopfsignal an der Tür, und Poch öffnete die Klappe. Sein Herzschlag stockte. Nicht Napoleon, sondern Halpfund stand draußen.

Glücklicherweise war er allein und erkannte Poch nicht unter seinem Wendelhelm.

»Ja?« sagte Poch.

»Du meinst wohl: ›Ja Sir?‹«, sagte Halpfund.

»Ja, Sir«, sagte Poch.

»Aufgemacht«, sagte Halpfund höhnisch. »Ich hab euch hier anmarschieren sehen, und ich möchte wissen, warum ihr nur acht seid und nicht neun wie gewöhnlich. Dieser eingebildete kleine Napoleon hat diesmal Scheiße gebaut. Über meinen Kopf weg befördert, dem besorg ich's jetzt.«

Während dieser Unterhaltung hatte sich Orococco an die Wand gepreßt; jetzt nickte er Poch zu. Poch schloß die Tür auf, öffnete sie, und machte respektvoll einen Schritt zurück, um den Wendel eintreten zu lassen. Wie Halpfund über die Schwelle trat, ergriff ihn Orococco an der Kehle und schob ihn dicht an die Wand.

»Mein Freund Adolf ist nicht da«, sagte er zwischen den Zähnen, »aber ich weiß, er würde es gerne sehen, wenn ich mich um dich kümmere, eh wir gehen.«

Er verlagerte seinen klammernden Griff und schnappte sich den Wendel an Kragen und Hosenboden, ihn wie ein schlaffes Sofakissen hochhaltend. »Denk immer dran, Halpfund«, zischte Orococco. »Geld allein macht nicht glücklich.« Und er warf den Wendel wie einen Sack Kartoffeln zu Boden.

»Überlaßt ihn mir!« rief er, sein schwarzes Gesicht vor Freude wie trunken, und die Augen rollend wie nur damals bei der Schlacht im Rumbelreich. Doch Halpfund stand nicht auf. Orococco hatte ihn so lustvoll mitten in den Raum geschleudert, daß der Wendel sich den Kopf an der Geldkiste eingeschlagen hatte. Sein Blechhelm war wie eine verrottete Orangenschale geplatzt. Er war über das Gesicht gekeilt, und seine ingwerfarbenen Haare sprießten durch den Riß wie rostige Sprungfedern aus einer weggeworfenen Matratze. Blut tropfte von der Kiste zu Boden.

»Da«, sagte Orococco und atmete tief, »habt ihr gehört, wie sein Hirn wie eine trockene Linse geklappert hat, als ich ihn geschüttelt hab?«

Es war Napoleon, der als nächster klopfte, und Poch führte ihn in den Raum. Er fuhr zusammen, als er die Leiche Halpfunds sah.

»Alles in Ordnung«, sagte Poch, »er war allein und hat keinen Lärm gemacht. Hatte keine Zeit, zu schreien, Orococco hat ihn erwischt.«

Napoleon nickte. »Es ist Zeit zu gehn«, sagte er. »Die meisten Krieger schlafen noch. Es ist jetzt oben auf den Straßen etwa ein Uhr morgens, aber bald werden sie zur Arbeit aufwachen. Und die Patrouillen kommen und gehen. Jetzt ist es eine Frage des Glücks. Sobald sie die Kiste sehn, wissen sie, was los ist, und was wir vorhaben.«

Die Abenteurer verließen die Panzerkammer im Laufschritt, Stonkus und Torricanyon trugen das Geld. Sie folgten Napoleon, hurtig und gleichmäßig den breiten, backsteingemauerten Tunnel hinunterrennend, der zum Wandlefluß, zum Boot und in die Sicherheit führte. Sie rannten und rannten, ihre gestohlenen Stiefel machten nur wenig Geräusch mit den Gummisohlen. Sie kamen an ein, zwei gewöhnlichen Wendels vorbei, aber sie bewegten sich so schnell, daß die Kiste nicht gesehen wurde und niemand Alarm schlug. Sie waren schon halb am Fluß, als sie Pech hatten. In vollem Laufschritt eine Kurve umrundend, trafen sie auf eine Nachtpatrouille von Kriegern, die aus der Außenwelt zurückkehrten.

»Bleibt, wo ihr seid«, rief Napoleon. Die Krieger waren so sehr an Gehorsam gewöhnt, daß sie sofort anhielten und einen Augenblick nichts taten. Dieser Augenblick war genug, und die Abenteurer sprangen sie an und rissen sie zu Boden. Das Geräusch des Kampfes erregte jedoch die Aufmerksamkeit einer anderen Patrouille in einem der Seitentunnel, und sie sahen sofort, was geschah, und schlimmer, sie sahen die Kiste.

Sie schossen ihre Schleudern ab und trafen Stonkus an den Nieren und Orococco am Arm, so daß beide Borribles einige Momente gelähmt waren. Die Abenteurer erwiderten das Feuer, und die Wendels rannten davon, doch der Lärm, den sie schlugen, ließ die Wände erzittern.

»Das war's«, schrie Napoleon. »Jetzt sind sie schneller da, als man in Covent Garden eine Kartoffel klaut. Rennt um euer Leben.«

Poch und Bingo nahmen die Kiste, und sie rasten weiter. Der Geruch des Wandle wurde stärker, und der Tunnelboden neigte sich steiler und steiler.

»Wir sind gleich da«, keuchte Napoleon, »macht zu.«

Von hinten und aus den Hunderten von Seitentunneln überall um sie her kam Waffengeklirr. Überall in dem riesigen Kanalisationskomplex schlichen Wendels, die in einem Notfall schneller aus dem Bett gesprungen und angezogen waren als die Besatzung eines Londoner Feuerwehrautos.

»Wenn wir nicht zuerst zum Fluß kommen«, sagte Napoleon, »stecken wir bis zum Hals im Schlamm, bevor die Nacht vorbei ist.«

Sie verdoppelten ihre Anstrengungen und rannten, obwohl ihre Lungen beinahe barsten, noch schneller. Nun ergriffen Chaline und Orococco die Kiste, nicht einmal ihren Lauf unterbrechend, als sie die Last übernahmen.

Endlich, mit einem Schrei der Erleichterung, erreichten sie das unterirdische Ufer des Flusses, der wie immer dunkelgrün vor ihnen lag, und wo man den zähen Schlamm gleich unter der Wasseroberfläche glucksen hörte. Der Treidelpfad war an diesem Punkt breit, und da lag ihr Boot, die *Silver Belle Flower*, am Ufer vertäut. Napoleon zog sein Messer und hieb das Seil durch.

»Rein mit der Kiste. Stonkus, nach vorne mit dir ins Wasser, du mußt jetzt echt schnell ziehen, bis es breit und tief genug ist zum Rudern, und dann müssen wir's bringen, wie wenn Oxford und Cambridge zusammen verrückt geworden sind.«

Er blickte den Tunnel hinauf. Der Lärm der Verfolger wurde lauter, jeden Augenblick würde man sie eingeholt haben. Napoleon nahm Poch am Arm.

»Poch«, flüsterte er drängend, ohne ein Wort zu verschwenden, »siehst du den Tunnel direkt hinter uns? Der geht geradewegs zur Themse; und der Fluß hat viele Windungen. Wenn wir jetzt alle ins Boot gehen, laufen die Wendels einfach den Tunnel runter, sind vor uns am Ausgang, schneiden uns den Weg ab, und wir sind erledigt. Zwei von uns müssen hierbleiben und verhindern, daß sie in den Tunnel reinkommen, damit die anderen zehn Minuten, eine Viertelstunde Vorsprung haben, dann kommen sie raus. Sonst nicht. Du und ich?«

Poch sah sich um, zurück in den Tunnel, aus dem die Verfolger hervorbrechen würden. »Du nicht«, sagte er. »Du bist der Navigator, du kennst den Wandle, und du kennst die Themse. Ich bleibe.«

»Nicht allein«, sagte Torricanyon und schob sich

zwischen die beiden. »Poch hat recht: Du mußt gehen. Zwei von uns genügen. Gerade den Tunnel runter, sagst du? Wenn wir's den Wendels besorgt haben, kommen wir nach.«

»Wartet eine Viertelstunde«, sagte Napoleon, »aber seid vorsichtig, wenn ihr den Tunnel runterlauft, da unten gibt es auch eine Wachstube. Ich bleibe besser doch, drei ist besser als zwei.«

»Dann bleib ich hier«, sagte Orococco, der wieder aus dem Boot gesprungen war, um zu sehen, was sie machten. »Nur um sicher zu gehen, daß Tootings Anteil an dem Geld auch wirklich in Tooting ankommt.«

Napoleon nahm seine Munitionsgurte ab und gab sie Poch, und die anderen im Boot lösten, als ihnen klar wurde, was geschah, jeweils einen von ihren Gurten und warfen ihn ans Ufer. Dann standen sie traurig im Boot und schauten ihre drei Kameraden bloß an.

»Oh, mach zu, Stonkus, mach zu, renn los«, rief Poch, und das Boot fuhr mit einem Ruck davon, und Napoleon sprang an Bord, als es das Ufer verließ. Poch sah zu, wie das Boot um die erste Kurve fegte und außer Sicht geriet, stetig vorangezogen von dem unermüdlichen Stonkus. Es war keine Zeit zum Abschied gewesen und keine für Mitleid.

»Die sehen wir nie wieder«, sagte Poch.

»Na, wir haben ja noch uns«, sagte Orococco und hob die Munition auf.

»Liefern wir denen noch einen guten Kampf«, rief Torricanyon aufgeregt.

»Ja«, sagte Poch. »Was auch kommt, wir haben gewonnen, und Eisenkopf mit seinem spitzen Schädel und seinem gefrorenen Grinsen wird nicht so lachen, wie wir heut nacht lachen.«

»Wir verziehen uns besser in den Eingang von diesem Abkürzungstunnel«, sagte Orococco, »hier können wir sie unmöglich aufhalten.«

Sie überquerten den Wandle, bis zu den Hüften im stinkenden Schleim des Flußbettes, und suchten sich ihre Verteidigungspositionen. Als sie Stellung bezogen, kam ein Vortrupp von Wendels aus dem Hauptkorridor herausgerannt, und ein Hagel wohlgezielter Steine prasselte um das Versteck der Borribles.

»Mann«, sagte Orococco, »da wird man ja weiß vor Schreck.«

»Das ist jetzt nicht der Zeitpunkt…«, fing Poch an, und dann unterbrach er sich und lachte statt dessen, und sie knieten sich im Dämmer hin und legten ihre Munitionsgurte und Speere neben sich.

Innerhalb weniger Sekunden hatte sich die offene Fläche an der Landestelle dicht mit Wendelkriegern gefüllt, und Tron erschien mit zorngerötetem Gesicht in ihrer Mitte.

Sofort beorderte er eine große Abteilung seiner Leute den Fluß hinab, damit sie dem Boot folgen sollten. Kleinere Streifen schickte er in die Seitentunnel, um sicher zu gehen, daß sich die Flüchtlinge nicht dort versteckt hielten, doch den Hauptteil seiner Truppen beorderte er in den Abkürzungstunnel, um die Wandlemündung mit einer beträchtlichen Streitmacht blockieren zu können, ehe die *Silver Belle Flower* dort auftauchen konnte.

»Sie können nicht entkommen«, rief er. »Die lassen wir noch im Schlamm des Wandle ersticken.«

»Nicht schießen, bis sie halb über den Fluß sind«, flüsterte Poch, »und dann werden wir ja sehen, wer zuerst Schlamm schluckt…«

Schon hatten sich die Wendels eifrig, fanatisch in

das dreckige Wasser gestürzt und wateten hindurch. Tron selbst wurde von zweien seiner persönlichen Wächter auf den Schultern getragen.

Die drei Abenteurer luden ihre Schleudern im Dunkeln und warteten, bis Poch zischte: »Jetzt!«

Drei wohlgezielte Steine trafen, und drei Wendels verschwanden unter dem Schlamm. Die Abenteurer schossen wieder und wieder, und die Frequenz ihrer Salven war unwahrscheinlich, aber die Wendels rückten trotz ihrer Verluste vor, denn an Mut fehlte es ihnen nicht.

»Zielt auf Tron«, rief Orococco, »oder seine Wächter.«

Poch zielte auf den einen von Trons Trägern; sein Stein schlug dem Leibwächter dröhnend gegen den Helm, und er verlor seinen Halt auf dem Flußboden, und Tron klatschte mit dem Gesicht voraus in den Wandle.

»Hast du was zu schlucken!« sagte Poch genüßlich.

Tron wurde von seinen Leuten ans Ufer gezogen, und man wischte den Schlamm von ihm ab. Dieser Sieg gab den drei Verteidigern eine kurze Atempause, aber Tron war nicht der Wendel, seinen Feinden eine lange Erholung zu gönnen. Eine Welle von Kriegern nach der anderen schickte er in den Fluß, und obwohl die Abenteurer schossen, bis ihnen die Arme schmerzten, konnten sie es nicht verhindern, daß die Krieger in großer Zahl über den Fluß kamen und sich rechts und links vom Tunneleingang sammelten.

Als er mit seinem Brückenkopf zufrieden war, befahl Tron den Wendels anzugreifen. Glücklicherweise konnten nur drei Krieger auf einmal den Abkürzungsgang betreten, und im Dunkel fand tödliche Arbeit mit Messer und Speer statt, als Torricanyon und

Poch und Orococco Seite an Seite um ihr Leben und das Leben ihrer Gefährten kämpften.

Plötzlich hörte man die Stimme von Tron, der seinen Soldaten zurief, den Kampf einen Augenblick einzustellen, und die Angreifer zogen sich zurück. Die drei Borribles lehnten sich gegen die Wand des Tunneleingangs, erschöpft und beinahe am Ende.

»Wie lange geht es jetzt schon?« fragte Poch. »Meine Uhr ist kaputtgeschlagen.«

»Viertelstunde«, sagte Orococco triumphierend. »Wir haben's geschafft.«

Tron rief wieder: »Ihr Borribles da drüben, ihr könnt jetzt ebensogut rauskommen, ihr seid umzingelt. Wir haben das Boot, und wir haben die Kiste wieder. Ihr kämpft umsonst, sage ich euch. Rettet euer Leben.«

»Glaubt ihm nicht«, sagte Poch. »Es muß ein Trick sein. Sie haben's sicher geschafft.«

»Laß uns den auf jeden Fall in ein Gespräch verwikkeln«, sagte Orococco. »Wesentlich weniger anstrengend als zu kämpfen.«

»Zeig uns die Kiste«, schrie Poch heiser. »Dann glauben wir dir vielleicht, Tron.«

Tron lachte. »Deine Freunde werden bald hier sein, in Ketten, dann siehst du die Kiste. Ergebt euch, macht keine Schwierigkeiten mehr, und wir sind vielleicht gnädig mit euch. Ihr habt gut gekämpft, das reicht.«

»Wir kämpfen lieber hier, als in eure Kerker zurückzugehen«, schrie Poch.

»Es wird keine Kerker für euch geben, Freund«, rief Tron, und seine Stimme wurde hart.

»Das glaub ich ausnahmsweise sofort«, sagte Orococco leise.

In diesem Augenblick kam ein Bote angerannt und sagte etwas zu Tron. Die Menge der Krieger trat zurück, und die Beobachter sahen, wie Eisenkopf selbst erschien, von seiner Wache umgeben. Sein Gesicht war ernst und grausam, und er war für den Krieg gerüstet.

Eisenkopf erfaßte die Situation mit einem Blick. Er erteilte Befehle, und seine Wachen schauten zur Decke der Höhle hinauf, wo sie standen, dann rannten sie vor, und einer kletterte auf die Schultern des anderen, bis der letzte die Decke erreichte und verschwand. Eine Strickleiter wurde herabgeworfen, und ein halbes Hundert Wendels kletterte rasch hinauf und war nicht mehr zu sehen.

»Was hat das zu bedeuten?« fragte Poch.

»Das bedeutet nichts Gutes«, sagte eine Stimme hinter ihnen, und die Abenteurer fuhren herum, ihre Waffen bereithaltend.

Da stand Napoleon, schlammbedeckt, eine tiefe Wunde im Kopf, ohne Helm und mit zerrissener Jacke.

»Was ist passiert?« rief Poch entsetzt.

»Alles klar«, sagte Napoleon schwer atmend. »Sie sind entkommen, ich hab dafür gesorgt. Sie sind jetzt draußen auf der Themse, würde ich sagen.«

Er sank zu Boden und lehnte sich mit dem Rücken gegen die Wand.

»Wie bist du hierher zurückgekommen, Mann?« fragte Orococco, kniete sich neben den Wendel und besah sich seine Kopfwunde. »Da hast du dir wirklich was besonders Schönes geholt.«

»Als das Boot weg und in Sicherheit war«, erklärte Napoleon, »bin ich die Abkürzung gelaufen. Die Wache war alarmiert worden, aber sie wußten nicht, daß ich zu den Flüchtlingen gehörte. Wie wir redeten, kamen ein paar Krieger den Wandle entlang und schrien der Wache zu, sie sollten mich festhalten. Ich mußte mir den Weg freikämpfen. Sie können nicht mehr weit hinter mir sein; nicht viele, aber genug.«

»Und was treibt Eisenkopf für ein Spielchen?« fragte Poch.

»Er schickt Krieger nach oben, aus der Kanalisation heraus. Dann kommen sie durch einen Kanaldeckel hinter uns wieder runter. Wenn er uns umzingelt hat, kann er kommen und mit uns reden, oder uns einfach aushungern. Er kann warten. Er kann noch nicht wissen, daß das Boot schon weg ist.«

»Sehr nett, diese Nachrichten zu hören«, sagte Orococco, »aber warum riskierst du dein Leben und kommst zurück und erzählst uns das?«

Napoleon zögerte und redete dann weiter: »Ich hab euch noch nicht alles gesagt. Es gibt schlechte Nachrichten. Auf halbem Weg zur Wandlemündung runter ist eine große Nachtpatrouille, die von draußen zurückkam, über uns hergefallen. Die haben die Kiste gesehen und erraten, daß da was nicht stimmt, und haben nicht groß Fragen gestellt. Stonkus ist unter dem Wasser verschwunden, fünf davon auf dem Rükken, aber er ist wieder hochgekommen. Allein. Etwa zwanzig von ihnen waren um das Boot herum. Sie haben die Kiste rausgezerrt, und wir haben sie wieder reingezerrt. Wir haben gekämpft, als ob wir doppelt so viele gewesen wären. Ehrlich, Poch, wir haben gekämpft wie die Tiger.«

»Sie haben die Kiste erwischt«, sagte Poch qualvoll.

»Nein, haben sie nicht«, sagte Napoleon mit Nachdruck. »Eher wäre ich gestorben … nach allem.«

»Dann habt ihr sie rausbekommen?«

»Auch das nicht. Wir haben auf den Schlammbänken gekämpft, sie hatten sie schon halb zum Ufer gebracht, wir hinter ihnen her, wir haben sie bis auf den letzten erledigt, und als wir wieder nach der Kiste geschaut haben, um sie ins Boot zurückzuholen, da lag sie da und versank im Schlamm. Wir konnten nicht einmal mehr den Griff erreichen, so rasch ist die runter. Du weißt, wie der Schlamm da ist, wie etwas Lebendiges, mit einem Würgegriff wie eine Pythonschlange. Der Schlamm ist dort tief, tiefer als irgendwo sonst am Wandle. Die alten Geschichten sagen, er geht hinunter bis zum Mittelpunkt der Erde.«

Es gab ein langes Schweigen. Dann fing Napoleon wieder an: »Ich mußte zurückkommen und es euch sagen. Ich wollte, daß ihr wißt, bevor irgend etwas passiert, daß ich mein Bestes getan habe. Das Geld ist für immer weg, und nicht einmal Eisenkopf kann es sich da holen, wo es hingegangen ist. Aber die andern sind entkommen, Poch, vergiß das nicht. Wir haben's den Rumbels gezeigt – und unser Abenteuer war sicher das beste, das es je gegeben hat. Das ist doch, was zählt, hm?«

Poch kniete sich zu dem verwundeten und schlammverschmierten Wendel und nahm sanft seine Hand. »Du hast recht. Scheiß auf das Geld. Wir haben große Taten vollbracht, und es war ein großes Abenteuer. Sie werden Lieder über uns alle singen.«

»Eisenkopf wird gleich das erste anstimmen«, sagte Orococco, der den Feind beobachtet hatte. »Da kommt er. Zweifellos will er uns sagen, was er alles Schönes für uns vorbereitet hat.«

»Der wird völlig durchdrehen und verrückt werden, wenn er das mit dem Geld erfährt«, sagte Napoleon, und die vier gingen langsam zum Eingang des Tunnels, und sie wußten, ohne daß sie es sagten, daß sie ein zeitiger und unangenehmer Tod erwartete.

10

»Wir müssen weiter. Wenn wir noch länger warten, greift uns noch jemand auf.« Bingo sprach mit Widerwillen.

Die anderen drehten sich auf ihren Sitzen herum und schauten über den Bug der *Silver Belle Flower* hinweg zum jenseitigen Ufer. Die andere Seite der Themse war klar zu sehen, und die Silhouetten von Fabriken und Gaskesseln zeichneten sich scharf gegen den Morgenhimmel ab. Von Zeit zu Zeit brachten die Ruderer mit einem Schlag das langsam abtreibende Boot wieder in seine Stellung gegenüber der Mündung des Wandle. Boote und Kähne zogen in zunehmender Anzahl vorüber, und jeden Moment konnte ein Polizeiboot auftauchen, um zu kontrollieren, ob am Wandsworth Reach alles in Ordnung war. Die Stadt war wach. Von hoch oben, auf der Straße über die Wandsworthbrücke, kam das ununterbrochene Summen des Berufsverkehrs.

Die Überlebenden wandten den Blick ab und sahen niedergeschlagen über das Ödland, das sich zu beiden Seiten der Wandlemündung erstreckte. Ihre Augen suchten nach irgendeinem Zeichen ihrer Gefährten, aber sie sahen keine Bewegung. Selbst die Patrouillen der Wendels waren wieder unter die Erde verschwunden, die Fäuste zu den fünf Borribles hinüber schüttelnd, die vor dem Ufer in ihrem Boot saßen, wartend und hoffend, das Herz schwer von großer Traurigkeit.

»Sie hatten keine Chance zu entkommen«, seufzte Vulgo. »Aber ich wette, sie haben denen am Schluß noch einen interessanten Kampf hingelegt.«

»Ich hoffe, Napoleon hat es bis zurück geschafft«,

sagte Bingo. »Ich hoffe, sie waren alle zusammen, als dann...« Seine Stimme wurde leiser, und er hatte Tränen in den Augen. »Los, wir müssen weg. Hat keinen Sinn, wenn wir auch noch erwischt werden.«

Sydney, Chaline, Stonkus und Bingo lehnten sich in die Ruder; Vulgo saß im Heck und steuerte, nach einer Gruppe von zwei, drei Lastkähnen Ausschau haltend, wo sie sich während der Tagesstunden verstecken und von dem Wandleschlamm säubern konnten, der sie immer noch bedeckte. Die Gezeitenströmung, stark wie ein Wasserfall, trug das Boot durch die Kathedralenbögen der Wandsworthbrücke, und Vulgo sah beinahe sofort das vor sich, was er suchte. Er dirigierte die *Silver Belle Flower* in einen kleinen Hafen bewegungslosen Wassers, und die Borribles kauerten sich unten im Boot zusammen, kaum Anstalten machend, den verkrusteten Schleim von ihrer Kleidung zu kratzen, nur mit dem Versuch beschäftigt, einen Funken Wärme im dichten Aneinanderdrängen lebendig zu halten.

Es war tiefer Winter; sie hatten weder Nahrung noch Decken, und der feuchte Wind des Flusses nagte an ihren erschaudernden Körpern. Den ganzen Tag über versuchten sie zu schlafen, aber die Schmerzen des Hungers und die verhaßte Kälte beunruhigten sie immer, und ihre Wunden pochten ohne Unterlaß.

Die Nacht rettete sie. Sie sahen zu, wie die Sonne unterging, verwischtes Karmesin in schwarzem Qualm, und nahmen noch einmal die Ruder auf und wärmten sich beim Rudern. Obwohl sie nun nur zu viert waren, unterstützte die rasche Strömung der Themse sie auf dem Weg nach Hause, und obwohl sie vor Müdigkeit und Hunger stumpf und unbeholfen geworden waren, brachten sie die *Silver Belle Flower* sicher den Fluß hinab. Kurz vor dem Morgen des nächsten Tages glitt das Boot zwischen die Segelschiffe mit ihren hohen Masten und die Kaimauer und beendete seine Reise auf dem dort dümpelnden Keil massiven Mülls, der schon so lange von der Strömung abgeschnitten war. Sie waren zum Friedhof von Battersea zurückgekehrt. Sie sanken über den Rudern zusammen, erschöpft, dreckig, abgerissen.

»Battersea«, sagte Bingo und weinte beinahe vor Freude, »ich kann's kaum glauben, das herrliche Battersea.«

Sie halfen einander über die hohe Kaimauer und standen auf dem stillen Friedhof und schauten zu der grünen Kirchturmspitze hinauf.

»Fühlt sich gut an«, sagte Vulgo, »wenn du wieder da bist, wo du hingehörst, mit einem guten Abenteuer hinter dir, und Freunden, an die du dich erinnern kannst.«

»Muß eins von den besten Gefühlen sein, die es gibt«, stimmte Chaline ihm bei.

Sie verließen den Friedhof und gingen hinaus in die Church Road. Es war nicht viel Verkehr, und es liefen wenig Leute vorbei, was den Borribles nur recht sein konnte, denn als gewöhnliche Kinder hätte man sie nicht angesehen. Sie hatten ihre Mützen in den vielen Kämpfen verloren, und die spitzen Ohren waren deutlich sichtbar. Trockener Schlamm von den Wandlesümpfen bedeckte sie, und am seltsamsten sahen die Hüftstiefel der Wendels aus, die sie trugen, und die orangefarbenen Straßenarbeiterjacken.

»Wir gehn besser von der Straße runter«, sagte Bingo, »eh man uns schnappt.«

Gegenüber dem Old Swan Pub, in der Nähe der Kirche, standen ein paar Borriblehäuser, verfallen und verlassen, die Fensterhöhlen mit groben Brettern und Wellblech versperrt.

»Die leihen uns ein paar Kleider und Mützen«, sagte Bingo und wies über die Straße, »bloß bis wir zum Haus von Zoff kommen.«

Jeder Borrible in London hatte von der Expedition gegen die Rumbels gehört, aber jeder Borrible in London hatte, schon vor langer Zeit, die Abenteurer als tot aufgegeben. Bingo und die anderen brauchten eine halbe Stunde, diesen Battersea-Haushalt davon zu überzeugen, daß sie nicht versuchten, mit irgendeiner grotesken Strategie Kleider zu klauen. Sobald sie überzeugt waren, liehen sie ihnen jedoch die Kleider mit großem Eifer und waren hocherfreut, als erste die Überlebenden des Großen Abenteuers, des größten aller Zeiten, zu sehen, und waren stolz, die ersten kurzen Andeutungen ihrer Geschichten zu hören.

Die Abenteurer warteten bis nach acht Uhr, bevor sie wieder auf die Straße gingen. So war es sicherer, denn auf den gedrängt vollen Bürgersteigen konnten sie sich unter die Kinder auf dem Schulweg mischen und fielen nicht auf. Der Verkehr nahm zu, denn viele Autos benutzen die Church Road als Abkürzung zwischen der York Road und der Batterseabrücke und überqueren den Fluß, um ins Zentrum zu fahren. Es war eine vielbefahrene und gefährliche Straße, aber für die Borribles war sie freundlich und schien sie willkommen zu heißen. Es war Zuhause.

Sie gingen weiter, bis sie zu der Kreuzung von Vicarage's Crescent und Battersea High Street kamen. An der Sinjen-Schule vorbei gelangten sie in die Trott Street und zu dem leeren Gebäude, wo Zoff wohnte und wo Poch, vor all der Zeit, als Hauptspäher von Battersea gelebt hatte. Aber ehe sie hineingingen, liefen sie – einig, ohne daß sie sich hätten absprechen müssen – am Haus vorbei und auf den Markt.

Die Standinhaber bauten ihre Ware auf, die Läden waren geöffnet, und alles war so geschäftig und freundlich, daß jeder der Abenteurer froh war, daß er lebte. Der Laden mit den Aalpasteten bereitete sich auf das Mittagsgeschäft vor, und der Geruch nach pikanter Soße und nach Alkohol war stark. Der Laden mit Fisch und Fritten wurde gerade aufgewischt von einem Inder, der bei der Arbeit sang, ein seltsames, gewürzduftendes Lied; und der Surplus-Laden sah beruhigend unverändert aus: eine Kreuzung zwischen einer Pfandleihe und einem Trödellager. Die Marktverkäufer von Battersea pfiffen und schrien einander über die Straße Sachen zu, zerrten ihre Karren in Position oder stapelten ihre Ware aus Lieferwagen, die kreuz und quer über die Straße geparkt waren, auf ihren Stand. Selbst wenn die Verkäufer die Borribles anbrüllten und sie aufforderten, sich in die Schule zu verziehen, lächelten sich die Borribles nur an.

»Poch hat's hier immer toll gefunden«, sagte Chaline, und sie verließen den Markt, wobei sie ein paar Sachen fürs Frühstück mitbrachten, da sie außerordentlich hungrig waren. Sie nahmen ihre Vorräte und gingen, um Zoff Bericht zu erstatten.

Er erwartete sie. Ihre Ankunft war bemerkt und gemeldet worden, und man wartete begierig auf ihre Geschichte. Eine Menge Borribles drängte sich im Haus, und von Minute zu Minute drängten noch mehr hinterher. Die Abenteurer mußten sich mühsam ihren Weg in den Keller bahnen und sich durch eine aufgeregte Menge zu Zoffs Zimmer vorkämpfen. Er war da, und er sah aus wie immer, in seinem orangefarbenen Morgenmantel, eine Tasse Tee vor seinem scharfgeschnittenen Gesicht.

Er hieß die Abenteurer sich setzen und das vom Markt mitgebrachte Essen verzehren. Seine Augen betrachteten sie prüfend und bemerkten, wer fehlte; aber sein Gesichtsausdruck ließ wenig erkennen, und er sagte nichts.

Andere Quartiermeister kamen und setzen sich auf den Boden oder lehnten an den Wänden. Alle warteten, bis Zoff das Zeichen geben würde, daß die Geschichten erzählt werden sollten. Man würde mit großer Konzentration zuhören und noch am selben Tag die Geschichten in den verschiedenen Häusern weitererzählen, und wieder und wieder würde ein Borrible einem anderen die Geschichten weitersagen, und so würden die Geschichten der Abenteurer eine Legende werden, eine der größten Legenden, die man je erzählt hat. Und neue Sprichwörter und Aussprüche würden im Borrible-Buch eingefügt werden, und ein neuer Ehrgeiz würde in den Herzen von noch namenlosen Borribles geboren werden, und einige würden sich danach sehnen, auch so ein Abenteuer zu bestehen. Viele aber würden das Abenteuer unglaubhaft finden und sagen, solche Taten hätte nie ein Borrible vollbringen können, und die ganze Expedition sei eine Fiktion, eine Erfindung, eine gelungene Geschichte, aber nicht wahr. »Hat je jemand mit denen geredet, die auf der Reise waren?« würden dann die Skeptiker fragen. »Wer hat je mit Poch und Napoleon gesprochen? Wer hat je Orococco und Vulgo gesehen? Ach ja, man hört von Leuten, die haben jemand gekannt, der hat jemand getroffen, der Chaline gesehen hat oder Sydney oder Torricanyon, aber wirklich gekannt hat die niemand.«

Aber in Zoffs Zimmer waren an diesem Tag die Zuhörer und die Erzähler eines großen Abenteuers versammelt, und die Erzähler trugen noch die Zeichen ihres Abenteuers an sich. Ihre Narben waren noch nicht ganz verheilt, ihre Muskeln schmerzten noch, und die Zuhörer konnten dies sehen und wußten, daß die Geschichten wahr waren, und sie würden sie als wahre Geschichten weitererzählen, und man würde ihnen glauben. Erst in späteren Jahren würden die Geschichten im Prozeß ihres Erzähltwerdens sich vergröbern und ihren scharfen Umriß verlieren, um eine große Borriblelegende zu werden.

Die Abenteurer beendeten ihr Frühstück, und als Zoffs Zimmer gedrängt voll war mit Quartiermeistern und die Borribles sich im Flur und unter der Türe drängten und auch in allen anderen Räumen, gab er das Zeichen, und Bingo begann die Geschichte am Anfang, von dem Moment an, wo sie vom Battersea-Friedhof fortgerudert waren. Seine Gefährten lauschten und fügten etwas hinzu, wenn sie dachten, daß er etwas vergessen hatte, und manchmal erzählten sie selber weiter, und sie warfen sich die Geschichte zu, einer dem anderen, und sie wuchs und wuchs. Und jeder erzählte von seinem Anteil an der Zerstörung des Bunkers unter dem Rumbelreich, und die Geschichte von der großen Explosion und von Adolfs Tod entlockte den Quartiermeistern respektvolle leise Pfiffe, und sie sahen die Abenteurer voll Achtung an und nickten.

Dann erzählten die Abenteurer ernst und traurig von ihrer Gefangenschaft bei den Wendels und von dem großen Dilemma Napoleons, und wie seine List sie am Ende gerettet hatte. Sie erzählten vom Verlust ihrer vier Freunde, die zurückgeblieben waren, damit ihre Gefährten überleben und Eisenkopfs Gier besiegen konnten, indem sie mit dem Schatz der Rumbels entflohen, und wie sie am Ende Glück hatten, daß sie mit ihrem Leben davonkamen.

Als die große Geschichte zu Ende war, entstand eine tiefe Stille im Zimmer, und die Abenteurer schauten zu Boden und dachten an die fünf, die nicht zurückgekommen waren. Die Quartiermeister waren tiefbeeindruckt von dem Abenteuer und bedeuteten Zoff durch Zeichen und Kopfnicken, daß sie meinten, er solle der Gelegenheit mit einigen wohlgewählten Sätzen gerecht werden.

Zoff, der der Versuchung nie widerstehen konnte, eine Rede zu halten, dachte nach. Er nahm seine Teekanne vom Stövchen, goß sich eine Tasse ein, nahm Zucker, rührte kräftig um, bevor er sich herbeiließ, ein Wort zu sagen. Schließlich stand er auf und räusperte sich.

»Ein großes Abenteuer!« begann er. »Die Drohung der Rumbels – verflogen; ihre Macht vernichtet. Ihre Überheblichkeit und ihr Stolz sind nachhaltig getroffen worden – es wird viele Jahre dauern, ehe sie sich hier wieder blicken lassen, wenn sie es überhaupt je wieder wagen. Ein Tag der Freude und auch einer der Trauer. Vier von euch sind nicht zurückgekehrt, und ein Deutscher, der sich, nur um des Ruhms des Abenteuers willen, euch angeschlossen hat, ist ebenfalls zugrunde gegangen. Was können wir für sie tun, außer zu versuchen, uns ihrer Namen zu erinnern und ihre Geschichten zu erzählen – gute Namen: Torricanyon, Napoleon, Orococco, Adolf Wolfgang Amadeus Winston – und natürlich unser eigener Hauptspäher, Poch. Welcher zweite Name ist seines Abenteuers würdig?«

Chaline sah auf und unterbrach ihn; sie hatte Tränen in den Augen. »Er ist in die Eingangshalle der Großen Tür zurückgegangen, um die Kiste zu holen, als er hätte fliehen sollen, und obwohl sie ganz in Flammen stand und die Deckenbalken in einem Funkenregen heruntergestürzt sind, hat er die Kiste aufgehoben und sie herausgetragen, und sie war glühend heiß, der Griff brannte ihm in die Hand – bis zum Knochen –, und es war ihm gleich. Seine Kleider standen in Flammen, und ich dachte, er brennt selbst. Ich glaube, du solltest ihn Poch Brandhand nennen. Es ist ein guter Name.«

Ein zustimmendes Murmeln kam von allen Seiten, und viele sagten den Namen vor sich hin, um zu erproben, wie er klang.

»Brandhand soll es sein«, sagte Zoff ernst, »und es soll in das Buch geschrieben werden.«

Er sah auf die fünf Überlebenden vor sich auf ihren Stühlen. »Auch eure Namen sind bestätigt. Ihr habt sie mehr als verdient. Ihr seid hier mit leeren Wörtern als Titel abgezogen, aber ihr kommt zurück mit Namen voller Bedeutung, und jedesmal, wenn man sie hört, wird man an große und mutige Taten denken. Große Namen sind es, die jeden Borrible nun an Mut und List, Treue und Verstohlenheit, Individualismus und Zuneigung denken lassen werden, wann immer er sie hört.« Und Zoff, der seine theatralische Rede etwas übertrieb, rezitierte die Namen wie eine Litanei: »Chaline, Sydney, Vulgo, Stonkus und Bingo vom Lavender Hill.«

Zoff machte ein Zeichen, und die Quartiermeister begannen sich an den Stühlen vorbeizuzwängen und den Raum zu verlassen. Sie verließen das Haus und rannten die geschäftige High Street entlang, zurück zu ihren eigenen Wohnungen, so daß sie gleich beginnen konnten, ihre Geschichte zu erzählen. Auf den Fersen folgten ihnen alle Borribles von Battersea, begierig, die Einzelheiten des Großen Abenteuers zu hören, und bald war es ruhig geworden in Zoffs Haus.

Er trank seinen dunklen Tee und schaute die Abenteurer an, die immer noch auf ihren Stühlen zusammengesunken dasaßen.

»Ihr müßt alle müde sein«, sagte er. »Warum geht ihr nicht in die Zimmer oben und ruht euch aus? Ich sorg dafür, daß ihr was zu essen habt, wenn ihr aufwacht. Wäre sicher keine schlechte Idee, wenn ihr mal gründlich ausschlafen würdet.« Die fünf standen lustlos auf und gingen aus dem Zimmer. Das erhebende, glückliche Gefühl, das sie bei ihrer Heimkehr und beim Erzählen ihrer Geschichte gehabt hatten, war verschwunden, und statt dessen hatten sie nun ein schlimmes Gefühl der Melancholie, gemischt mit Selbstmitleid. Auch fühlten sie sehnsüchtige Liebe für die Gefährten, die sie zurückgelassen hatten, damit sie am Wandlefluß ihren Untergang fanden, und die Ungeheuerlichkeit ihres Verlusts stand als furchtbare Lücke in ihrem Bewußtsein.

Sie stiegen die Treppe wie alte Krüppel hoch. Auf dem zweiten Treppenabsatz drehte sich Chaline, die voranging, um und hielt so die anderen an; ihre Augen waren naß.

»Oh«, sagte sie, mit Mühe das Schluchzen zurückhaltend, »es scheint jetzt alles so sinnlos. Wir haben unseren Namen verdient, unsere Freunde verloren. Ist es nicht alles so dumm?«

»Sei still«, sagte Bingo, »mach's nicht noch schlimmer.«

Sie gingen nach oben ohne ein weiteres Wort.

Als er allein war, goß sich Zoff seine Tasse wieder voll und sann über das, was er gehört hatte, nach, und über den Verlust von Poch und den anderen.

»Mag gar nicht dran denken, was Eisenkopf mit ihnen angestellt hat, als er sie in die Finger gekriegt hat«, sagte er vor sich hin. »Was für ein Schwein der ist.« Er rührte Zucker in seinen Tee. »Schade um das Geld. Die Rumbels haben mir eigentlich nie Sorgen gemacht. Piepegal. Das Geld war's, damit hätt ich was anfangen können. Die gewöhnlichen Borribles kennen den Wert von dem Zeug nicht, wissen nicht, worum sich's eigentlich dreht. Werden wohl nie so richtig viel Geld hier unten bei uns zu Gesicht kriegen. Jammerschade! Ach ja, die Zeit vergeht, es kommt schon wieder mal eine Gelegenheit.«

Das Gebiet der Borribles in London:

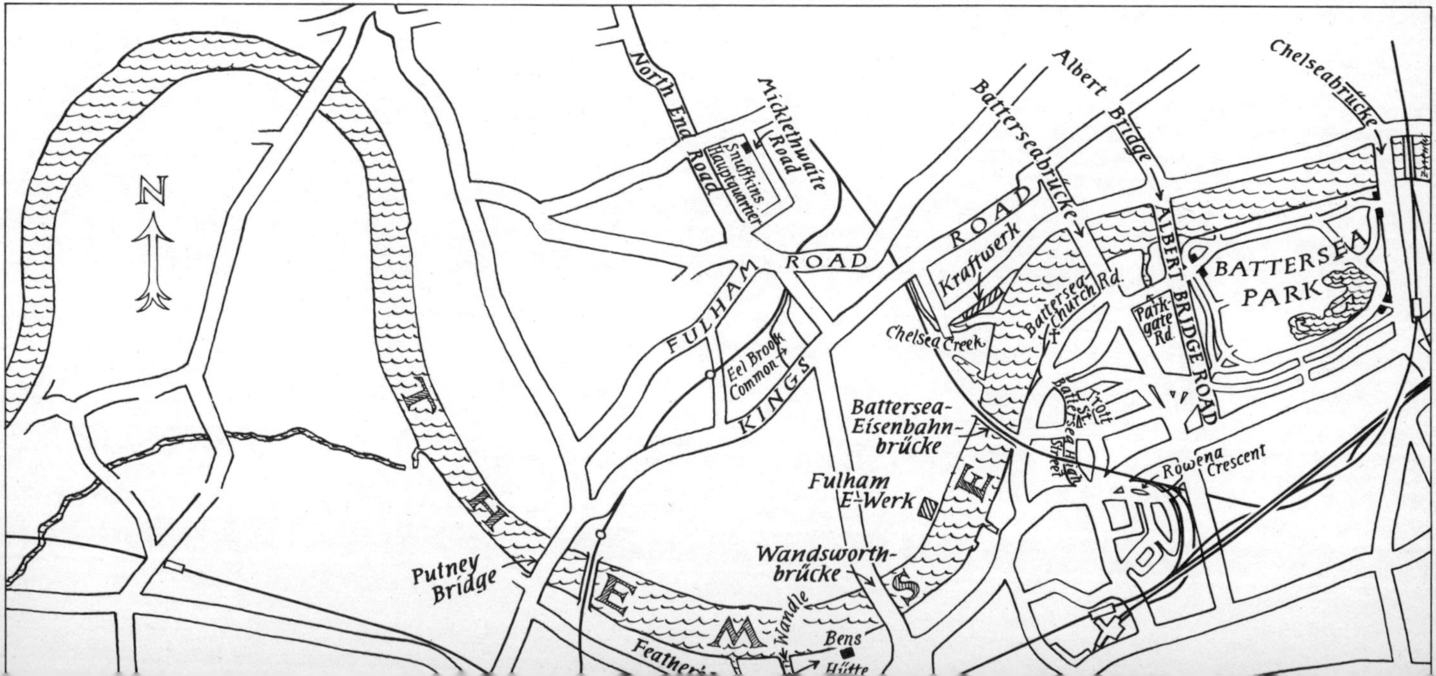

N
North End Road
Mickletwaite Road
Snuffkins Hauptquartier
FULHAM ROAD
ROAD
Kraftwerk
Batterseabrücke
Albert Bridge
Chelseabrücke
ALBERT BRIDGE ROAD
BATTERSEA PARK
Park-gate Rd.
Battersea Church Rd.
Chelsea Creek
Eel Brook Common
KINGS
Trott St.
Battersea High Street
Rowena Crescent
Battersea-Eisenbahn-brücke
Fulham E-Werk
Wandsworth-brücke
Putney Bridge
Wandle
Bens Hütte
THEMSE

Wandsworth
High St.
Merton Road
Mapleton Road
Longstaff
Crescent Rd.
King Georgs Park
Wandle
SOUTHFIELDS
Schule
Replingham Rd.
Brookwood Road
Elsenham St.
Engadine St.
Augustus Road
Albert Drive
Albyn Rd.
Thursley Gardens
Seymour Road
Bathgate Road
Somerset Road
PARKSIDE
RUMBELREICH
Bluegate-Kiesgrube (aufgelassen)
0 1/4 1/2 3/4 1 MEILEN